미디어 사회문화사의 두 거장 이야기
: 아사 브릭스 대 레이먼드 윌리엄스

미디어 사회문화사의 두 거장 이야기

: 아사 브릭스 대 레이먼드 윌리엄스

정용준

전북대학교출판문화원

서문

1994년 여름은 무더웠다. 북한의 김일성이 사망하여 온 나라가 떠들썩하였던 때였다. 대학의 조교와 강사 자리를 그만두고, 과천의 도서관에서 내내 살았다. 한번 들어가면 하루 종일 도서관에 있어야 했다. 담배 1갑과 자판기 커피, 구내식당의 밥값이면 하루가 충분하였다. 무지하게 열심히 공부했다. 그때 읽었던 논문으로 박사학위를 받았고, 교수 생활의 밑천이 되었다. 돌이켜보면 가난했지만, 행복했던 시절이었다. 이후의 삶도 순탄했다. 어려움이 없지는 않았지만, 대개는 노력하고 기다리면 극복할 수 있었다. 연구소 시절에는 첨단분야인 위성방송을 선택하여 정부와 기업에서 러브 콜을 받았다. 한발 빠르게 외국 저널을 뒤지고 외국기업의 노하우를 습득하여 정부와 업계보다 우위에 있었다. 대학으로 옮기면서 뒤늦게 골프를 시작했다. 어릴 적부터 성실하고, 승부사 기질도 있어 남들보다 빨리 익혔다. 전성기 시절에는 '아마추어 누구 하고도 지지 않는다는 오만함'까지 생겼다. 푸른 잔디의 푹푹함을 느끼고 동반자들의 추앙을 받으면서 저녁 자리의 소주 한잔을 곁들이면 세상 모두를 가진 것 같았다. 학회와 학교의 보직을 수행하면서도 나름대로 보람을 느꼈다.

인생의 정상에서 내려오면서 많은 생각을 해본다. 골프를 끊고, 보직과 학회 일이 끝나면서 사람 만날 일이 줄어들었다. 나이까지 6학년을 달면서 지인들의 자식 혼사와 상가를 찾는 빈도가 늘어났다. 다시 한번 가난했지만 행복했던, 아니 그럭저럭 먹고살만한 제2의 박사논문 시절이 돌아왔다. 3.3평의 연구실은 화려함은 없지만, 소소한 일상의 행복을 가져다주었다. 나라 걱정도, 학교 걱정도, 남의 일에 참견하지 않아도 되었다. 먹고, 자고, 여행 다니고 마음껏 자유를 누렸다. 이 책을 쓰기 위해 다시 공부하면서 새삼스레 무식함을 느낀다. 언론학의 좁은 틀에 안주하여 역사학의 깊이, 사회학의 넓음, 문학의 풍부한 상상력을 몰랐다. 이론과 방법론의 껍데기에 매달려 사회적, 역사적 맥락을 무시하였고, 무엇보다 책에 녹아있는 저자의 땀과 눈물을 읽지 못하였다. 아사 브릭스라는 역사학자와 영문학자인 레이먼드 윌리엄스의 전기를 읽으면서 거장들 삶의 고단함도 알게 되었다.

윌리엄스는 필자의 학부 시절부터 널리 알려져 있었다. 엘리트의 고급문화를 거부하고 '평범한 사람의 일상적인 문화'를 주장하며 노동계급을 위한 삶을 살았다. 윌리엄스는 늘 외로운 삶을 살았다. 가난한 집안, 그것도 변방인 웨일스에서 자라나 일제 식민지처럼 잉글랜드 영어를 강요당하면서 자랐다. 다행히 공부를 잘해 케임브리지에 장학금을 받고 들어갔지만, 잉글랜드 엘리트의 고급문화에 낯설었다. 공산당에 입당하였으나, 소련의 전체주의에 실망하여 탈퇴하고, 영국 노동당 정부의 복지정책에 기대를 걸었다가, 이 역시 탈당하였다. 군대 복무 중이던 2차대전 중에 결혼하였으나, 집안의 반대로 어려움을 겪었다. 가족 부양 때문에 성인교육의 야간 강사를 하면서 '글쓰기'에 몰두하였다. 성인교육 또한 중산층의 교양이나 기술 실용 학문으로 전락하면서 그만두었다. 다행히 그가 쓴 책들이 인기를 얻으면서 '신좌파의 정신적 지주'가 되었다. 케임브리지 대학에서도 늦은 나이지만, 정교수가 되었다. 대학에서도 외부 연구비를 받지 않고, 외로운 연구를 지속하였다. 동료 교수들은 그를 지적으로 존경하였지만, 주변부 사람으로 여겼다. 대학에서 명예퇴직하고, 고향인 웨일스에서 글쓰기에 전념하였다. 사회적으로 존경받았지만, 노동당은 그를 외면하였다. 수제자인 테리 이글턴마저도 스승을 비판하고 거리를 두었다. 비교적 이른 나이인 1988년 66세의 나이로 심장마비로 사망하였다.

나이가 들면서 읽은 윌리엄스는 다르게 인식되었다. 외로움에 대한 연민이 들었다. 친일 부역자들은 잘살고, 독립운동가들의 삶은 비참한 것이 싫었다. 존경할 만한 사람들은 빨리 죽거나 잘못되었다. '배만 불리고, 남을 괴롭히는 사람'들은 잘만 살았다. 슬기로운 장년 생활을 고민하면서 모델로 찾은 것이 아사 브릭스라는 역사학자였다. 브릭스 역시 윌리엄스와 동년배인 1921년생으로 북부 잉글랜드의 가난한 집안에서 태어나 케임브리지에 입성한 '장학금 소년'이었다. 윌리엄스와 성장 배경은 비슷하지만, 친구도 많고 성실하였다. 대학에서도 매우 뛰어나 케임브리지와 런던정경대에서 동시에 학사 학위를 받았다. 케임브리지와 런던정경대에서 연구원 자리를 제안받았지만, 옥스퍼드 대학에서 연구원을 하였다. 수상과 장관 친구들이 많아서 의원 자리를 끊임없이 제안받았지만, 리즈대학 정교수, 서식스 대학 사회대 학장과 부총장, 옥스퍼드 대학 학장, 개방대학 총장을 역임하였다. 학생 시절을 포함하면 50년 정도를 대학에서 보낸 사람이다.

브릭스는 아카데미에 매몰되지 않았다. 그는 '캠퍼스보다 공항을 좋아할 정도'로 틈만 나면 학술 세미나, 대중 강연과 사적인 여행을 즐겼다. 아무 곳에서나 잘 자고, 잠시도 쉬지 않는 '증기기관 학자'였다. 역사학을 전공하였지만, 노동, 지역, 도시, 빅토리아 시대 전문가였으며, 미디어 분야에도 관심이 많았다. BBC의 의뢰로 40년에 걸쳐 『영국방송사』 5권을 저술하였고, 빅토리아 3부작 등 30여 권의 저술과 120편의 논문을 남겼다. 오죽하면 결혼식 30분을 앞둔 신랑이 신문원고를 작성할 정도였다고 한다. 브릭스는 겉으로 보기에는 잘 나가는 '제도적 지식인'이다. 하지만, 권력과 화려한 자리는 개방대학 신설, 리즈대학과 서식스 대학의 개혁을 위해 사용되었다. 역사학자들로부터 '돈을 밝히며 외도하는' 사람이라는 오해를 받았지만, 영국방송사는 세계 방송역사서의 시금석이 되었다. 버밍엄, BBC, 루이스 백화점, 막스 앤 스펜서(M&S) 마트, 롱맨 출판사 등으로부터 역사서를 의뢰받았지만, 막대한 인세 수입보다 적은 돈을 받고 프로젝트를 수행하였다. 연구의 독립성을 유지하기 위해서였다. 돈만 밝히거나, 권력만 탐한 사람으로 보기는 힘들다는 말이다.

브릭스의 저술에 천착한 지 10년이 넘었지만, 아직도 그의 글을 다 읽지 못했다. 다양한 분야에 걸친 그의 글쓰기에 대해 새삼 놀라게 된다. 그의 글은 독창성과 깊이가 부족하다는 비판을 듣는다. 하지만, 이는 브릭스의 글쓰기에 대한 오해이다. 그는 가급적 원전에서 인용하고, 확인되지 않은 사실은 평가하기를 주저하였다. 자료와 사실 위주로 역사서를 정리하여 후대의 학자들이 브릭스와 다른 결론을 내릴 수 있게 하였다. 특정 이념과 학파에 매몰되지 않고, 마르크스주의도 비판적으로 받아들였다. 친구 중에는 에릭 홉스봄, 에드워드 톰슨 같은 사회주의자들이 있는가 하면, 수상과 장관을 역임한 우파 엘리트들도 많았다. 옥스퍼드 대학의 강사 시절에 만난 제자 루퍼트 머독과는 주위의 비난에 상관없이 평생 인연을 맺었다.

적지 않은 세월을 지나오면서 두 개의 DNA가 심어진 것 같다. 하나는 20대에 심어진 '약자 동정' DNA이다. 전두환이 군사독재를 하고, 학우들이 분신자살로 항거하던 엄혹한 시절에 학교를 다녔다. 앞장서서 나서기는 늙은 부모님의 얼굴이 떠오르고, 외면하기도 어려웠던 때였다. 학생운동의 주변부에서 대학원을 졸업하고 어느덧 대학교수가 되었다. 마음속으로 맹세한 것은 아니지만, 약한 사람을 괴롭히지는 말자는 생각이 굳어지게 되었다. 기부나 정의로운 일을 하는 것도 아니지만, 그냥 소시민으로 살면서 '갑질'은 하지 않게 되었다. 나보다 힘센 사람이 갑질하는 것도, 나보다 약한 사람을 괴롭히는 것도 두고 보지를 못하였다. 남의 일에 참견하지 말자는 후회도 하였지만, 세월이 지나니 그냥 그렇게 살만하였다.

또 다른 하나는 두터운 학술서적에 대한 고집이었다. 전문 서적을 출판할 때면 답답한 마음이 든다. 상업성 없는 책으로 출판사에 미안한 것은 물론이고, 과연 몇 사람이 책을 읽을 것인가에 대한 회의감이 몰려든다. 독수리 타법으로 손가락과 손목이 저리고, 나쁜 눈은 더욱더 침침해졌다. 책을 쓰는 내내 몸과 머리의 고생이 이만저만 아니다. 차라리 사람의 병을 고치는 의사가 되었으면 고맙다는 소리라도 들을 것이다. 우주 로켓이나 스마트폰을 개발하였으면 폼이라도 날 것이라는 객쩍은 생각을 해본다. 인간사회를 뚜렷하게 설명하고 인류의 미래를 예측하는 천재성은 처음부터 갖지 못했고, 그나마 가지고 있는 성실성마저도 바닥이 난 것 같다. 처음에 다짐하였던 사회의 변혁과 민주화는 나이가 들면서 슬그머니 가슴에서 빠져나갔다.

그럼에도 여전히 두꺼운 학술서적을 고집하는 이유가 있다. 영미

권이나 일본 서적을 보면서 감탄하는 대목은 누구도 연구할 것 같지 않은 주제와 인물에 대해 잘 정리되어 있다는 것이다. 한 사회의 선진성이 단지 GDP나 고층 빌딩에만 있는 것은 아니다. 역사의 흐름 속에 축적된 '두터운 지식과 이를 정리한 아카이브'에 있다는 것을 새삼 느끼게 된다. 미디어 역사 연구 또한 마찬가지이다. 1920년대에 나온 경성 방송국 연구는 당시 신문이나 잡지 등 2차 자료뿐이다. 신문과 방송은 당시 사회상을 담고 있어서 미디어 역사뿐만 아니라 시대를 비추는 거울이기도 하다. 1922년에 시작된 BBC는 프로그램 원본은 없지만, 당시 대본과 서류가 일목요연하게 정리되어 있다. 두터운 자료 축적과 정리를 통하여 미디어 역사의 밑알이 되겠다는 생각을 해본다. 아사 브릭스라는 40년 선배의 발자취를 통해 잘 먹고 잘 살면서 사회에 선한 영향력을 행사하고 싶다. 이 책은 아사 브릭스라는 역사학자의 미디어 역사서술뿐만 아니라, 지혜로운 삶의 교과서이고자 한다. 상업성이 없는 전문 서적을 지원해 준 전북대 출판문화원에 감사를 드린다. 오랜 세월 죄 없이 고통받는 가자지구의 팔레스타인 시민들에게 연민의 마음을 전하고자 한다.

1부

삶과 계급의 '경계'를 넘어서: 아사 브릭스

• 제 1 장 •

인생 역정과 학문

1. '장학금 소년'에서 '시대적 지성'으로

아사 브릭스(Asa Briggs, 1921-2016)와 레이먼드 윌리엄스(Raymond Williams, 1921-1988)는 20세기 영국을 대표하는 지성인이다. 윌리엄스는 한국에 널리 소개되어 있지만, 브릭스는 일반인은 물론이고, 전문가들에게도 잘 알려지지 않았다. 두 사람은 성장 배경이 비슷하다. 1921년 같은 해 영국 변두리의 노동자 집안에서 태어나 '장학금 소년(schlorship boys)'으로 케임브리지 대학에 들어가 각각 옥스퍼드와 케임브리지 대학의 교수가 되었다. 장학금 소년은 국가 혹은 대학이 장학금을 주어서 가난한 집안의 학생들이 대학에서 공부할 수 있게 하는 제도이다. 브릭스는 어려움을 극복하고 주변 사람들에게 따듯하고 개방적이었던 '열린 지성(a very open intelligence)'이다. 우리의 방송통신대학과 유사한 개방대학을 실질적으로 설립한 사람이 브릭스이다. 윌리엄스는 사는 내내 겸손하고 솔직했다. 학문의 세계에서도 형식과 예의보다는 '평범한 삶의 경험'을 소중하게 생각하며, 실천적 지식 운동을 하였던 '20세기 마지막 공공지식인(the last public intellectuals in the 20th UK)'이다(Lay, 2011).

이 책의 집필 동기는 아사 브릭스(Asa Briggs)라는 역사학자 때문이다. 브릭스가 저술한 다섯 권의 『영국방송사, 1961, 1965, 1970, 1979a, 1995』는 기념비적 역작이다. 최초의 그리고 가장 체계적인 BBC 역사서술이고, 20세기 영국 역사에 대한 커다란 기여라는 찬사(Nicholas, 2015, 165-169; Taylor, 2015, 1-3)를 받았다. 초창기 주요 방송 인물에 대한 내재적 인터뷰, 아카이브를 통한 체계적인 자료 검토, 평가보다는 사실 위주의 서술과 당대의 시각으로 사건을 이해하고자 하는 노력 등이 인상적이다. 미디어 역사서라는 개념조차 없었던 1960년대 초반에 이루어진 선구적인 작업이다. 브릭스는 초창기 방송자료로 아카이브를 구축하여 후대의 방송역사가들이 연구할 수 있는 토대를 마련했다. 30대 중반의 리즈대학 교수 시절에 BBC의 의뢰로 영국방송사를 시작했다. 두 권의 분량으로 계획하였다가, 40년이라는 긴 세월 동안 다섯 권의 방대한 저작을 펴냈다. 당시만 해도 보수적인 역사학계에서 신문과 방송의 역사를 쓰는 것은 상상하기 힘들었다. '돈에 눈이 멀어 외도'한다는 비난을 받으면서도 꿋꿋하게 BBC 프로젝트를 수행하였다. 브릭스가 영국방송사를 서술하면서 미디어 역사는 학문의 주변부에서 중심부로 이전하였다.

브릭스라는 역사학자의 미디어 연구를 부각하기 위해 윌리엄스를 조연으로 등장시킨 것 같아 미안한 마음이다. 윌리엄스를 평가절하하거나, 그의 삶이 치열하지 않았다는 것은 아니다. 그는 겸손했고 솔직했다. 자신이 몰랐던 것을 인정하고, 생각을 바꾸는 유연함을 가졌다(강준만, 2017, 301-303). 그는 평생 제도권과 타협하지 않고 노동계급을 위해 이론적, 실천적 투쟁을 한 시대적 공공지식인이다. 윌리엄스는 영문학과 문화연구 같은 학문의 세계는 물론이고, 60년대 학생 운동권의 정신적 스승이다. 이 책은 영국의 뛰어난 두 거장이 걸어온 영웅 이야기에는 관심이 없다. 이들의 뛰어난 학문업적을 내세우고자 하는 마음도 없다. 흑백이나 좌우의 이분법 논리로 두 거장을 단순 평가할 수는 없다. 브릭스가 좌우와 정치이념에 얽매이지 않게 두루 친하게 지내면서 자유주의 혹은 사회민주주의를 추구한 점은 이념의 양극화 시대에도 교훈을 준다. 브릭스 본인은 역사학자이지만, 경제학 학위를 동시에 받았다. 물리학에도 관심을 가지면서 학제 간(interdisciplinary) 연구를 추구하였다. 옥스퍼드 역사학과의 완고한 보수주의를 끝내 극복하지는 못하였지만, 리즈대학과 서식스 대학에는 그가 남긴 주제 중심의 연구 전통이 아직도 뚜렷하다. 1950-60년대 엘리트 문화의 유산이 남아있던 영국 사회에서 노동계급이나 보던 신문과 방송, 백화점 같은 대중오락물에 주목한 점은 선진적이다. 미디어 역사를 무시하는 역사학계의 엘리트주의 때문에 겪어야 했던 인간적 어려움과 내면의 세계에도 주목하고자 한다. 사상과 학문 같은 딱딱한 이야기 못지않게 화려한 삶의 이면에 감추어진 생의 굴절도 이해하고자 한다.

두 사람은 성장 배경이 비슷하지만, 삶의 궤적과 철학은 매우 달랐다. 브릭스는 낙천적인 성격으로 부드러운 대인관계를 유지하면서 따듯한 시선으로 삶과 사람들을 대하였다. 케임브리지 출신에 옥스퍼드 대학 연구원, 리즈대학과 서식스 대학, 그리고 옥스퍼드 대학 학장과 개방대학 총장의 길을 걸은 브릭스는 잘 나가는 제도적 지식인으로 보인다. 하지만, 인생의 '꽃길'만 걸은 것은 아니다. 수상과 장관을 지낸 친구들이 끊임없이 정치를 권유하였지만, 학자의 길을 고집하였다. 보수적인 역사학의 경계를 넘어서 학제 간 연구와 통섭을 강조하였다. 학문 세계에 안주하지 않고, 20대 청년 시절부터 성인교육을 실천하면서 개방대학을 설립하였다. 좌우 모두 친하게 지내고 많은 학파의 설립자이지만, 주인인 적이 없었다. 그는 자유주의 실용주의로 노동계급과 지역공동체를 위한 공공선을 지향했다.

브릭스는 케임브리지 대학의 역사학과를 전공하여 옥스퍼드의 역사학과에서 교수 생활을 하였다. 젊은 시절에 저술한 『진보의 시대, The Age of Improvement, 1959』로 빅토리아 시대 전문역사가로 명성을 떨쳤다. 그는 1960년대에 새로운 영국대학의 설계자이다. 리즈대학과 서식스대학의 역사학부를 이끌고, 옥스퍼드 대학의 학장과 개방대학의 총장을 역임하였다. 특히 1961년에 개교한 서식스 대학은 사회과학 대학장과 부총장을 역임하면서 새로운 대학의 모델을 제시하였다. 지금도 서식스 대학에는 브릭스의 업적을 기린 브릭스 빌딩이 있다. 그는 성인교육의 리더, 지역 예술과 영국학계의 국제화에 앞장섰으며 평생 30권의 저서와 120편 이상의 논문을 남겼다. 공부할 때를 놓친 성인들을 대상으로 성인교육에 헌신하여 개방대학(한국의 방송통신대학)을 실질적으로 설립하였다.

그는 학과 중심주의를 탈피하여 주제 중심의 연구와 학문의 국제화에 앞장섰다. BBC를 비롯하여 서식스 대학의 지역 인물 그리고 브론테(Brontë Society)[1]의 아카이브 작업을 하였다. 이외에도 대학 보조금

---

1 브론테 세 자매는 요크셔의 유명한 문인이다. 1800년대 중반에 활발한 작품활동을 했던 브론테 자매의 널리 알려진 작품으로는 『와일드펠 홀의 소작인, 앤 브론테』, 『제인 에어, 샬럿 브론테』, 『폭풍의 언덕, 에밀리 브론테』가 있다.

위원회(UGC) 위원, 유엔대학 영국 대표, 간호 위원회 위원장뿐만 아니라, 노동자 교육협회(WEA), 사회사학회, 노동사 연구학회, 의학 사회사학회 회장도 하였다. 이외에도 영국교회 자문위원회, 영국영화협회(BFI) 이사, BBC 아카이브 위원장, 윌리엄 모리스 협회 회장(1979-1991), 빅토리아 협회 회장, 브란테 협회 회장(1989-1996)도 역임하였다. 1976년에는 교육 공로로 종신회원, 1980년에는 영국 아카데미 펠로우(Fellow of the British Academy), 2000년에는 울프슨 역사상 수상자(Wolfson History Prize in 2000)로 선정되었다. 20개의 명예박사를 받았고, 70세 생일에는 출판기념회를 열었으며, 80세 생일에는 역사학회로부터 종신회원 상을 받고, 90세 생일에는 기념 학술대회가 개최되기도 하였다.

2. 앨런 튜링과 함께한 암호해독

아사 브릭스(Asa Briggs, 1921-2016)는 북부 잉글랜드 요크셔 지방의 작은 산업도시인 카일리(Keighley) 지역의 노동자 가정에서 태어났다. 카일리는 산업혁명 시기에 번성하다가 쇠락한 산업도시로, 브릭스는 '매연이 자욱한 작은 마을'로 기억하였다. 아버지 윌리엄은 장인이 경영하던 농장의 농산물을 판매하는 가게를 운영하다가, 불경기가 지속되면서 공장에서 일했다. 아버지가 가난하여 돈이 부족하였지만, 행복한 소년 시절을 보냈다. 아버지의 피아노 반주에 맞추어 가족들이 늘 노래를 불렀다. 브릭스는 가족의 생계를 위해 열심히 일하면서 공동체에 대한 애정을 가지고 성장하였다. 동네의 형인 데니스 힐리

(Denis Healey, 1917-2015)[2]는 가난한 엔지니어 가정의 아들로 같은 동네에서 자란 에드나 힐리(Edna Healey, 1918-2010)와 결혼하였다. 두 사람은 옥스퍼드 대학을 졸업하여 데니스는 재무부와 국방부 장관, 에드나는 유명 작가가 되었다. 이들 부부는 브릭스가 서식스 대학 재직시절에도 서식스 집의 이웃이었다. 이들은 '브릭스가 정치를 하였으면, 역시 서식스에 거주하였던 전임 해럴드 맥밀런(Harold Macmillan)과 제임스 캘러헌(James Callaghan) 수상보다 훨씬 좋은 수상'이 되었을 것이라고 하였다.

브릭스는 어린 시절부터 공적인 삶을 살았다. 지역 신문에 금주운동을 주장하는 칼럼을 싣고, 학교에서 복음주의 선교 활동을 하였다. 지역의 사회주의자 협동조합(Cooperative Socialist Guild)과 노동자 교육협회(WEA)에 연사로 초청받기도 하였다. 지역 신문에 국제연맹(League of Nations)에 관한 수필로 상을 받기도 하였다. 그는 장학금을 받고 카일리 그래머 스쿨(Keighley Grammer School)에 진학하였다. 이 학교는 브릭스 외에도 옥스퍼드 대학에 3명의 학장을 배출하였다. 그는 교장선생님의 영향을 받아 선생님이 다녔던 케임브리지대학의 역사학과에 진학하고 영시와 소설에 매료되었던 문학 지망생이었다. 선생님은 방과후에 독서하는 방법을 첨삭지도 해주었다. 브릭스는 대학을 졸업할 때까지도 문학가의 꿈을 버리지 않았다(Thane, 2017, 529-531).

아버지는 브릭스의 대학 진학을 원하지 않았지만, 학교 선생님이 추천할 때 만류하지는 않았다. 고향에서 케임브리지 대학(Sidney

---

2 영국 노동당 정치인으로 1964년부터 1970년까지 가장 오래 근무한 국방부 장관이다. 그는 일반 대중에게 숱 많은 눈썹, 매끄러운 태도 및 창의적인 표현으로 유명하였다.

Sussex College)에 간 사람은 올리버 크롬웰(Oliver Cromwell)[3] 이후로 브릭스가 가장 어린 나이에 진학하였다고 한다. 1937년 16세의 나이에 케임브리지로 진학한 그는 해군과 동인도회사에 관한 논문으로 왕립 아시아 학회 상을 받았다. 브릭스는 역사전공을 선택하였지만, 과학에도 관심이 많았다(Smith, 1990, 10-14). 2학년 때에 물리학 교수가 레이더에 대한 실험연구에 참여할 것을 제안하여 물리학 교수의 신호팀에서 초고속 모스부호를 배웠다. 과학학부 학부장에게 갔더니 물리학 교수가 똑똑한 사람이며 브릭스가 팀에 합류하는 것이 적합하다고 하였다. 징집령이 떨어지면 레이더 팀에서 일하기 때문에 연기해 주겠다고 하였다. 수학에도 재능을 보여 컴퓨터 천재인 앨런 튜링(Alan Turing)과 함께 블레츨리 파크(Bretchley Park) 팀에서 독일군의 에니그마 암호체계를 해독하는 비밀임무를 수행하였다. 블레츨리 파크(Bletchley Park)는 영국 버킹엄셔주 밀턴 케인스에 있는 정원과 저택이다. 제2차 세계 대전 동안 독일의 암호를 해독하던 곳이다. 대학 동기로 체스 친구인 고든 스미스(Gorden Smith)가 브릭스를 추천하였다. 브릭스는 영국에서 가장 젊은 준위가 되었다. 브릭스를 비롯하여 과학역사가 존 헤리벨(John Herivel), 수학자 데이비드 리스(David Rees), 외교

---

3 크롬웰(1599-1658)은 잉글랜드의 정치가이자 군인이다. 의회파의 군사 지휘관으로 명성을 얻었다. 1649년 1월 찰스 1세의 처형을 주도하였고, 잉글랜드 연방에서 최고 권력자였다. 아사 브릭스와 같은 케임브리지 대학교의 시드니 서식스에서 수학하였으나, 중퇴하였다. 올리버 크롬웰은 1616년 케임브리지 대학에서 14개월 동안 공부했다. 시드니 서식스는 크롬웰에게 엄격한 청교도 정신을 심어주었다. 그의 유해는 1960년 은밀하게 이 대학의 채플 전실에 묻혔다. 올리버 크롬웰의 유해가 묻힌 장소는 학장과 재무 담당관만 알고 있다. 왕당파들이 다시 유해를 파헤칠 것을 우려한 조치였다. 케임브리지는 청교도의 대학이었고, 의회파 군대의 거점이었다(Sager, 2003, 444-445).

관이자 MI5 수장이 되는 하워드 스미스(Howard Smith), 수학자이자 엘런 튜링과 함께 이 프로젝트를 지휘한 고든 웰치먼(Gordon Welchman) 등 11명의 케임브리지 출신이 차출되었다.

브릭스는 블레츨리 파크 시절의 평등한 분위기를 즐기면서 '제2의 대학'이라고 하였다. 팀 동료 가운데는 나중에 노동부 장관을 역임한 로이 젠킨스(Roy Jenkins, 1920-2003)도 있었다. 브릭스는 죽기 직전인 2011년에야 『비밀의 나날들, Secret Day』을 통해 당시의 경험을 털어놓았다. 영국 정부가 에니그마 암호를 해독한 사실을 비밀로 하여 독일 유보트에 의한 연합군의 희생을 방조한 사실을 감추었다. '대를 위한 소의 희생'이었다. 블레츨리 파크팀은 독일군의 암호해독을 통해 지중해의 독일군들이 노르망디 상륙작전의 상륙장소를 오인하도록 유인하였다. 암호해독 덕분에 노르망디 상륙작전에 성공하면서 이차대전을 승리로 이끌었다(Thane, 2017, 532-533). 훗날 앨런 튜링은 동성애자로 기소되어 화학적 거세를 당한 뒤 1954년 41세의 나이로 자살하였다. 청산가리를 주입한 사과를 먹고 목숨을 끊었다고 알려져 있다. 이 사과는 스티브 잡스가 애플의 로고로 이용하여 유명해졌다. 튜링은 나중에 복권되어 50파운드 지폐의 인물이 되었고, 컴퓨터의 아버지로 불리었다. 2014년에 나온 영화 〈이미테이션 게임, The Imitation Game〉은 이 과정을 생생하게 묘사하였다.

그와 한 학기 세미나를 한 교수는 '브릭스가 나보다 뛰어나다'고 할 정도였다. 다재다능할 뿐만 아니라, 일중독이었다. 40년 지기 동료 학자인 해리 피트(Harry Pitt, 1914-2005)가 브릭스의 성실성을 소개하는 일화가 있다.

브릭스의 결혼식이 오후 2시 30분에 예정되어 있었다. 손님들이 교회에 도착하였고, 목사와 연주자들은 준비되어 있었다. 신랑은 결혼식 30분 전까지 대기실에서 열심히 타이프를 치며 〈New Statesman〉을 위한 원고를 쓰고 있었다. 그는 신체적으로 강건하고 분노를 참을 줄 아는 사람이다. 또한 신경질을 내지 않고 참는 사람이었다. 비행기 타는 것을 즐기고 여행을 두려워하지 않았다. 교통 상황 같은 것에 신경 쓰지 않았으며, 어떠한 상황도 즐기는 사람이었다. 밤에 잠자리에 들면 그가 일을 하며 타자기를 치는 소리가 들렸다(Smith, 1990, 10-14).

프린스턴 대학 역사학과 교수이자, 영국 아카데미 회장을 역임한 데이비드 캐너딘(David Cannadine, 1985)은 다음과 같이 평가하였다.

다른 역사가들이 각주를 만지작거리는 동안 브릭스는 리뷰를 작성하고, 그들이 리뷰를 곱씹는 동안 그는 기사를 완성하고, 그들이 기사를 고민하는 동안 그는 책을 만들고, 그들이 책을 고민하는 동안 그는 여러 권의 책을 만들어 낸다. 빅토리아 시대 영국에 대한 최고의 권위자라는 그의 지위에 걸맞게 브릭스는 전속력으로 질주하는 급행열차처럼 역사적 노력의 궤도를 따라 두드린다.

엄청난 업적과 독보적인 성과를 극찬한 말이다. 브릭스는 1941년에 케임브리지의 시드니 서식스 칼리지에서 역사학 학위를, 런던정치경제대학(LSE)에서 경제학 학위를 동시에 받았다. 전쟁으로 런던정치경제대학(LSE)이 케임브리지 인근으로 임시 이전하여 가능한 일이었다. 당시에는 두 가지 학위를 받는 것은 드문 일이었다.

3. 역사와 경제의 통섭

브릭스는 친구와 지인들의 끊임없는 의원 자리 제안을 거절하고 옥스퍼드(Worcester) 대학으로 갔다. 옥스퍼드 대학은 1950년 사회사학자인 조지 콜(George Cole, 1889-1959)[4]의 주도로 브릭스를 연구원 겸 조교수로 선임하였다. 보수적인 옥스퍼드 대학도 엘리트와 정치사에 안주할 수 없었으며, 사회 및 경제사 분야로 확대하였다. 브릭스는 대학 은사가 주도하는 전후 국제관계 프로젝트로 독일을 방문하고, 공저서인 『평화 만들기의 패턴, Patterns of Peacemaking, 1945』을 발간하였다. 그는 이 책에서 정치인들이 역사에 무관심하여 정책과 쟁점을 제대로 해석하지 못한다고 비판하였다. 공저이긴 하지만, 브릭스가 24세 때의 일이다. 대학을 졸업하고 케임브리지 대학과 런던정치경제대학에서도 연구원(fellowship) 제안을 받았지만, 이미 옥스퍼드 대학의 제의를 수락하였기 때문에 포기하였다. 2차 대전 후 옥스퍼드 대학의 연구원으로 시작하여 노동과 사회 및 경제사를 강의하였다. 그는 역사가 대학의 커리큘럼에 한정되지 않고 대중에게 다가가야 한다고 믿었다. 옥스퍼드 대학 역사학과의 커리큘럼을 개정하고

---

4 영국의 정치 이론가, 경제학자, 역사가. 생산수단의 공동 소유를 믿는 그는 길드 사회주의(노동자 길드를 통해 조직된 생산)를 이론화했다. 그는 페이비언 협회(Fabian Society)에 속해 있었고 협동조합 운동을 옹호하였다.

다학제간 접근을 하였지만, 역사학과의 전통적 보수주의 때문에 실패하였다.

1945년에 옥스퍼드 대학에서 철학, 정치학과 경제학 연구원(fellowship)이 되었고, 1950년에는 전임강사(Reader)가 되었다. 30대 초반 BBC에서 정기적으로 방송하였고, 신문과 잡지의 칼럼니스트이자 인기 있는 대중 강연자였다. 윈스턴 처칠의 『영어권 민족의 역사, A History of the English-Speaking Peoples, 1956』를 교정 보기도 하였다. 처칠은 전문가에게 책의 교정을 보고 평가해 줄 수 있는 젊은 역사가를 부탁하였고, 앨런 블록(Alan Bullock, 1914-2004)[5]과 함께 아사 브릭스가 천거되었다. 브릭스는 처칠이 미국 역사를 보는 시각이 지나치게 마르크스주의라고 비판하였지만, 처칠은 너그럽게 수용하였다(〈History Today〉. October. 1999).

브릭스는 경제역사가인 리처드 토니(Richard Tawney, 1880-1962)와 마이클 영(Michael Young, 1882-1959)에게 삶의 방식과 지적인 영향을 받았다. 토니는 기독교 윤리적 사회주의에 토대를 두고 성인교육을 통한 사회봉사를 강조하였다. 그는 1905년부터 1948년까지 노동자 교육협회의 임원으로 활동하면서 부회장과 회장을 역임하였다. 브릭스는 토니의 길을 따라 노동자 교육협회의 회장을 역임하고 개방대학을 개설하는 등 평생 성인교육을 통한 사회봉사 활동을 하였다. 또한

---

5 앨런 블록은 영국의 역사가이다. 아돌프 히틀러의 전기인 『히틀러: 전제정치 연구, Hitler: A Study in Tyranny, 1952』로 잘 알려져있다. 옥스퍼드 대학을 졸업한 후 아사 브릭스와 함께 『영어권 민족의 역사, History of the English-Speaking Peoples』를 집필하고 있던 윈스턴 처칠의 연구 조교로 일했다. 제2차 세계 대전 동안 BBC의 독일어 서비스에서 일했다.

토니는 역사가가 정치 경제적 행위만큼이나 문학과 사상을 통해 과거 문화를 이해하고, 소통하는 것이 중요하다고 하였다. 이는 브릭스가 정치경제와 사회문화사를 연결하는 계기가 되었다. 또한 영은 1, 2차 대전 중간기에 빅토리아 시대를 유행하게 하였고, 각 세대의 고유한 역사적 경험을 강조했다. 브릭스는 영의 영향으로 1950년대에 빅토리아 시대의 전문가로 BBC에 자주 출연하였다. 브릭스는 빅토리아 시대를 연구하면서 사람과 장소, 건물과 유물, 제도와 조직을 검토하고 연계하였다. 또한 빅토리아 시대를 미국, 프랑스, 독일, 호주와의 현대적 비교를 통하여 빅토리아 시대 삶의 풍요로움을 서술하였다(Taylor, 2015, 5-6).

브릭스는 옥스브리지에서 공부하였고, 학장으로 은퇴하였지만, 학문적 명성과 업적은 지역에서 쌓았다. 지역대학에서 20년 이상을 보내고, 옥스퍼드 대학의 요청으로 학장으로 돌아왔다. 20대에 옥스퍼드 대학의 연구원 겸 강사 시절을 보냈지만, 역사학과의 완고한 보수주의로 개혁을 실현하지 못하였다. 그는 지역대학에서 최선의 노력을 하고, 다른 지식인들처럼 옥스퍼드를 갈망하지 않았다. 1976년에 옥스퍼드 대학으로 돌아왔지만, 1년 만에 개방대학의 요청으로 총장이 되었다. 런던에 머물렀지만, 회의와 연구를 위한 장소였으며, 리즈대학과 서식스 대학 근처에서, 은퇴 후에는 스코틀랜드의 바닷가에서 노후를 보냈다(Taylor, 2015, 2).

1955년에 고향인 리즈대학의 역사학과 학과장으로 부임하였다. 브릭스는 1850년대에 머물렀던 역사학과의 역사 연구를 1945년 이후까지, 서부 유럽을 넘어 미국, 러시아, 아시아까지 연구 시기와 대상을 확장하였다. 세미나에 기반한 수업을 도입하고, 동료들을 성 대신에 이름으로 부르고, 강의할 때 입는 아카데믹 복장을 없앴다. 그는 역사 연구에 열정을 보이면서 개방적이었으며, 바쁜 일상에도 불구하고 학생들의 세세한 면까지 기억하였다. 그는 지역의 역사 연구를 강조하여 〈지역 도시의 노동운동 비교연구〉, 〈3개 도시의 의회 개혁운동 연구〉 등을 연구하였다. 리즈대학을 거쳐 1961년에 서식스 대학으로 옮겼다. 당시 정부는 4%에 불과한 대학 진학 인구를 늘리기 위해 노력을 하였다. 서식스 대학은 1960년대에 설립된 8개 대학의 하나였다. 서식스는 아사 브릭스를 비롯하여 옥스브리지 출신의 젊고 유명한 교수들을 초빙하였다. 이들은 우수한 학자로 서식스 대학을 돋보이게 하였다. 브릭스는 역사학과 정교수로 부임하면서 사회과학대 학장(1961-65)과 부총장(1967-76)을 지냈다. 학과와 학문의 벽을 없애고 주제 토론 위주로 강의하였다. 부총장 시절, 브릭스는 버지니아 울프 등의 아카이브 센터를 유치하였다. 서식스 시절은 그의 인생에서 가장 행복했던 시기라고 회상하였다(Cragoe, 2015, 230-234).

그는 역사학뿐만 아니라 경제학, 커뮤니케이션, 노동과 도시 그리고 지역에 대해 관심사를 가지고 있었다. 젊은 시절에 저술한 『진보의 시대, The age of improvement, 1959』로 유명 역사학자가 되었고, 『잉글랜드의 사회사, A social history of England, 1983』는 지금까지도 대학 교과서 교재로 애용되고 있다. 또한 40년에 걸쳐 『영국방송사, The history of broadcasting in the United Kingdom』 다섯 권을 저술하였고, 19세기 사회사에 대한 3부작 시리즈(1954, 1963, 1988)를 출판하였다. 또한 대학 보조금 위원회에 적극 관여하면서 정부가 새로운 대학과 노동자들을 위한 개방대학을 설립하고 교육과정을 획기적으로 개선하는 것에 열정을 보였다.

4. 루퍼트 머독과의 평생 인연

역사학의 국제화에도 힘을 쏟아 유럽과 미국은 물론이고 아시아와 아프리카 등지를 여행하기도 하였다. 그는 1950년대에 학구적인 여행을 즐겼다. 1956년 〈Observer〉에 소개된 브릭스의 프로필에는 '상아탑보다 공항을 좋아하는(prefers the airport to the ivory tower)' 학자라고 하였다. 열심히 일하고 생활하며 폭넓게 돌아다니는 학자이다. 시카고 대학교와 프린스턴 대학교에서 세 차례 방문하여 강의 투어와 세미나를 하였다. 록펠러 재단의 기금으로 시카고 대학에 방문학자로 체류하면서 커다란 지적 자극을 받았다. 특히, 시카고학파의 도움을 받았다. 시카고학파는 공동체의 성격과 개인의 행동을 결정하는 데 있어 물리적 환경, 자연 풍경, 사회구조의 역할을 강조했다. 시카고학파는 도시 성장 패턴과 문화, 정치, 운송, 기술의 관계 연구를 개척했으며, 이는 브릭스가 빅토리아 시대 도시에 대해 글을 쓰는 방식에 영향을 미쳤다. 브릭스는 시카고가 제2의 대학이었으며 영국의 위대한 도시에 대한 글을 쓸 때 영국보다 시카고에서 더 많은 영감을 받았다고 하였다. 이외에도 인도(1957), 폴란드(1959) 및 호주(1960)에서 강의와 세미나를 하면서 그 연구 성과를 토대로 프랑스와 이탈리아의 해외 전문 저널에 논문을 게재하였다(Taylor, 2015, 4-5).

루퍼트 머독은 옥스퍼드 대학(Worcester college)의 브릭스 제자로 학생 시절 사회주의자였다. 학부생이던 1950년 호주 노동당의 당수 벤 치플리(Ben Chifley, 1885-1951)에게 편지를 썼다. 치플리는 2차대전 후 4년간 수상으로 재직하였고, 1949년 총선에서 패배하여 보수당 연합의 로버트 멘지스(Robert Menzies, 1894-1966)에게 정권을 넘겨주었다. 그는 멘지스를 비판하고 1951년 선거에서 승리하라고 하였다. 머독은 '아사(Asa)를 이사(Isa)'라고 하였는데, 이는 퀸즐랜드 서부의 험준한 광산이다. 머독은 옥스퍼드 대학 노동당 클럽의 대표가 되기 위해 '루퍼트를 위해 뿌리내리기(Rooting for Rupert)'라는 선거 슬로건을 내세웠다. 호주에서 '뿌리내리기'는 성관계를 의미하는데, 이 일로 출마 자격을 잃었다(Bongiorno, 2014, 90-91).

옥스퍼드 대학의 강사 시절, 제자인 미디어 재벌 루퍼트 머독과의 중동 여행은 유명한 일화이다.

> 루퍼트 머독과 그의 아버지인 키스 머독(Keith Murdoch)을 터키의 이스탄불에서 만났다. 그의 아버지는 이스탄불에서 새 차를 빌려주었고, 머독과 다른 호주 학부생, 옥스퍼드 대학 동료연구원과 함께 중동을 거쳐 이집트로 여행하였다. 길이 제대로 정비되지 않아 노숙 캠핑을 하고, 머독의 이름이 유대인 계통이라는 이유로 요르단, 레바논 등지에서 어려움을 겪었다. 여행 후에 머독의 어머니가 전화로 부친의 사망 소식을 알렸고, 머독은 황급히 호주로 돌아갔다. 머독은 브릭스에 대해 '그는 훌륭하고 유연한 교수였다고 한다. 시험을 앞두고는 한밤중에도 강의하였다. 그는 열심히 일을 하고 다작을 하는 사람이지만, 인생을 즐길 줄도 알았다. 비록 자동차가 고장 나서 고생하였지만, 함께 이스탄불에서 예루살렘으로 여행하였다'고 회고하였다.

루퍼트 머독과의 중동 여행에 대해서는 브릭스가 자서전 『특별한 관계, Special relationship, 2012』에 자세하게 소개하였다. 브릭스는 머독 아버지의 차를 타고 중동으로 돌아다니면서 엄청나게 고생하면서도 그것을 즐기는 낙관적인 성격의 소유자였다. 반면 그의 동료연구원인 해리 피트는 나중에 루퍼트 머독에 대해 비난하였지만, 이후로도 머독과는 가끔 만났다. 브릭스의 70세 생일에는 머독이 옥스퍼드로 깜작 방문하여 생일을 축하하였고, 90세 생일에는 편지를 보냈다. 머독의 어머니 엘리자베스와는 아버지의 사망 소식을 전해 달라는 전화를 받고 난 이후부터 정신적인 유대감이 있었다고 한다. 호주에 가면 어머니를 방문하였으며, 머독 모친의 100세 생일에 그녀의 집을 마지막으로 방문하였다(Briggs, 2011, 224-232). 이처럼 브릭스는 사람을 좋아하고 인연을 오랫동안 유지하였다.

여행과 마찬가지로 브릭스는 자유로운 사상을 가지고 있었다. 브릭스는 좌우에 휩쓸리지 않았으며, 중도의 입장이었다. 윌슨 수상을 설득하여 개방대학을 설립하였지만, 윌슨의 노동당 정부나 대처의 신자유주의 정부에 얽매이지 않았다. 대학 동료인 에릭 홉스봄(Eric Hobsbawm, 1917-2012)[6], 크리스토퍼 힐(Christopher Hill, 1912-2003)[7]이나

6 에릭 홉스봄은 영국의 마르크스주의 경제사학자이다. 1917년 이집트 알렉산드리아에서 태어나 케임브리지 대학교의 킹스 칼리지에서 역사학을 전공하였다. 1947년 런던대학교 버크벡 칼리지의 사학과 강사로 교직 생활을 시작했고, 1970년에 경제사 및 사회사 전임 교수가 되어 1982년 은퇴했다. 그는 2012년 96세의 나이로 세상을 떠났다. 홉스봄은 1936년에는 영국 공산당에 입당하여 평생 당원으로서 활동하였다. 그는 마르크스주의자였지만 1956년 소련의 헝가리 침공에 대해서는 비판적이었다. 그는 폭력을 정당화하는 미국 제국주의의 논리를 위험한 사상이라고 논박한다. 민족이라는 개념은 자연적인 소산이 아닌 인위적 발명의 소산이라는 견해를 옹호하였다. 그는 마르크스주의 역사학자 중에서 가장 뛰어나다는 평가를 받았다(위키 백과).

7 크리스토퍼 힐(Christopher Hill)은 영국의 마르크스주의 역사가이자 학자이다.

에드워드 톰슨(Edward Thompson, 1924-1993)[8] 같은 마르크스주의자는 아니었지만, 노동계급의 삶을 향상하기 위해 노력하였다. 브릭스는 경제가 사회정치변동에 막대한 영향을 미친다고 생각하였다. 하지만, 공산당 이념이 삶의 복잡한 맥락에서 분리된 채, 노동계급에만 초점을 맞추어 역사를 단순화하고 좁은 시야를 가졌다고 비판하였다. 사상은 다르지만, 많은 작업을 함께 하였다. 이들은 함께 리즈노동 역사그룹을 결성하여 '아래로부터의 역사'를 수업에 도입하였다. 그의 개방적이고 인내하는 성격은 협동하는 것에 많은 도움이 되었다. 브릭스는 라디오 시대에서 TV 시대로 넘어가지 않았고, 에릭 홉스봄이나 에드워드 톰슨과는 달리 특정 학파와 역사적 접근방식을 고집하지 않았다. 사회사를 '경제학을 다시 넣은 정치사'로 규정하여 부분에

1931년 옥스퍼드 대학의 발리올 칼리지(Balliol College)에 입학하여 1934년에 졸업했다. 1935년에 그는 소련 모스크바를 10개월 동안 여행하면서 러시아어에 능통해졌고 소련 역사학, 특히 영국과 관련된 학문을 공부했다. 1936년 영국으로 돌아온 후 카디프에 있는 사우스 웨일스 대학교와 몬머스셔 대학교에서 조교수가 되었다. 국제여단에 합류하여 스페인 남북전쟁에 참전하려 했으나 거절당했다. 힐은 전쟁이 끝난 후 학업을 계속하기 위해 옥스퍼드 대학교로 돌아왔다. 1946년에 공산당 역사가 그룹을 결성했다. 1952년에 그는 〈Past and Present〉 저널을 창간했다. 그는 우파로부터 소련 공산당 스파이라는 의심을 받았다.

8 에드워드 톰슨은 브릭스와 케임브리지 동문이다. 브릭스는 리즈대학의 성인교육강사로 톰슨을 추천하였다. 톰슨은 시인이며, 저명한 디자이너이고, 사회주의 운동의 조직가였던 윌리엄 모리스(William Morris)에게 매혹되어 역사가의 길을 걷게 되었다. 톰슨은 공산당 역사가 그룹에서 모리스 돕(Morris Dobb), 에릭 홉스봄(E. J. Hobsbawm), 크리스토퍼 힐(Christopher Hill) 등과 함께 토론을 통하여 역사가로 성장하였다. 톰슨은 리즈대학교에 있으면서 공산당 요크셔 지역위원회에서 평화운동에 참여하였다. 하지만 당의 비민주 성향과 친소 노선에 대해 비판적이었다. 1956년 소련의 제20차 전당대회에서 흐루시초프의 스탈린 격하 연설은 그에게 큰 충격을 주었다. 또한 소련은 헝가리 국민의 봉기를 무력으로 진압하였다. 톰슨은 스탈린주의에 관한 토론의 장을 마련하기 위해 소련의 행동을 비판하도록 당에 요구하였다. 하지만 영국 공산당은 이를 거부하였고, 톰슨은 탈당하였다.

매몰되는 전문역사를 경계하였다. 많은 학파의 창설자이지만, 어느 학파의 주인이 아니었고, 미디어 역사가이지만, 'TV 선호 교수(telly don)'[9]는 아니었다.

그는 대학에서 성인교육을 확장하였고, 노동자교육협회(Workers Educational Association, WEA)의 부회장과 회장을 맡았다. 윌슨 노동당 시절인 1969년에 개방대학(The Open University, 우리의 방송통신대학)을 설립하고, 총장을 역임하였다. 1976년에 옥스퍼드 대학(Worcester)으로 돌아가 1991년에 학장으로 은퇴하였다. 1974년부터 1990년까지 파리에 있는 유럽교육연구소(European Institute of Education)에서 EEC의 고등교육정책 초안을 작성하는 것을 주도하였다. 동시에 1974-75년에는 유엔대학 설립에 참여하였고, 10년 뒤에는 개방대학과 유사하게 영연방지역에 원격으로 학습하는 고등교육기관의 프로젝트 주역이었다. 국내에서는 문화유산 분야의 권위자가 되었다. 1975년에 유럽 건축 유산의 영국교육패널이었고, 이후로도 시민신탁, 브론테 협회 종신 회장, 윌리엄 모리스[10] 협회(William Morris Society) 회장(1978-1991), 빅토리아 협회(Victorian Society) 회장(1986-종신)을 역임하였다.

---

9 일류대학교수이면서 TV를 통해 유명해지고자 하는 사람. 학교에 관심없고 정치로 출세하고자 하는 폴리페서와 비슷한 개념이다.

10 윌리엄 모리스(William Morris, 1834-1896)는 영국의 디자이너이자 시인, 소설가, 번역가, 사회주의자이다. 당대 영국의 미술공예운동과 맞물려 영국 전통의 직물 예술과 생산방식을 부활시키는 데 지대한 공헌을 하였다. 또 문학 활동을 통해 근대 판타지 장르의 설립에도 기여하고, 초창기 사회주의 운동을 확산하였다. 모리스는 빅토리아 시대의 문화를 대표하는 주요 인물로 인정받고 있다. 생전에는 시인으로서 이름을 날렸지만, 오늘날에는 그의 디자인 양식이 주목받고 있다. 1955년에는 윌리엄 모리스 협회가 설립되어 그의 유산을 후대에 전수하고 있다. 그의 디자인 제품이 박물관과 미술관에서 전시되면서 여전히 생산 판매되고 있다(위키백과).

5. '아시아 브릭스(Asia Briggs)'의 리즈대학 시절(1955-1961)

브릭스의 인생을 관통하는 키워드는 지역공동체와 노동자이다. 태어나고 자란 지역의 가난한 노동자의 삶을 향상하는 것에 일생을 바쳤다. 브릭스는 케임브리지 대학에서 공부하고 옥스퍼드 대학의 교수를 역임하여 수상과 장관을 절친한 친구로 둔 엘리트였다. 유럽과 아시아, 미국을 넘나드는 국제적 인물이지만, 궁극적인 애정은 지역의 노동자를 향하였다. 학생 시절을 지낸 케임브리지 대학부터 옥스퍼드 대학의 학장을 거치면서 성인교육과 대학개혁에 주력하였다. 노동자들이 대학을 나오지는 못하였지만, 고등교육을 통하여 문명화되고 부유한 삶을 누리는 것이 평생에 걸친 꿈이었다.

브릭스는 노동자 교육협회에서 부회장(1954-1958년)과 회장(1958-1967년)을 역임하였다. 에드워드 톰슨이나 윌리엄스 같은 사회주의자들의 성인교육과 다른 것은 조직되거나 노조에 가입한 노동자 계급뿐만 아니라, 모든 성인 학습자를 대상으로 봉사해야 한다는 것이다. 브릭스는 대학 내에서 노동자 교육이 필수적인 위치를 차지할 수 있도록 구상했고, 대중교육과 민주주의의 연관성을 강조했다. 브릭스는 영국뿐만 아니라 덴마크, 핀란드, 호주 등지에서 성인교육을 활성화하도록 노력하였다. 특히 〈새로운 사회 질서〉라는 학습 개요 시리즈를 통해 표준 예술 및 사회과학 과목과 함께 과학과 실용 및 직업 과목에 더 중점을 두고 커리큘럼을 개정했다. 회장 임기 첫해에 〈변화하는 사회를 위한 교육, Education for a Changing Society, 1959〉과 〈성인교육의 양상, Aspects of Adult Education, 1960〉을 발표하였다. 새로운 형태의 미디어를 활용하여 새로운 성인교육 방법을 개발해야 한다는 것이다. 브릭스는 1961년부터 1976년까지 서식스에서 학장, 및 부총장으로서, 개방대학의 총장으로 재직하면서 노동자교육협회와 협력하며 교육과정을 현대화하였다. 필킹턴 보고서가 발표될 당시 노동자교육협회 회장으로 재직하면서 BBC를 성인교육과 새로운 대학 그리고 개방대학 설립에 연계하였다. 평생 학습을 위해 새로운 미디어 기술을 도입해야 한다는 것이다.

그는 리즈대학에 정교수로 부임한 1955년부터 1991년 옥스퍼드 대학의 학장으로 마감할 때까지 36년간 대학교수로, 옥스퍼드 대학의 연구원과 학부 시절을 포함하면 50년을 대학에서 보냈다. 브릭스가 대학을 졸업하고 성인교육에 매진(1946-1955)하면서부터 리즈대학 역사학부의 정교수(1955-1960), 서식스 대학 설립자의 역할을 한 사회과학대 학장 및 부총장(1961-1975), 옥스퍼드 대학의 학장(1976-1991)과 개방대학의 총장(1978-1996) 시절의 노력을 짚어보고자 한다. 미디어 연구의 기반을 제공한 성인교육과 역사학과의 완고한 보수주의와 갈등을 빚으며 협동 연구를 주장하는 과정을 살펴보고자 한다. 대학의 개혁과 변화를 요구하는 시대정신과 이에 저항하는 학과 중심주의의 갈등이 오늘날과 별반 다르지 않다.

1955년에 브릭스는 고향 근처에 있는 리즈대학의 역사학과 교수로 채용되었다. 리즈대학은 1870년대에 시작되어 역사와 명성은 있었지만, 화려함은 부족하였다. 리즈대학의 역사학과는 오래된 빅토리아 시대의 건물에 10명의 직원밖에 없었다. 역대 교수 가운데는 역사학회 회장을 역임한 아서 터버빌(Arthur Turberville, 1888-1945)[11] 정도가

11 리즈대학의 현대사 교수였던 영국의 역사학자. 브릭스가 부임하기 오래전에 사망하였다.

명성이 있었다. 브릭스의 교수 채용은 사람들을 놀라게 하였다. 전임 학과장이 세인트앤드루스 대학(St. Andrews)으로 옮겨가서 새로운 학과장이 필요하였지만, 전도유망한 역사학자가 올 줄은 몰랐다. 30대 중반의 한창때인 브릭스로서는 어린 시절의 친구들이 있는 고향으로 돌아와서 봉사할 수 있다는 꿈에 부풀었다.

> 1955년 브릭스가 부임했을 때 저는 그에게 한 번에 어떤 변화도 주지 말아 달라고 부탁했습니다. 전임 학과장이 커리큘럼을 상당히 광범위하게 변경했고, 우리의 타협안이 좋든 나쁘든 적어도 한 '세대'의 학생들을 거쳐야 한다고 생각합니다. 브릭스는 이 점에 대해 매우 훌륭했습니다(Chase, 2015, 218).

하지만, 현실은 달랐다. 학과장은 전임 학과장이 시도한 커리큘럼 개혁으로 인해 피로감을 느끼면서 당분간 개혁하지 말라고 요청하였다. 다른 학과의 학과장들도 공동작업을 하지 않는다고 거부하였다. 브릭스는 자신의 과목 외에는 아무런 변화도 시도할 수 없었다. 학부생이 늘어나고 업무량이 기하급수적으로 늘어났다. 1953-54학년에 학부생이 53명이었는데, 1957-58년에는 90명이었다. 1학년 신입생만 40명을 넘었다. 반면 학교에서는 임시 강사 1명만 허용하였다.

브릭스는 열악한 여건에 굴하지 않고, 본인이 할 수 있는 변화를 시도하였다. 우선, 1850년 이전으로 한정되어 있었던 역사 연구 시기를 전후 유럽으로 확장하였다. 연구 대상도 영국과 유럽에서 미국과 러시아 비교연구, 아시아 역사 연구 등으로 확장하였다. 선택과목으로 2~3학년 대상으로 〈아시아 역사, 1815-1947〉 과목을 개설하였다. 새로운 과목의 수업 준비를 하면서 강의 진도를 겨우 맞출 수 있을 정도로 바쁘고, 힘들었다. 아시아 연구에 대한 그의 열정으로 그의 동료들은 아사 브릭스를 '아시아 브릭스(Asia Briggs)'라는 별명으로 불렀다. 새롭게 개설한 〈미국 역사, 1783-1950〉과 〈러시아 역사, 1860-1945〉 또한 브릭스가 강의하면서 인기를 끌었다.

> 나는 요크셔의 리즈지역에서 아사 브릭스와 함께 지냈는데, 운이 좋았다. 리즈대학에 있는 동안 영국 사회를 잘 알게 되었고, 실제로 어떤 면에서는 요크셔가 런던보다 훨씬 더 좋은 곳이라고 하였다 〈Independent, 2004년 8월 19일〉.

대학원 제자 가운데, 독일에서 온 볼프강 몸젠(Wolfgang Mommsen)이 있었다. 그는 리즈대학에서 1958-59년을 지냈는데, 나중에 20세기 후반 독일의 저명한 역사학자가 되었다. 리즈대학에서 브릭스는 1960년까지 14명의 대학원생을 지도하였다. 연구 지역과 시기뿐만 아니라 연구 분야도 정치사에서 정치경제 사회사로 확장하였다. 〈경제사상사〉 과목은 개설 첫 학기에 1명만 수강하였다. 반면 〈사회 사상사〉는 큰 호응을 얻었다.

브릭스는 강의 커리큘럼뿐만 아니라 복장에서도 혁신을 꾀했다. 그는 강의용 가운을 없애고, 성(surname)보다는 이름(name)을 불러 평등한 관계를 강조하였다. 또한 르 파투렐(Le Patourel)의 학과장 임기가 끝나자, 학과를 공동으로 이끌자고 제안하여 학교를 놀라게 하였다. 1959년에 있었던 성인교육 강연에서는 연두색 캐주얼 셔츠를 입어 모두를 놀라게 하였다. 리즈대학 내부의 저항도 거셌다. 특히, 케임브리지 동문이면서 학부 시절 현장실습 등을 함께 하였던 모리스 베레스포드(Maurice Beresford)가 리즈대학 경제학과 교수로 오면서 불만은 가중되었다. 그는 고립된 생활을 하였고, 역사학과와 담을 쌓은 것에 대해 브릭스는 의아해하였다. 심지어 부총장에게 비밀편지를 보내 '브릭스가 외부 활동에 치중하여 내부를 등한시하고, 무책임한 개혁으로 대학에 혼란을 초래하였다. 브릭스는 시간도 없고 관심도 없는 역사학과의 재앙'이라고 혹평하였다.

브릭스도 리즈대학의 관료주의에 지쳐 6개월 동안 호주 캔버라 대학에 초빙교수로 연구년을 나갔다. 짧은 시간에도 불구하고, 호주국립대학교에서 강의하고 멜버른과 시드니의 빅토리아주 도시를 위한 자료를 수집하였다. 호주 노동자 교육협회에서 자문하고, 영국을 모델로 한 호주 노동사학회 설립에 도움을 주었다. 리즈대학은 크리스토퍼 힐에게 현대사 석좌 교수 자리를 제안하였으나, 거절당하였다. 결국 온건한 근대 역사학자인 아서 테일러(Arthur Taylor)를 결정하였고, 브릭스는 서식스 대학의 사회대 학장으로 자리를 옮기게 되었다. 브릭스는 리즈대학의 역사학과에서 많은 저항에 부딪히고 좌절하였다. 하지만, 교외에서의 시간제 학생들을 위한 교육과정인 성인교육학부에서는 마음껏 활동할 수 있었다. 국민보건서비스(NHS) 직원과 학교 직원들을 대상으로 산업사를 강의하고, 미들즈브러의 성인교육센터에도 많은 활동을 하였다. 리즈 타운홀과 브론테 협회에서 역사학 공개 강연 시리즈를 이끌었다. 방송활동과 함께 신문과 잡지에도 활발한 기고 활동을 하였다.

브릭스는 1956년 성인교육, 농업, 경제학과 지리학, 그리고 역사학과 구성원들을 중심으로 북부 역사 그룹(Northern History Group)을 조직하였다. 이들은 잉글랜드 북부지역의 역사문제를 연구하였다. 회원은 지역 역사 활동가와 도서관 사서로 확대되었다. 이 모임은 근대 영국 역사학계에 대한 도전이었다. 그는 마르크스주의자는 아니었지만, 근대 영국의 산업혁명에서 계급의 중요성을 인정하였다. 노동자들이 새로운 사회에서 생산자 겸 소비자였고, 새로운 노동을 하면서 새로운 레저를 창출하기도 하였다. 그는 전문역사가 아니라 시민들의 일상적인 생활을 강조하는 시민 역사를 서술하고자 하였다. 그는 학생들을 특정 학파로 이끌지 않았고, 지적인 에너지를 '글로벌 역사'에 투여하였다(Northern History. Sep. 2016). 브릭스가 서식스 대학으로 옮긴 이후인 1966년에 지역 역사 저널인 〈북부 잉글랜드 역사, Northern History〉가 창간되었다. 브릭스는 이 저널의 창간호에 기고하였다.

그는 또한 1960년에 〈노동 역사학회, Society for the Study of Labour History, SSLH〉을 만들었다. 이는 리즈지역에서 출발하였지만, 전국 모임으로 확대하였다. 리즈대학 성인 학부의 존 해리슨(John Harrison)이 실무를 맡고, 브릭스가 회장이 되었다. 노동 역사 전문가인 존 새빌(John Saville, 1916-2009)[12]은 헨리 펠링(Henry Pelling, 1920-1997)이나 에드워드 톰슨(Edward Thompson)과 서로 호의적이지 않았다. 에릭 홉스봄(Eric Hobsbawm)은 혼자였다. 브릭스는 회장 취임사에서 노동사 연구가 고립주의를 탈피하고, 국제적인 차원에서의 학문 공동체를 수립해야 한다고 하였다(Chase, 2015, 214-215).

브릭스는 리즈대학의 역사학과 학과장으로 재직하면서 영국과 유

---

12 어머니는 영국인, 아버지는 그리스인으로 영국의 마르크스주의 역사가이다. 런던정경대(LSE) 출신으로 헐 대학교 경제학과 교수로 노동사를 전공하였다.

럽 중심의 연구를 북남미와 아시아로, 수도인 런던에서 지역 역사 연구로 확장하였다. 그는 북부 잉글랜드 출신임을 자랑스럽게 생각하였다. 그는 역사학계의 주류 경향인 런던 중심의 엘리트적 중앙집권주의를 인정하지 않았다. 그는 버밍엄은 물론이고 맨체스터의 역사도 연구하였다. 그의 연구는 일반에서 특정 분야로 확장하는 것이 아니라 인간 활동의 물리적 형태를 세밀하게 관찰하여 그 특성을 살피는 것이었다. 그의 저작들은 특정 장소의 자연스러운 면과 인공적인 면이 결합하는 방식을 긍정적으로 서술하였다.

6. 서식스 대학의 설계자(1961-1976)

1950-60년대에 사회변화와 대학 교육에 대한 논쟁이 있었다. 첫째는 1950년대의 폭발적인 인구 증가는 대학의 신설과 증원을 요구하였다. 1959년 533,000명에서 1947년생 아이들이 대학 입학생인 18세가 되는 1965년 812,000명으로 급증한다. 1965~1968년의 팽창을 수용하려면 약 125,000곳으로 늘려야 한다. 1959년 교육부는 1960년대 말까지 필요한 대학 정원의 수가 20만 명으로 추산하였다. 둘째는 과학 및 기술 분야의 정원 확대를 권고하였다. 1945년과 1946년에 퍼시 위원회는 엔지니어를 4배로 늘리고, 발로우 위원회에서는 과학자를 2배로 늘리고 MIT나 칼텍과 같은 새로운 기관을 설립할 것을 권고했다. 정부는 임페리얼 칼리지 런던에 대한 지원을 늘리고 기술 교육을 강화하였다. 옥스브리지 같은 엘리트 중심의 고등교육은 사회변화에 효율적으로 대처하기 힘들다는 것이다.

셋째, 로빈슨(Robbins) 위원회가 유연하고 기술적으로 뛰어난 인력의 양성을 제안하였다. 로빈슨 위원회는 런던정경대 교수인 로빈스 위원장을 포함하여 6명의 대학교수, 2명의 기업가, 2명의 퍼블릭 스쿨 학교장, 런던시의회 교육위원회 의장으로 구성되었다. 영국에서 고등교육의 패턴을 검토하여 국가의 수요와 자원을 탐색하고 방향성을 제안하였다. 보고서는 '국가의 미래는 인력의 기술에 달려있으며, 고등교육이 조속히 개혁되어야 한다. 능력과 성취도에 따라 자격을 갖춘 모든 사람이 고등교육을 받을 수 있어야 한다. 더 나아가 냉전 상황에서 자유 국가들은 삶의 방식을 지키기 위해 전체주의 경쟁국들처럼 모든 자원을 효과적으로 동원해야 한다'는 것이다(유인종, 1996, 9).

로빈슨 위원회의 보고서를 토대로 1960년대에 대학이 신설되었다. 신흥대학(New University)은 서식스(Sussex, 1961), 요크(York, 1963), 이스트 앵글리아(East Anglia, 1963), 에식스(Essex, 1964), 랭커스터(Lancaster, 1964), 켄트(Kent, 1964), 워릭(Warwick, 1965) 등이다. 이들은 새로운 교육 방법을 채택하여 개혁을 선도하였다. 런던대학과 커리큘럼 및 외부 학위 수여 등을 제휴하지 않고 독자적인 학위를 수여하였다. 당시 옥스퍼드, 케임브리지, 런던대학을 제외한 대학들은 런던대학의 통제를 받았다. 또한 영국대학들이 일반적으로 채택한 3년에 기초 학년(foundation year) 1년을 더하여 총 4년을 이수하도록 하였다.

첫째, 신흥대학은 모든 비용을 국비로 충당하는 국립대학(state foundation)이다. 기존 대학들도 정부 지원을 받기는 하지만, 100% 정부 지원을 받는 것은 이들이 유일하였다. 대학교가 들어서는 지역에서도 경제, 문화적인 효과를 고려하여 일부 비용과 토지를 부담하였다. 신흥대학은 중앙정부의 주도와 계획으로 추진되었다. 둘째, 전적으로 정부지원금에 의존하지만, 대학 운영에서 자율성을 누렸다. 기존의 대학들은 대학 운영의 자율성이 없고 런던대학의 통제를 받았다. 신흥대학들은 교학위원회를 통해 교육과정, 평가 방법, 학교 조직 등을 자율적으로 관리하였다. 셋째, 전통적으로 대학들은 도심에 위치하여 공간의 제약이 있지만, 신흥대학들은 도시의 외곽지역에 대규모의 자족적인 기능을 갖춘 '캠퍼스 대학'으로 출발하였다. 지방정부가 최소한 2백 에이커의 부지를 제공한다는 조건으로 도시 외곽지역에 대학을 세우고 기반 시설을 끌어왔다. 서식스 대학은 브라이턴 외곽에 25만 평 정도의 부지로 설립되었다. 서식스 대학은 주변 경관이 빼어나고, 런던과 연결되는 교통 접근성이 편리하다. 런던에서 1시간 이내의 교통권은 수도권의 학생들을 유치하고, 언론의 조명을 받기에 유리하였다(이내주, 2007, 206-212).

서식스 대학은 신흥대학 중에서 최초인 1961년에 개교하였다. 교수 대 학생 비율을 1:8로 하고, 교수는 375명, 학생은 최대 3,000명으로 산정하였다. 학교 설립의 주역이자 초대 사회과학대 학장, 그리고 제2대 부총장(1967-1976)을 역임한 브릭스는 대학의 개교 및 교육과정, 교육 방법 등의 정착에 핵심 역할을 하였다. 브릭스를 비롯하여 옥스브리지 출신의 4명의 젊고 유명한 교수들이 초빙되었다. 이들은 우수한 학자로 서식스 대학을 돋보이게 하였다. 이후로도 브릭스는 당시로서는 생각하기도 힘든 다양한 분야의 신참 박사들을 교수로 임용하여 학제간 융합과 지적 분위기를 조성하였다. 〈New Statesman〉의 부편집장 노먼 맥켄지(Norman MacKenzie), 〈Manchester Guardian〉의 저널리스트이자 오페라 평론가 존 로셀리(John Rosselli), 의회 서기였던 키스 미들마스(Keith Middlemas) 노동계급 역사전문가 해리슨(J. F. C. Harrison), 에일린 여(Eileen Yeo), 스티븐 여(Stephen Yeo)와 같은 인물을 임용하여 선구적인 조직으로 탈바꿈하였다(McWilliam, 2015, 29).

브릭스는 이미 옥스퍼드 대학 역사학과의 강사 시절에 완고한 보수주의에 가로막혀 개혁을 제대로 하지 못하였다. 리즈대학에서도 학교 본부와 인접 학과 그리고 학과 내부에서조차 개혁을 가로막는 기성 체제 때문에 제대로 개혁하지 못하였다. 하지만 서식스 대학의 경우는 사정이 달랐다. 신설 대학이어서 기성 체제의 반대가 없었고, 브릭스는 사회과학대 학장으로 초빙되었기 때문에 개혁을 할 수 있는 위치에 있었다.

호주 안식년 시절에 구상한 '새로운 학습 지도(Redrawing The Map of Learning)'를 서식스 대학에서 실천하였다. 현대 학문의 간극은 단순히 예술과 과학 사이의 간극이 아니라 문학과 사회학, 생물학과 물리학과 같이 인간 연구의 분야 사이의 간극에 있다. 브릭스의 '학습 지도 다시 그리기' 프로젝트는 인접한 과목을 연결하고 시간의 흐름에 따라 떨어져 있던 다양한 지식의 가닥을 다시 대화로 끌어들이는 것이다. 브릭스의 해결책은 '학과구조를 통째로 바꾸는 것'이다. 그는 교육과 연구 모두에서 '학문적 이유가 우선이고 제도적 대응이 그다음'이라고 하였다. 그 해답은 서로 다른 학문 간의 인위적인 경계를 쉽게 넘나들 수 있는 구조를 만들고, 자신과 사회 사이에 존재하는 경계가 인위적이라는 사실을 깨달아야 한다. 대학이 번창하려면 학자들은 성채 안팎의 청중과 소통해야 한다.

브릭스는 전공과 학과로 분리되어 조기에 전문화되는 문제점을 극복하기 위해 학부제를 만들었다. 교육은 학습 지도에서 미리 결정된 종료점에 도달하는 것이 아니라, 목적지를 향해 나아가는 여정이다. 학사과정 3년간 9개 학기(term) 중에서 처음 2개 학기는 '예비 과정(preliminary course)'을 이수한다. 예비 과정을 통과하면, 학생들은 나머지 7개 학기 동안 전공학위 과정을 이수한다. 기존의 대학들은 개별 학과가 전공 관련 1, 2과목에서 상급 수준을 얻은 학생들을 선발하여 조기에 전문화하는 문제점을 개선한 것이다. 예비 과정에서 문과 학생들은 2개 과목(역사학과 철학 개론)을 필수로, 이과 학생들은 기초과학과 물질의 구조와 속성을 필수로 하고 화학, 생물, 수학 중에서 선택해야 한다. 예비 과정을 마치면 자신의 전공 분야를 이수할 수 있다. 하지만 전체 학점에서 1/2만을 전공에 투입하고, 나머지 절반은 동일 혹은 인접 계열의 '연관 과목들(contextual subjects)'을 수강해야 한다. 또한 학생들이 공통으로 수강하는 교양과목 및 세미나를 통하여 서로 접촉하고 토론하는 기회를 제공하였다(Cragoe, 2015, 230-234).

서식스 대학이 시도한 중요한 개혁으로 '전공의 벽 허물기'이다. 이는 전통적인 학과구조에서 탈피하여 학제적(interdisciplinary) 연구 과정인 연구 학부(school of study)로 구성하였다. 개교 당시부터 연차적으로 영미학부(School of English and American Studies), 유럽학부(School of European Studies), 사회학부(School of Social Studies), 교육 및 사회복지 학부(School of Education & Social Work), 아시아와 아프리카학부(School of Asian & African Studies), 물리학부(school of Physical Sciences), 생물학부(School of Biological Sciences)를 개설하였다.

유럽학부는 역사, 철학, 문학의 결합 학문을 통해 유럽 문명을 연구하는 유럽 그레이트 과정(European Greats course)을 개설하였다. 서식스 학생들은 이미 만들어진 역사뿐만 아니라 만들어지는 역사, 즉 현대문화와 계승된 문화에 관심을 가져야 한다. 유럽학부 학생들은 두 학기 동안 기초 연구를 수강하고 전문 과목 한 개와 예술 및 사회과학을 공부하는 학생에게 공통으로 적용되는 두 가지 예비 논문인 〈언어와 가치, Languages and Values〉 및 〈역사학 입문, An Introduction to History〉을 제출한다. 〈언어와 가치〉는 학생들에게 현대 사회에 대한 논평을 뒷받침하는 도덕적 판단의 본질과 그 정당성을 연구하도록 요청했다. 〈역사학 입문〉은 역사가들의 작업 방식, 그들이 던진 질문, 그들이 동의하지 않는 이유에 대한 학생들의 이해를 조사했다. 그런 다음 학생들은 전공 분야의 논문 5편을 읽고 학교 내 다른 분야의 논문 4편과 균형을 맞추었다. 2년과 3년 차에는 튜토리얼과 강의가 학제 간 세미나로 보강되었다. 새로운 학제는 학계와 학생 모두에게 매력적인 것으로 입증되었다.

영국사나 미국사를 전공하고자 하는 학생은 영미학부에서 역사학, 영문학, 철학, 정치학 등 영미와 관련된 과목들을 수강해야 한다. 독일사를 전공하고자 하는 학생은 유럽학부에서 독일 역사, 독일어, 독일 문화, 정치, 경제 등의 과목을 들어야 한다. 졸업생들의 학문적 시야가 좁아 타 학문에 대한 이해는 물론이고, 변화하는 현대 산업사회에 적응하는 데에 취약하다고 판단하였기 때문이다. 서식스 대학은 학년 초에 예비 과정을 통하여 기초교양을 수강하고, 학위 과정에서도 전공 주변 과목들을 통하여 교양과 전공지식을 함양하게 하였다. 서식스 대학은 1960년대 신흥대학 중에서 새로운 교수법과 교과과정을 실천하여 선구자 역할을 하였다. 또한 우수한 교수들의 연구활동과 문화 장벽을 뛰어넘는 개방적이고 국제적인 분위기를 조성하였다(이내주, 2007, 212-218). 이처럼 브릭스의 '새로운 학습 지도'는 일방적으로 가르치기보다는 배우기를, 계획된 일정에 따라 정해진 경로를 여행하기보다는 탐험하고 조사하고 발견하기를, 정치보다는 사회를, 고립된 영국 섬보다는 유럽과 국제주의를, 유연성과 자유를, 폭과 통합을 추구하였다. 강의는 여전히 존재하지만, 적극적인 참여, 사고, 논쟁, 작문을 장려하는 튜토리얼과 세미나가 주된 코스였다. 학생과 교수 사이의 차이를 해소하고, 학교 교육을 외부의 사회와 적극적으로 연계하였다. 저명한 노동사학자이자 노동사학회(SSLH) 회장을 역임한 존 벨켐(John Belchem)은 '1주일에 두 개의 과제물을 제출하고, 자주 만나서 박사 논문을 의논했다'고 한다. 또한 브릭스는 학생의 입장을 경청하고, 정치사에서 노동사를 거쳐 문화사로, 앞뒤를 참조하면서 이동하고, 학제 간 연구를 지향한 통합적 역사가의 자세를 보여주었다고 한다(Mcilroy, 2012, 231-234).

브릭스는 1967년 서식스 대학에서 부총장이 되었다. 〈The Times〉는 기사에서 그의 경력을 전쟁 기록 역사가, 케임브리지와 런던정경대에서 동시에 학위를 받은 최초의 인물, 전후 가장 뛰어난 역사가 중의 한 사람으로 서술하였다. 옥스퍼드 대학의 강사 시절 그의 강의실은 학생들로 넘쳐났고, TV 시청자들에게도 익숙한 사람이라고 하였다. 대학에서의 열정과 함께 외부에서도 존경할 만한 활동을 많이 하였다. 그는 5개 대학에서 근무하였고, 여러 국제기관에서 연구 활동을 하고 오랫동안 대학 보조금 위원회(University Grants Committee, UGC) 위원으로 활동하였다. 모든 면에서 브릭스는 서식스 대학의 설계자로 적합한 인물이다(Cragoe, 2014, 225).

브릭스의 앞길에 탄탄대로가 있는 것만은 아니었다. 윌슨 정부는 신흥대학에 대해 많은 투자를 하였지만, 1960년대 말부터 회의적인 비판이 쏟아졌다. 막대한 자금을 투자하였지만, 학생들은 베트남전 반대 등의 급진주의에 경도되어 사회를 혼란하게 만들었다는 것이다. 1960년대 초반에는 대학이 영국뿐만 아니라 세계를 바꿀 수 있을 것 같은 정치적 지원과 대중의 지지를 받았다. 1960년대 후반, 고등교육에 대한 초기 투자가 약속한 번영이 실현되지 않고 새로운 제도가 값비싸게 배출한 학생들이 새롭게 발견한 급진주의를 거리로 쏟아내자, 여론은 대학에 대한 반감으로 급격히 돌아섰고 자금도 부족해졌다. '풍요로웠던 시절'은 가고, 고등교육의 위상 악화에 대한 불안으로 가득 차 있었다.

학생들의 급진 시위로 공동체의 결속력이 무너지고 대화를 통해 유지되던 캠퍼스가 공격적으로 바뀌었다. 1966년 해럴드 윌슨 총리는 명예박사학위를 받기 위해 브라이튼에 도착했을 때 서식스 학생들의 시위에 직면했는데, 학생들은 '오늘 얼마나 많은 아이들을 죽였나'라고 외치며 '윌슨-이중 토론의 박사'라는 현수막을 들고 재치 있게 시위를 벌였다. 더 심각한 사건은 미 대사관 공무원이 캠퍼스를 방문했을 때 붉은 페인트를 뿌린 사건으로, 이 사건으로 두 학생이 징계받았다. 그리고 1973년에는 학생들이 하버드 대학교의 교수인 사무엘 헌팅턴(Samuel Huntington, 1927-2008)이 캠퍼스에서 연설하는 것을 막았다. 브릭스 자신도 교육법 제정 100주년을 기념하는 강연을 하였다. 500명의 학생들이 시위하였다. 시위는 학교가 관리하는 파일에 담긴 자신에 관한 정보의 성격에 대한 학생들의 의심 때문이었다. 브릭스는 강연을 마치고 한 시간 동안 학생들의 질문에 답하며 파일에 정치적인 내용이 담겨 있지 않다고 학생들을 안심시켰다. 이와 같은 사건은 언론에 의해 포착되었고, 1960년대 후반부터 신문에는 서식스 학생들이 정치적 행동에 참여했다는 기사가 꾸준히 등장했다. 급진적인 학생 소수파의 행동으로 인해 발생한 논란은 브릭스 부총장의 입장을 어렵게 하였다. 이에 대해 브릭스는 다음과 같이 대답하였다.

> 대학은 여러 세대가 만나고 또 만나야 하는 현대 사회의 중심 장소입니다. 우리는 기술과 전문 지식의 습득뿐만 아니라 반대의견과 권위 사이의 대화를 허용하여 의미 있는 만남을 하기 위해 노력합니다. 사회가 모험적이고 탐구적인 사회가 되려면 그러한 대화에 의존해야 한다고 생각합니다. 서식스의 교수진과 학생들은 '하나의 공동체로서 함께 일하기'를 추구합니다(Cragoe, 2014, 239).

브릭스는 '부총장은 4,500명으로 구성된 커뮤니티의 모든 부문을 대표하여 전적으로 그리고 즉각적으로 발언할 수 있는 위치에 있지 않다. 부총장은 항상 커뮤니티를 안내하고 이끌면서 그 안에서 아이디어와 이해관계의 자유로운 상호작용을 허용해야 한다'고 끊임없는 대화와 설득을 하였다.

정부는 대학에 대한 투자를 늘렸지만, 학생 수를 규제하여 재원이 부족하였다. 1970년대의 경제위기로 인해 정부예산이 삭감되면서 어려움을 겪었다. 유가 급등, 주 3일 근무제, 대규모 산업 불안으로 정부는 다시 자금을 삭감하여 더 큰 어려움을 겪었다. 브릭스는 재정을 확보하고 조직을 효율적으로 운영하였다. 브릭스는 연간 수입의 20% 정도를 연구 기금에서 확보하였다. 서식스 대학은 브릭스의 노력으로 대학 보조금 위원회(University Grants Committee, UGC)와 재무부의 관심을 촉발하여 정부의 전폭적인 지원을 받았다.

서식스 대학은 1961년에 51명의 학생이 입학하였으나, 6년 만에 3,000명으로 늘어나 가장 성공한 신설 대학이었다. 다양한 국적의 사람들이 교수로 채용되었다. 여학생의 비율이 옥스브리지에 비해 높았으며, 과학학부에서는 67%가 여성이었다. BBC 및 언론과의 유기적인 인맥을 활용하여 서식스 대학은 눈부신 학문적, 외형적 발전으로 언론의 집중적인 조명을 받았고, 젊은이들을 끌어들이는 촉매제가 되었다. 서식스 대학은 1960년대에 헤럴드 윌슨 등 5명의 국가수반에게 명예학위를 수여하여 국제적인 조명을 받았다.

1965년에 〈Listener〉는 서식스 대학을 '유행에 민감한 6학년생들'이 가장 먼저 선택하는 대학, 내각 장관의 딸들이 다니는 대학, 21세기형 유행을 선도하는 대학으로 소개하였다. 특히, 노동당 중진 정치인인 더글러스 제이(Douglas Jay)의 딸인 사교계 명사 제이 쌍둥이가 입학하였다. 이들은 서식스 캠퍼스에 있는 새 건물(Sir Basil Spence's new buildings)을 배경으로 유명 잡지 표지를 장식하여 서식스 대학은 짧은 시간에 선망의 대상이 되었다. 뉴욕 시장 로버트 와그너(Robert Wagner)의 아들도 초창기에 입학하였다. 평론가들은 서식스가 '예쁜 소녀들과 전위적인 지식인들로 가득한 학교'라고 하였다. 또한 '부자의 옥스퍼드, 또는 적어도 부유한 소녀의 옥스퍼드'라고 하였다. 〈Economist〉는 서식스 대학을 '현대 영국에서 상층신분을 나타내는 대표적인 상징 중 하나(one of the Britain's supreme contemporary status symbols)로 거론하였다(이내주, 2007, 200).

7. 개방대학의 실질적인 설립자(1978-1994)

개방대학은 지역이 주도권을 가진 1960년대의 신생 대학과는 출발점이 달랐다. 1961년에 개교한 서식스 대학은 브라이튼 지역에서 도시발전계획의 일환으로 오래전부터 논의되었던 것으로 지역의 주도권과 정부의 전폭적인 지원으로 설립되었다. 반면 개방대학은 성인교육과 뉴미디어의 발전에 토대를 두고, 진행되었다. 교육부가 주도하였지만, 대학 보조금 위원회나 지역 정부와는 독립적으로 이루어졌다. 개방대학이 설립된 밀턴 케인즈(Milton Keynes) 지역은 토지 외에는 아무런 도움을 주지 않았다. 개방대학은 해럴드 윌슨(Harold Wilson, 1916-1995)[13] 수상이 야당 당수 시절인 1963년에 방송매체를 교육에 활용하는 방송대학(University of the Air)의 필요성을 언급하면서 시작되었다. 1966년 방송대학을 개설하기 위해 특별계획위원회가 설립되어 1969년 정부에 보고서를 제출하면서 개방대학이 독립된 학사 학위를 수여하는 기관으로 칙허장을 받았다. 개방대학은 성별, 지위, 학력에 상관없이 대학 수준의 교육을 제공하고 다양한 매체를 이용하는 혁신적인 교육 방식으로 출발하였다.

개방대학의 출발 과정은 순탄치 않았다. 윌슨은 노동계급을 위한 대학을 설계하였다. TV와 같은 대중 매체를 이용하여 고등교육을 개방하고 교육의 사회적 불평등을 개선하고자 하였다. 노동당은 누구

---

13 윌슨은 영국의 노동당 정치인으로 1964-1970, 1974-1976년 두 차례 수상을 하였다. 옥스퍼드 대학 출신으로 개방대학, NHS, 공공주택 등의 사회복지 정책을 펼쳤다.

에게나 대학의 문호를 개방하는 '개방성'을 강조하였지만, 전통적인 대학의 개인교습을 통한 질적 우수성을 핵심 가치로 하는 보수당의 교육이념과 정면으로 대치되었다. 주요 언론도 윌슨의 대학설립 구상을 무모하다고 비판하였다. 〈The Times〉는 '윌슨의 방송대학에 대한 몽상은 실체를 알 수 없는 것이며, 사회주의자들이 책상에 앉아서 꿈꾸는 실현 불가능한 계획'이라고 혹평하였다. 전통적으로 노동당을 지지하던 〈The New Statement〉도 '언론은 냉담하고, 교육자들은 의문을 품고 있으며, 방송은 수단을 의심하고 있고, 대중은 조용하다'고 논평하였다(남신동·신충호, 2007, 42-47).

윌슨의 개방대학 아이디어는 윌리엄 벤튼(William Benton, 1900-1973)으로부터 왔다. 브리태니커 백과사전과 브리태니커 필름(Encyclopaedia Britannica and Encyclopaedia Britannica Films)의 소유주인 벤튼은 라디오 광고를 통해 수백만 달러를 벌었고 라디오 선전 분야에서 일한 경험이 있다. 그는 공산주의에 반대하는 시민들을 계몽하고자 했다. 브리태니카는 1952년에는 서양의 정전을 54권으로 엮은 '서양 세계의 위대한 책(Great Books of the Western World)' 시리즈를 출간하기 시작했고, 1949년부터 1952년까지 미국 상원의원으로서 '평화를 위한 마셜 플랜(Marshall Plan for Peace)'을 추진했다. 벤튼은 1960년대 초 윌슨의 미국 순방을 후원했다. 벤튼은 라디오 선전 분야에서 일했고, 전후에는 동유럽의 MI6에서 비밀리에 일했다. 그는 '개방 사회와 폐쇄 사회 사이의 냉전은 세계의 교실, 도서관, 대학 연구실에서 승리할 가능성이 높다. 가난을 이유로 고등교육에 대한 진입을 가로막는 것은 '아메리카 드림을 가로막는 것'이라고 하였다. 개방대학은 무료로 강의를 제공하지는 않았지만, 이 대학에서 공부하고자 하는 사람들에게 공식적인 입학 요건은 없었다(Weinbren, 2014, 254-255).

총선에서 승리한 윌슨 수상은 제니 리(Jennie Lee)를 교육과학부 장관으로 임명하고 개방대학의 설립을 주문했다. 리는 광산 마을 출신으로 에든버러 대학을 졸업하였지만, 남편은 광부의 아들로 태어나 정규 교육을 받지 못하여 고등교육을 갈망하였다. 개방대학은 윌슨 수상의 교육적 신뢰, 리의 창의적 지혜, 그리고 브릭스의 실무 노력이 결합한 결과였다. 리는 방송대학 설립에 대한 자문위원회를 구성하였다. 5명의 부총장, BBC의 교육 방송 담당관인 존 스컬팜(John Sculpham), 노팅엄대학교 교외부서의 해럴드 윌트셔(Harold Wiltshire), 서식스대학교 전 부총장인 풀턴 경(Lord Fulton), 서식스 대학의 강사 노먼 맥켄지(Norman MacKenzie)로 자문위원회가 구성되었다. 맥켄지는 서식스대학에서 새로운 교육 학습법 위원회에서 일하였고, 교육 기술센터를 설립하였다. 그는 유네스코 자문 위원 활동을 하면서 커리큘럼 계획 분야에서 국제적인 명성을 얻었다. 1977년에 개방대학에서 명예박사학위를 받았다. 그는 1966년 방송대학에 대한 백서에서 교육, 표현과 커뮤니케이션을 위한 멀티미디어 도구와 기술의 가치를 강조하였다. 브릭스는 맥켄지를 자문위원회에 추천하였다. 노동당은 부정적인 사회여론을 수용하기 위해 개방성과 질적 우수성을 동시에 추구하였다. 또한 라디오와 TV를 통한 원격 교육이 질적 우수성을 담보할 수 없다는 비판을 의식하여 방송대학(University of the Air)을 개방대학(Open University)으로 바꾸었다. 하지만 개방대학의 학생들은 교사 및 전문직 종사자들이 다수를 차지하여 윌슨의 취지와는 달랐다.

브릭스는 개방대학의 실질적인 지휘자였다. 그는 1967년부터

1969년까지 개방대학 설립기획위원회의 위원이자 학생 및 커리큘럼에 관한 실무 그룹의 의장이었다. 1978년부터 1994년까지 개방대학의 총장을 역임하였다. 개방대학에 기여한 공로를 인정받아 1999년에 펠로우십을 수상(Fellowship of the Open University)했다. 기획위원회에서 브릭스는 기존 대학 및 BBC와의 차별성을 강조하였다. 브릭스는 개방대학을 준비하면서 방송 경험을 활용하였다. 1951년부터 1962년 사이에 방송된 〈The Fifty-One Society〉 프로그램은 성인교육에 방송의 힘을 이용하는 사례가 되었다. 〈The Fifty-One Society〉는 BBC 북부지역의 맨체스터에서 제작되었으며 1951년 11월에 처음 방송되었다. 초청 연사가 사회적 쟁점을 소개하고 스튜디오의 패널과 토론하였다. 초청 연사는 주로 맨체스터, 리즈, 리버풀 대학의 성인교육 강사들로 윌슨 수상과 윌리엄스, 브릭스도 출연하였다. 또한 서식스 대학에서는 강의 녹음과 재생, 폐쇄형 TV 등을 활용하면서 교육하였던 경험을 활용하였다.

1971년에 처음 교육과정을 개설하였고, 1977년에 학부 학생만 55,000명을 넘었다. 학생들은 대개 21세 이상의 취업자이다. 교육과정은 학부, 대학원, 현직 과정이 있으며, TV, 라디오, 통신교재, 개별지도 등으로 교육이 이루어진다. 방송 수업 이외에 학생들은 개별지도를 받거나 토의 집단에 참여하기 위해 지역별 연구센터에 출석한다. 학사 학위는 6학점, 명예 학사 학위는 8학점을 요구하며, 1학점은 1과목을 1년간 수업을 받아 취득한다. 1학점 코스는 주당 10에서 14시간, 1년에 32주간의 수업을 받는다. 학부생들은 수학, 과학의 이해, 문학과 문화, 사회의 이해 중에서 두 과목을 이수해야 한다.

1969년에 개방대학이 설립되었을 때, 브릭스는 서식스 대학의 부총장이었다. 정부의 예산 삭감과 학생들의 시위로 서식스를 포함한 대학가는 혼란에 휩싸인 시간이었다. 또한 개방대학 기획위원회에 너무 많은 시간을 투자하여 서식스 대학으로부터 불만이 야기되었다. 브릭스의 인생에 가장 힘든 시기였고, 많은 업적을 이룬 시기였다. 기획위원회가 해산되고, 개방대학은 자문 역할로 축소하였다. 1970년대에 브릭스는 서식스 대학에서 옥스퍼드 대학을 거쳐 결국은 개방대학의 총장으로 공적인 생활을 마감하였다.

• 제 2 장 •

<영국방송사> 연구 I: 라디오의 탄생부터 전쟁 보도까지

브릭스가 BBC의 의뢰를 받아 출판한 영국방송사는 기념비적 작업이다. 브릭스는 1922년부터 1974년까지의 BBC를 다섯권의 4,000 페이지 이상의 분량으로 저술하였다. 30대 중반의 젊고 유망한 역사가가 70대 중반이 된 1995년에야 저술을 마쳤으니, 40년 가까운 세월을 BBC 역사서에 바친 셈이다. 1권은 1차 대전 이후 '방송의 탄생(The Birth of Broadcasting)', 1922-1926. 2권은 '무선방송의 황금시대(golden age of wireless)'로 1927년에서 1939년까지 다루었다. 3권은 1939년부터 1945년까지 2차대전 기간(말의 전쟁, The War of Words)을 다루며 BBC의 명성이 신뢰성있는 전쟁 보도로 올라갔다. 4권은 1945년부터 10년간으로 독점이 깨어지고 논쟁점이 많았던 TV가 출현한 시기(소리와 화면, Sound and Vision)이다. 5권은 가장 긴 기간인 1955년부터 1974년까지(경쟁, Competition)를 다루었다. 이 책은 BBC의 역사에 대한 최초의, 가장 체계적인 서술일 뿐만 아니라, 20세기 영국 역사 자체에 대한 커다란 기여라는 평가를 받았다(Nicholas, 2015, 165-169).

1. 방송의 탄생

브릭스가 1961년에 출판한 제1권 『방송의 탄생, The Birth of Broadcasting』은 사기업 BBC가 출범하여 공영방송으로 전환하는 1927년 이전까지를 다루었다. BBC의 밑그림을 그린 체신부 관료와 제국통신위원회, 제도적 틀을 만든 사이크스와 크로퍼드 위원회(Sykes & Crawford Committee)를 서술하였다. 1965년에 출판한 제2권 『무선방송의 황금시대, Golden Age of Wireless』는 BBC가 공영방송으로 전환한 1927년부터 2차대전이 일어나기 이전인 1938년까지이다. BBC가 사기업에서 공영방송으로 전환한 이후에 지역방송을 확대하여 통제하고, 체신부와 사장이 경영위원회를 무시하고 전횡을 휘두르는 과정을 당시 자료를 토대로 서술하였다. 공영방송이 두 개의 채널을 가지게 된 과정과 공영방송 이사회가 사장과 정부의 꼭두각시에 지나지 않게 된 초창기 모습을 잘 보여준다. 1, 2권은 초대 사장인 존 리스를 중심으로 다루었다. 브릭스는 리스가 근무한 1922년부터 퇴임한 1938년까지를 한 권으로 다룰 생각도 하였다고 한다. 하지만 1920년대와 1930년대의 급격한 변화를 무시하고, 리스의 중요성이 극대화되어 개인사가 될 것을 우려하였다. 그만큼 리스 재직 시절에 BBC에서 리스의 발자취가 뚜렷했다. 리스가 방송을 만들지는 않았지만, BBC를 만들었다(Briggs, 1980, 5-13).

제1권은 BBC 설립 배경부터 시작한다. 라디오는 무선 전신의 연장으로 이해되어 체신부 장관이 관할하였다. 1920년대 초반 체신부는 제국통신위원회를 통하여 방송 정책을 주도하였다. 체신부는 통신 관련 부처들로 구성된 제국통신위원회(Imperial Communications

Committee)를 통하여 방송 정책을 만들었다. 체신부는 방송 정책에서 의회의 간섭을 받지 않았다. 의회는 방송 정책을 보고받지만, 특별한 관심을 보이지 않았다. 1922년에 BBC가 시작되었고, 미국은 이보다 앞선 1920년에 정규방송이 시작되었다. 당시 미국은 세계적인 패권 국가로 발전하고 있었으며, 영국은 빅토리아 시대의 영광을 꿈꾸면서 점차 쇠락하는 시기였다. 영국은 자신들의 식민지였던 미국 방송을 그다지 좋은 눈길로 바라보지 않았다. 미국의 경제적 발전을 부러워하면서도 내심 문화적 식민지로 여겼다. BBC 출범에서 반면교사로 삼은 것은 미국 방송이었다.

1920년 말 마르코니 회사의 고드프리 아이작스(Godfrey Issacs, 1866-1925) 회장과 체신부 차관보인 브라운(F, J, Brown)이 각각 미국으로 건너가 방송 실태를 조사하였다. 아이작스는 영국으로 돌아와서 라디오의 사업 가능성에 대해 확신하였다. 그는 1866년에 과일 수입업자의 아들로 태어나 1909년 마르코니 회사의 마르코니를 만난다. 1910년에 공동으로 전무이사가 되어 공동책임을 맡다가 단독으로 사장이 되었다. 하지만, 미국 마르코니 회사를 신설하는 과정에서 주식을 정치인에게 공여하여 소위 '마르코니 스캔들'로 물의를 일으킨다.

> 마르코니 스캔들은 1912년 중반에 발생한 영국의 정치 스캔들이다. 아이작스와 마르코니는 타이타닉 사고 이전에 대량의 주식을 발행하여 미국회사의 자본을 조달하였다. 마르코니 자신도 1 만주를 얻었다. 10 만주를 가진 아이작스는 일부를 자기 식구들에게 팔았다. 그에게는 과일 무역상인 해리, 자유당 내각의 법무부 장관 루퍼스 등 여덟 형제가 있었다. 해리는 5 만주를 샀고, 루퍼스 장관은 1

만주를 샀다. 이후 루퍼스는 재무부의 대법관인 로이드 조지, 자유당 원내총무인 머레이 경에게 각각 1,000주씩 양도했다. 2파운드로 매수한 주식은 8파운드에 매도하였다. 연합당과 보수당이 이를 알고 부패를 고발했다. 아이작스 형제들이 미국 마르코니 주식을 나누어 주던 시기에, 영국 마르코니 회사는 제국 무선 계획(Imperial wireless plan)을 만들어 계약이 성사 단계였다(Weightman, 2003, 315-364).

의회의 특별조사위원회는 마르코니 스캔들에 대한 부정 의혹 조사를 1913년까지 질질 끌다가, 이들의 위법행위를 풀어주었다. 마르코니는 자신이 직접 관련되지는 않았지만, 자기 이름이 먹칠 당했다고 생각했다.

브라운은 1921년에서 1922년의 장기간 미국 연수를 통하여 미국 방송계의 현장은 물론이고, 허버트 후버(Herbert Hoover)[1] 당시 상무부

---

1 허버트 후버(Herbert Hoover, 1874-1964)는 1874년 퀘이커교도 대장장이의 아들로 아이오와주 웨스트 브랜치(West Branch)에서 태어났다. 1891년에 스탠퍼드 대학에 입학했으며 광산공학 엔지니어로 학교를 졸업했다. 1908년에 회사에서 독립하여 광산사업을 시작하여 성공을 거두어 국제적인 거물로 성장하였다. 후버가 런던에 있을 때, 독일이 프랑스에 전쟁을 선포했다. 런던 주재 미국 총영사는 발이 묶인 미국인 여행자들을 고국으로 보내기 위해 후버의 도움을 요청했다. 후버가 조직한 위원회는 12만 명의 미국인을 귀국시키고, 독일군의 침공을 받은 벨기에에 식량을 공급하였다. 미국이 참전한 후 윌슨 대통령은 후버를 식량청장으로 임명했다. 그는 해외에서 필요로 하는 식량 소비를 줄이고 미국 본토의 식량 배급 사태를 막았다. 1920년 후버는 정치적 기반이 없음에도 불구하고, 공화당과 민주당으로부터 주목받는 후보로 지명될 정도로 대중적 명망을 얻었다. 대통령으로 당선된 하딩(Warren Harding)과 후임 쿨리지(Calvin Coolidge) 정부에서 상무부 장관을 수행한 후버는 1928년 대선에서 공화당 대통령 후보로 지명되었다. 그가 당선되면서 미국은 경제 대공황을 겪게 되었다. 후버는 경제위기의 책임을 뒤집어쓰고 1932년 대선에서 민주당의 프랭클린 루스벨트에게 패배했다. 방송 담당 부서인 상무부의 장관 재직 시절 후버의 방송철학 및 정책에 대해서는 정용준(2020). 『방송 100년사의 개척자들』을 참고 할 것.

장관 주재로 여러 차례 열린 라디오 전국 회의를 참관하면서 미국 방송의 경험을 체크하고 본국에 보고하였다. 귀국 후 브라운은 영국 하원에서 '다수의 방송국이 경쟁하면 미국 방송처럼 혼란을 초래할 것'이라고 보고하였다. 브라운은 제국통신위원회(Imperial Communication Committee)의 체신부 대표였고, 사이크스 위원이었다. 브라운은 1925년 체신부를 떠나기까지 방송 정책을 주도하였다.

체신부는 주파수 혼란과 한정적인 재원을 이유로 하나의 방송사업자만 허가하는 독점 정책을 구상하였다. 마르코니, 메트로빅, 웨스턴 일렉트릭 등 라디오 수신기 제조회사들은 정부와 협상하였다. 체신부와 수신기 제조회사들은 BBC에 대한 협약을 맺었다. 독점을 보장받는 대신에, 광고를 금지하면서 1922년에 영국방송 주식회사(the British Broadcasting Company)가 설립되었다. 미국도 초창기에 방송광고를 금지하고자 하였으나, 미국의 정서상 국민으로부터 수신료를 직접 받는 방식은 상상하기 힘들었다. 영국은 전후 공공서비스의 전통 때문에 독점을 허용하였고, 기업은 수신료를 통하여 재원을 충당하였다.

브릭스(Briggs, 1961)는 BBC의 탄생에 결정적인 역할을 한 것은 초대 사장인 존 리스와 체신부라고 주장하였다. 브릭스는 체신부의 정책에 따라 리스가 BBC를 발전시켰다고 한다. 체신부가 수신기제조업체들을 하나의 방송 사업으로 합치도록 하였다는 것이다. 이것이 BBC의 설립 과정에 대한 브릭스와 공영방송 BBC 지지자들의 일반적 견해이다. 하지만, 이에 대한 반론도 있다. 리스가 공영방송 BBC의 발전에 역할을 하였지만, 마르코니 회사가 실질적으로 체신부와 BBC 설립을 주도하였다는 것이다. BBC가 리스 중심으로 설립 과정을 서술한 것은 체신부와 수신기제조업체들의 이해관계를 은폐하기 위한 것이다. 체신부나 사이크스 위원회가 아니라 통신사업자인 마르코니 회사가 단일독점 공영방송 아이디어를 제기하였다는 것이다.

> 체신부가 미국의 상업방송에 대한 잘못된 인식을 영국에 전파하여 공공재원과 광고 금지 정책을 합리화하였다. 미국은 광고가 아닌 유료 방송을 검토하였고, 주파수 혼란도 과장되었다. 1922년 5월 체신부와 사업자 미팅에서 마르코니 회사가 단일방송사업자 방식을 제안하였다. 브릭스(Briggs, 1961)는 체신부가 단일사업자 제안을 한 것으로 서술하였으나, 체신부가 추진한 협력 정책 이전에 마르코니 회사가 제안한 것이었다. 또한 공영방송에 대한 아이디어는 리스가 BBC에 들어오기 전에 이루어졌고, 리스는 BBC에 대한 주요 정책이 결정된 이후에 BBC에 입사하였다. 공영방송을 실질적으로 만든 것은 체신부이며, 체신부는 마르코니 회사의 의견을 따랐다(David Prosser, 2018, 1-4).

데이비드 프로서는 1922년 5월 미팅에 대한 체신부의 아카이브를 검토하여 '브릭스는 체신부가 단일독점 공영방송 아이디어를 제시한 것으로 되어 있지만, 실제로는 마르코니 회사'라고 하였다. 마르코니 회사가 독점사업자 방안을 제시하였고, 이를 정당화하기 위해 체신부의 정책과 리스의 아이디어로 포장하였다.

체신부 차관보인 브라운이 미국 출장을 통해 광고 위주의 상업방송과 주파수 정책의 혼란을 부각하였다. BBC 출범 이전에 체신부 관료가 미국 방송의 부정적인 측면을 기술한 보고서를 의회에 제출하고, 사이크스 위원회에서 수신료의 단일독점 공영방송을 채택하도록 한 것이다. 이는 체신부가 단일독점사업자를 선정하기 위한 정당화 논리이다. 수신료도 국가의 세금 부담을 회피하고 광고 방송으로 인한 저질 문화를 회피하는 방안이다. 1920년 11월에 BBC 대주주인 마르코니 회사의 아이작스(Issac) 회장이 미국 출장을 통하여 라디오 사업의 비즈니스 가능성을 모색하였다. 그는 귀국 후 라디오 수신기 판매 사업의 가능성을 확신하였고, 단일독점 사업방안을 체신부에 제안하였다.

프로서(Prosser, 2018, 5-14)는 '체신부의 핵심 관료인 브라운이 공영방송 정책 결정에 중요한 역할을 하였으며, 리스가 공영방송 이념을 창출하였다는 논리는 국가규제를 정당화하기 위한 과대 포장'이라는 것이다. 체신부와 BBC의 정책 방안을 실질적으로 결정한 것은 사기업인 마르코니 회사이다. 프로서의 주장은 정부정책과 사업자의 유착을 보여준다. BBC 독점, 광고 금지와 수신료 제도를 결정한 것은 체신부와 마르코니 회사이며, 리스는 BBC에서 정부 방침을 충실하게 구현하였을 뿐이다. 마르코니 회사의 아이작스 회장보다는 체신부 관료 브라운을, 브라운보다는 리스를 영국방송의 설립자로 포장하였다. 사업자의 사업 제안을 정부의 정책 결정으로 포장한 경우는 미국도 마찬가지이다. 미국 상무부는 방송 정책을 결정하는 데에 있어서 연구비가 충분하지 않아서 사업자에 의존하였다. 벤스맨(Bensman, 2000, 205-206)은 '2차 전국 라디오 회의에서 도출된 클래스 등급제가 상무부에서 허가하였는데, 실제로는 상무부가 2차 회의 이전에 알고 있었으며, 업계의 승인을 받았다'고 하였다.

이창근(2015, 126-137)은 BBC의 공사화에 영향을 미친 요인은 영국의 분산적 행정 전통과 1920년대 산업 국유화의 수단으로 채택된 공사 제도 외에 미디어 관련 사항을 고려해야 한다고 하였다. 리스의 공공서비스 방송철학과 이에 공감한 체신부 관리들의 독점 결정, 초당파적 방송의 필요성을 감지한 정치인들, BBC의 공공 서비스화와 독점에 호의적인 여론, 상업자본의 방송 독점이 초래할 위험성과 공공 통제의 필요성을 제기한 사이크스 위원회, 안정적인 재원 확보, 방송광고에 비판적인 신문업계의 이해, 신문 권력에 비판적이었던 볼드윈(Baldwin) 수상의 지원, 영화산업의 상업성에 대한 지식인 계층의 비판과 공영방송에 대한 기대, 이들 요인의 결정체인 크로퍼드 위원회의 결론 등을 들고 있다. 이처럼 미국의 상업모델과는 다른 공영모델은 특정 사업자나 정부의 아이디어보다는 시대적 환경과 관련 업계 및 규제당국의 이해관계의 결과라고 보는 것이 타당할 것이다.

2. 공영방송으로의 전환: 1922-1926

BBC는 1922년 12월에 설립되어 1927년에 공영방송으로 전환하였다. BBC는 사기업으로 출발하였지만, 실질적으로는 공영방송과 다를 바 없었다. 체신부는 주주들의 주식 보유와 배당금을 제한하였다. BBC의 광고를 금지하고 정부가 수신료를 징수하여 BBC에 일부를 할당하고 나머지를 국고에 귀속시켰다. 신생기업인 BBC는 초창기에 라디오 수신기의 판매가 부진하여 재정적인 어려움을 겪었다. 이는 수신기의 가격이 노동자들의 몇 달 월급과 맞먹을 정도로 고가이고, 수신자들이 집에서 만든 수신기가 늘어났기 때문이다.

체신부는 BBC의 재정문제와 방송의 위상을 검토하기 위해 1923년 사이크스(Sir Fredrick Sykes) 위원회를 구성하였다. 위원회는 BBC의 재원과 거버넌스 문제를 집중적으로 검토하였다. 위원회는 어려운 재정 상황을 고려하여 수신료와 광고를 혼합할 것을 제안하였으나, 체신부는 받아들이지 않았다. 체신부는 외국 수상기의 수입을 금지하고 직접 만드는 수신기를 법적으로 규제하면 재정 상황이 좋아질 것으로 예측하였다. 체신부의 예측은 적중하여 방송 시작 4년인 1926년 말에 라디오 수상기는 200만 대를 넘었다. 1920년대 초반에 라디오 수상기 대수의 증가가 2차 대전 후 TV 수상기 대수의 증가보다 훨씬 빨랐다. BBC가 재정적으로 어려웠던 것은 초창기의 일시적 현상이었다.

사이크스 위원회는 방송이 교육적으로 많은 가치를 지니고 있으므로 오락프로그램과 더불어 공익 프로그램이 방송되어야 한다고 하였다. 사이크스 위원회는 각계 대표로 구성하는 방송이사회(Broadcasting Board)를 설립하고 체신부 장관에게 방송에 관한 자문을 하도록 하였다. 방송이사회는 13인의 각계 대표로 구성하고, 체신부 장관은 위원장 외에도 2인의 위원을 선임한다. 각계 대표는 과학산업부, 지방 의회, 자치 단체, 전국노동조합, 무선 통신 협회, 방송사업자, 수신기 제조업체, 신문, 오락산업 등이다. 이사회 위원들은 무보수로 일하지만, 업무를 보좌하기 위하여 유급의 전문가 조직을 권고하였다. 하지만 방송이사회 위원들이 방송에 대해 잘 알지 못하여 제대로 기능하기는 힘들다는 의견도 있었다. 따라서 전문적인 지식을 소유하고 유급의 방송통제이사회로 바뀌어져야 한다고 소수 의견(HMSO, 1923, 38)을 제출하였다.

1926년에 종료되는 BBC의 면허갱신을 앞두고, 체신부 장관은 크로퍼드(Earl of Crawford Balcarres)를 위원장으로 하는 조사위원회를 소집하였다. 크로퍼드 위원회는 사기업이 국익에 봉사할 수 있는 공기업으로 전환해야 한다고 제언하였다. 체신부 장관은 공영방송의 근거가 되는 칙허장(Royal Charter of Incorporation)과 면허협정서(Licence and Agreement)를 발표하였다. 칙허장은 BBC에 특별한 법적 지위를 부여하여 의회의 관여를 배제하였다. 면허협정서는 BBC가 정치사회 쟁점에 대한 견해를 밝히지 못하도록 하고, 광고나 협찬금을 받지 못하도록 하였다. 이를 기반으로 1927년에 공영방송 BBC가 설립되었다.

BBC는 공영방송으로 전환하면서 중립적(neutral), 전문적(professional), 자율적 모델(autonomous model)로 구성되었다. 중립형은 국가가 권력의 행사를 유보하여 방송이 국가와 이익집단으로부터 불편부당성을 유지하는 방송 제도이다. 전문직도 PD와 기자 같은 전문직 종사자들이 방송을 운영해야 한다고 보는 전통이다. BBC 경영위원들은 정당이 아닌 사회 전체를 대표하며, 방송의 독립성을 수호해야 한다. 자율적 모델도 정당과 기타 이해관계가 방송에 개입하지 못하도록 하여 정치적으로 독립하고자 하는 것이다. BBC가 자율성을 강조하는 것은 칙허장과 중립적 경영위원 선임 방식 그리고 불편부당성 규범이다. 칙허장을 통해서 의회와 정부 권력을 견제하고, 중립적인 전문가 위주로 불편부당한 보도 규범을 지님으로써 방송의 정치적 독립을 이룩한다. 하지만 초창기 BBC는 의회보다 우월한 체신부의 권력을 유지하는 방안으로 칙허장과 면허협정서 제도를 채택하였으며, 친정부 인물로 공영방송을 구성하여 친정부 보도 태도를 유지하였다. 크로퍼드 위원회가 의회법 방안을 제안하였음에도 불구하고, 체신부는 칙허장과 면허협정서를 통해서 BBC를 규제하는 정부 중심 모델을 채택한다. BBC의 불편부당성 규범은 경쟁 매체인 신문 및 영국의 양당정치와 관계가 깊다. 신문은 잠재적인 경쟁상대인 방송의 보도 기능을 없애거나 최소화하였다. 정치권도 신문과 같은 정파적 기능을 최소화하기 위하여 방송의 정치 보도를 금지하거나, 거리를 띄우는 불편부당성 규범을 채택하였다. 하지만 정치권에서 분리하는 BBC 모델은 1926년 총파업에서 중립보다는 편향성을 보여왔다.

전문적, 자율적 방식을 채택한 BBC는 내부 갈등을 겪었다. 클래런든(Lord Clarendon) 1기 경영위원장은 경영위원회의 우월성을 주장하면서 리스와 갈등을 겪었다. 이에 리스는 맥도널드(Ramsay MacDonald) 수상과 의논하여 남아프리카 공화국의 총독으로 좌천하였다. 체신부 장관은 리스와 의논하여 휘틀리 경을 후임으로 선임하였다(Briggs, 1965, 424-430). 휘틀리는 리스가 추천한 사람으로 사장에 굴복하였다. 이를 명문화한 것이 '휘틀리 문서(The Whitley Document)'이다.

> 경영위원들은 방송서비스에서 국익을 보호하는 신탁자이다. 이들의 기능은 비집행적이며, 책임은 일반적이다. 경영위원들은 넓은 시야와 풍부한 인생 경험을 가진 사람이어야 하며, 재정전문가가 포함되어 있어야 한다. 이들은 사장과 정책 및 재정문제를 의논하지만, 집행 업무에서는 분리되어야 한다(Beveridge Committee 1949, 282).

휘틀리는 리스에게 '당신이 창조자 역할을 하는 일에 기여하게 되어 기쁘다'고 편지를 보냈다. '경영위원, 사장과 임직원들은 한 몸인

BBC이다'라고 할 정도로 휘틀리 문서는 굴욕적이었다. 1932년부터 체신부 장관이 새로운 경영위원에게 휘틀리 문서를 수여하였다. 휘틀리 문서는 BBC의 최고 의사 결정 기구인 경영위원회가 수상 및 체신부 장관의 대행자 역할을 하는 BBC 사장에게 종속되는 일종의 '노예 문서'이다. 이는 초창기 BBC가 자율적이기보다는 권력에 굴종적인 대표적인 증거이다.

3. 노동 총파업과 BBC의 '불완전한 독립'

크로퍼드 위원회가 BBC의 공영방송 전환을 권고하는 보고서를 제출한 1926년 5월에 영국에서는 총파업(General Strike of 1926)이 일어났다. 볼드윈 보수당[2] 내각에서 9일간 계속된 파업은 200만 이상의 노동자들이 참여하여 영국 전역을 마비시켰다. 정부는 파업 탄압과 BBC의 국영화를 주장하는 강경파와 단순한 산업분쟁으로 취급하고 BBC의 독립성을 보장하는 온건파로 나뉘어져 있었다. 1926년 총파업은 경쟁 매체인 전국 일간지가 파업으로 발행되지 않은 상황에서

---

2 스탠리 볼드윈(Stanley Baldwin, 1867-1947)은 영국의 55대, 57대, 59대 총리이다. 볼드윈은 평화주의자였고 평화를 통해 독일의 군비 확장을 억제하고자 하였다. 이것은 그가 제1차 세계 대전의 참상을 눈으로 봤었기 때문이었다. 정치인들은 제1차 세계 대전의 참상을 겪었기 때문에 젊은이들을 전쟁으로 끌어들이는 것은 안된다는 생각이 전 사회에 뿌리 박혀있었다. 윈스턴 처칠이 자신의 저서 〈제2차 세계 대전 회고록〉에서 램지 맥도널드와 함께 비난한 인물이기도 했다. 후임자 네빌 체임벌린의 뮌헨 협정 때문에, 집중적인 타겟은 되지 않았지만, 볼드윈이 오랫동안 수상으로 재직하면서 히틀러의 팽창에 유화적으로 대응했다(나무 위키).

BBC의 존재를 알리는 기회이자, 국영방송으로 바뀔 수도 있는 위기였다.

> 내각의 총파업위원회에는 두 가지 입장이 있었다. 윈스턴 처칠이 주도하는 강경파는 파업에 대해 극단적인 조치를 하고, 정부의 직접적인 대행자로 BBC를 접수하여 동원 매체로 이용하는 것이다. 온건파는 파업을 단순한 산업분쟁으로 취급하여 조기에 종식하는 것이다. 볼드윈(Baldwin) 수상은 후자의 시각을 지지하였다. 그는 리스를 잘 알고, 좋아하고 신뢰하였다. 리스의 총파업에 대한 시각이 수상인 자신의 시각과 다르지 않다는 것을 잘 알고 있었다. 리스는 그를 5월 6일 아침 식사 후에 만났다. 리스는 '자신의 의견에 전적으로 동의하며, BBC를 독립적으로 두는 것이 좋다'고 하였다.

BBC는 총파업 기간에 정부 입장을 방송하고 파업 지도자들의 방송은 허용하지 않았다. 노동자들은 BBC의 보도에 분노하면서 '영국 거짓말 회사(British Falsehood Company, BFC)'라고 비판하였다. 리스는 'BBC는 국가 기구이며, 정부가 국민을 위해 행동하므로 BBC도 법과 질서 유지에 협조하였다. 파업에서 노동자 대변인의 말을 방송할 수 없었던 것은 불만족스럽지만, 파업이 불법이기 때문에 허용되지 않았다'고 강변하였다. 리스는 공식적으로는 정부와 거리를 유지하여 방송사의 신뢰도를 높이면서, 실질적으로는 정부의 입장을 옹호하였다.

1926년 총파업은 초창기 영국 라디오에서 이정표를 기록한 사건이다. BBC의 뉴스 발전에 막대한 영향을 미쳤다. 신문이 파업하여 라디오뉴스가 유명하게 되었고, 신문 발행인들에 의한 규제를 벗어나 자체 방송을 할 수 있는 계기가 되었다. 브릭스는 총파업 기간에 BBC가 '불완전한 독립성(precarious measure of independence)'을 유지하였다고 하였다. 그는 BBC가 명백하게 볼드윈 정부의 수중에 들어가지는 않았다고 하였다. 공영방송으로의 전환을 앞두고 정부에 완전히 독립하지는 못하였지만, 초창기 미디어 기업으로서는 불가피한 측면이 있었다는 것이다. 브릭스는 BBC가 초창기 정부에 종속되었지만, 점진적으로 독립을 획득하는 과정으로 서술하였다. 노동 총파업에서의 BBC 역할은 2대 BBC 역사가인 진 시튼(Seaton, 1985, 119-121)은 다음과 같이 정리하였다.

> BBC의 불편부당성에 대한 실질적인 해석은 1926년 총파업에서 시험받았다. 리스는 공사로의 이전 여부가 총파업에서의 BBC 역할에 달려있다는 것을 알고 있었다. 파업의 첫째 효과는 방송이 전국매체가 되는 계기였다. 공중과 무선 청취자가 이제 동일어가 되었다. 라디오 청취 면허를 받은 사람이 2백만 정도였지만, 홀이나 가게 밖에서 뉴스를 듣는 '공동청취'를 고려하면 훨씬 많은 청취자가 있었다. 둘째, 다른 뉴스매체가 없었기 때문에 BBC의 역할이 더욱 중요하였다. 뉴스가 부적절하였지만, 전국적인 청취자를 모으고 신뢰가 증가하였다. 셋째, BBC는 파업을 거치면서 영국적인 현대 선전방식을 개발하였다. 1차대전 기간에 영국은 모든 독일인을 어린이를 살해하고 수녀를 강간하는 사악한 야수로 묘사하는 것과 같이 조악한 방식이었다. 총파업 기간에도 처칠 등 강경파는 관보인 〈British Gazette〉에서 1차대전에서 사용한 조악한 선전기법을 사용하였다. 파업의 내용이 심하게 편향되어 있었다. 처칠은 BBC를 국가가 접수

하여 사용하고자 하였다. 이에 대해 리스는 BBC가 국유화되면 파업에 참여한 사람들은 청취를 중단할 것이라고 하였다. 그는 파업주동자와 정부 모두에게 진실을 말함으로써 BBC는 위기 해결의 촉진자가 될 수 있다는 것이다. 리스는 '순수하게 불편부당한 뉴스'라는 용어를 사용하였다. 그는 'BBC가 국가기관이고 위기에 빠진 정부는 국민을 위해 행동하기 때문에 BBC 또한 위기에서 정부를 지지한다'고 하였다.

BBC가 독립적이지도, 불편부당하지도 않았다는 비판적인 견해도 있다. 파업 기간에 BBC는 공신력을 유지하면서 실질적으로는 국가의 정보정책 도구로 기능하였다. 처칠의 관보를 통한 조악한 선전방식을 배제하고, 공보수석 데이비슨(Davidson)이 BBC를 간접적으로 통제하도록 하였다. 해군본부에서 사무실을 공유하고, 함께 뉴스를 만들었다. 리스는 볼드윈 수상을 정치적 스승으로 여기면서 충성하였다. 파업 기간에 볼드윈은 리스의 집에서 방송 메시지를 주었고, 리스는 이를 수정하였다. 리스는 자신의 일기장에서 '만일 프랑스 혁명에서 방송이 있었다면 혁명은 성공하지 못하였을 것'이라고 하였다. BBC는 공식적으로는 독립성을 유지하고 불편부당성 규범을 준수하지만, 비공식적으로는 정부 정책에 철저하게 굴종하였다. 특히 리스 개인의 정치적 야심이 더해지면서 BBC는 리스의 사유물로 전락하였다(Mills, 2016, 20-29).

4. '잔인한 독점(brute monopoly)'

BBC는 초창기에 지역방송의 네트워크였다. 공영방송으로 전환하면서 런던 중심의 통제로 바뀌었고, 지역방송들은 폐쇄되거나 축소되었다. 지역방송의 확대와 통제는 존 리스 사장과 피트 에커슬리(Peter Eckersley, 1892-1963) 기술국장을 통해서 잘 나타난다. 에커슬리는 1923년 2월에 BBC 기술부장으로 입사하여 1929년까지 기술 국장으로 재직했다. 그는 영국 최초의 라디오방송국인 2 MT의 엔지니어이자, 시를 암송하고 노래하는 아나운서였다. 그의 사촌 형이 『멋진 신세계, Brave New World, 1932』의 작가로 유명한 올더스 헉슬리(Aldous Huxley)이다.

에커슬리는 두 채널을 동시에 선택할 수 있는 고출력 전국 방송망을 구축하였다. 동시 방송 체제(Simultaneous Broadcasts)를 개발하여 전화국의 유선으로 전국을 연결하였다. 일주일에 이틀 저녁은 런던에서 프로그램을 직접 공급하고, 나머지는 지역방송이 자체로 방송하였다. 5개 지역의 중계기들은 지역과 전국 채널을 통해 방송하였다. 체신부와 군대는 물론이고, BBC 내부에서도 두 개의 채널이 낭비라는 지적이 있었다. 하지만 리스 사장은 에커슬리의 계획에 손을 들어주었다(Briggs, 1965, 293-339). KBS는 물론이고 NHK, BBC, ARD 등 공영방송이 두 개의 채널을 운영하게 된 것은 초창기 BBC의 모델이 채택되었기 때문이다. 일반적으로 지역과 전국 채널을 운영되지만, KBS처럼 시사교양과 오락채널로 나누어지기도 한다. 에커슬리는 전국과 지역보다는 다수와 소수 채널을 염두에 두었다. 만약 그의 구상이 실현되었다면, 이념적 다양성이 일찍 실현되었을 것이다.

1923년에 리스는 BBC의 강력한 중앙집중화 필요성을 강조하였다. 리스는 찰스 카펜데일(Charles Carpendale, 1874-1964) 해군 제독을 부사장으로 임명하였다. 군대문화에 익숙한 해군 제독은 청교도적이고 야심이 있는 리스를 보좌하기에 적합했다. 카펜데일은 런던 중심의 통제 체제를 구축하여 전국의 방송국들을 통솔했다. 본부의 경영진들이 지역방송국들을 순회하면서 통제하는 것이다. 1924년에는 리스와 4인의 본부 국장들로 통제위원회가 꾸려졌다(Scannell & Cardiff, 1991, 304-332).

카펜데일 부사장은 1차대전에서 해군 제독으로 활동하였다. 브라운 체신부 차관보의 추천으로 리스는 부사장으로 임명하여 BBC를 통제하였다. 해군 제독이 BBC의 부사장으로 온 것은 우연이 아니다. 방송 초창기에는 국가권력 특히, 해군의 역할이 결정적이었다. 해군이 주도한 제국통신위원회가 방송 정책의 중요한 쟁점들을 결정하였다. 리스는 해군 제독을 부사장으로 영입하여 군대식 조직문화에 입각한 중앙집중의 반지역주의를 정착시켰다. 미국에서도 해군의 통제가 가능한 군수품 조달 회사 GE가 미국 마르코니 회사의 주식을 인수하여 미국 라디오 주식회사(RCA)[3]가 출범하였다. 또한 해군 제독 불라드(Bullard)가 정부 대표로 RCA 이사가 되었다. 1919년 의회는 해

---

3 RCA는 미국 내에서 라디오와 텔레비전을 방송하고 보급한 기업이다. RCA는 Radio Corporation of America의 약자이며, 1986년 제너럴 일렉트릭(GE)에 인수되었다. 1차 세계대전 중 해군은 미국 내 라디오 시스템 구축을 GE에 맡겼다. GE는 마르코니 무선전신회사(Marconi Wireless Telegraph Company), 판-아메리칸 텔레그래프(Pan-American Telegraph Company)를 인수하여 RCA를 출범시켰다. 1926년 스포츠 채널 WEAF(스포츠 라디오 66), 라이브 채널 WCAP 등을 인수하여 NBC를 설립했다. [네이버 지식백과].

군이 전후에 라디오를 통제하지 말라고 하였다. 하지만 해군은 전후에 무선 통신이 영국계 외국회사인 아메리칸 마르코니 회사(American Marconi company)가 아닌 미국회사에 의해 관리되어야 한다고 주장하였다. 대안은 새로운 미국회사를 설립하여 마르코니의 지분을 인수하는 것으로 1919년 10월에 RCA가 설립되었다. 사장으로 마르코니의 낼리(Nally)가, 이사회 의장으로 영(Young)이 되어 미국 마르코니의 지분을 인수하였다. 더글라스(Douglas, 1987, 285-291)는 RCA를 '군부독점의 민간 버전'으로 혹평하였다. 해군은 초창기 방송에 막강한 영향력을 행사하였다.

에커슬리는 '방송의 미래는 무선 라디오(wireless)보다는 유선으로 연결된 무선 라디오(wire wireless)'에 있다고 예견하였다. 무선 라디오는 주파수 부족과 간섭으로 소수의 채널만이 가능하므로, 유선에 의한 많은 채널의 방송을 주장하였다. 유선방송은 가입자 가구의 유선을 통한 커다란 스피커를 통해서 방송되므로 무선 라디오보다 작동이 쉽다. 작동 오류가 없으며, 기사들이 손쉽게 고쳐준다. 비싼 비용의 무선 라디오보다 가격이 저렴하다. 주파수 간섭이 심한 지역에서는 정상적인 수신이 어려워 중계 유선이 효율적이다. 유선방송은 일반 라디오에서 수신이 어려운 외국방송국의 프로그램을 수신할 수 있다.

라디오 수신기 제조업체, 신문과 BBC는 유선방송의 발전을 바라지 않았다. 라디오 수신기 제조업체들은 유선방송을 라디오 판매의 경쟁자로 간주하였다. 신문과 뉴스대행사들은 해외 방송 프로그램의 광고 때문에 지역에서 중계 유선에 허가를 주는 것을 반대하였다. 유선방송의 규모가 작을 때에는 커다란 위협이 되지 않았지만, 대규모가 되면서 '작은 BBC'가 되어 버렸다. 에커슬리는 BBC에 유선방송을 이용할 것을 제안하였지만, 거절당하였다. 무선 통신 자본인 마르코니 회사가 BBC를 운영하면서 무선 라디오 시장을 확대하였다.

리스는 BBC가 프로그램 독점만이 높은 질을 유지할 수 있다고 하였다. 울스워터 위원회(Ullswater Committee)를 설득하여 동조를 얻어내고, 의회와 신문에 적극적으로 로비하였다. 또한 체신부를 움직여 1930년에 유선방송이 BBC 프로그램을 방송하지 못하도록 하였다. 유선방송이 BBC가 아닌 다른 방송의 프로그램을 선택하는 것을 규제하고, 매각 조치를 강제하여 유선방송의 발전을 가로막았다(정용준, 2020, 28-33). 이처럼 존 리스 사장과 기술국장 피터 에커슬리는 초창기에는 서로 협력하다가 BBC의 무선망과 유선망을 둘러싸고 갈등을 벌였다. 에커슬리는 BBC 초창기에 리스의 전폭적인 지원으로 전국 방송망을 확충하고 지역방송계획을 수립하였지만, 후반기에는 리스의 BBC 무선방송 독점을 반대하고 유선방송을 통한 경쟁체제와 지역 분권주의를 주장하였다.

결국, 에커슬리는 1929년 해고되었다. 표면적인 이유는 유부녀 돌리 클락(Dolly Clark)과 불륜 사이였다는 것이다. 에커슬리는 자서전에서 억울한 심정을 토로하였다.

> 1923년 2월에 BBC에 입사했다. 나는 BBC의 유일한 엔지니어였다. 6년 반 근무하고 1929년 여름에 BBC를 그만두었다. 사직 이유는 공공연한 비밀이 되었다. 'BBC의 사적 생활'에 대한 의회와 공공토론 이후에는 이혼 문제로 강제 사직하는 것에 대해 별반 놀라워하지 않았다. 표면적으로는 이혼이 사유였으나, 더한 결점을 가진 사람

들은 문제가 없었고, 나 같은 사람들만 당했다. 친구들은 이혼은 빌미에 불과하고 회사 내에서 직언하고 비판하는 것 때문이라고 한다(Eckersley, 1941, 152-174).

에커슬리의 부인은 이 사실을 몰랐다가 리스의 부인이 알려주었으며, 이 문제를 다루기 위해 주교회의까지 소집되었다. 이에 에커슬리는 본부인에게 돌아갔다가 1929년에 회사를 사직하면서 재결합하였다. 이 사건은 BBC 전 직원의 불륜 여부를 조사하는 계기가 되었다. 하지만 그녀는 나치 첩자였으며, 에커슬리로부터 전송기를 받아서 독일로 빼돌렸다. 나중에 에커슬리는 대륙에서 영국으로 방송하는 방송국(IBC)을 설립하였다. 리스는 일요일에 가벼운 오락프로그램을 BBC에서 방송하는 것을 금지하였다. IBC는 일요일에 오락프로그램을 방송하여 일요일 청취자의 80%를 획득하였다. 에커슬리는 우체국의 전화선이 아닌 케이블망을 이용하여 방송하는 방안을 찾고 있었으나, 히틀러가 전송기를 접수하면서 중단되었다. 1937년부터 에커슬리는 MI6에서 나치 독일에 대항하는 선전 활동을 하였지만, 부인인 돌리는 독일군 선전 활동을 하여 1년간 감옥 생활을 하였다(정용준, 2020, 24-33).

5. 리스와 처칠의 악연

존 리스는 1889년 스코틀랜드의 아버딘 근처에서 목사의 5남 2녀 중 막내로 태어났다. 리스는 글래스고 중고등학교(The Glasgow

Academy)를 졸업하고 옥스브리지를 희망하였으나, 집안의 형편으로 글래스고우 기술대학(Glasgow Technical College)을 졸업하였다(McIntyre, 1993, 10). 리스는 1차 대전에서 부상을 당하여 미국에서 영국으로 오는 군수물자 계약을 담당하였다. 전후 엔지니어 회사에서 근무하고, 런던에서 보수당 의원 윌리엄 불(William Bull)의 비서를 잠시 하였다.

그는 '최고의 자질을 가진 사람'이라는 신문의 광고를 보고 지원하였다. 1922년 12월 연봉 1,750파운드에 BBC 국장으로 임명되었다. BBC 인사위원회는 저명한 저널리스트 출신인 존 고든(John Gorden)이나 캘러웨이(Kellaway) 전임 체신부 장관 같은 저명인사를 초빙하고자 하였다. 고든은 입사 제의를 거절하였고, 캘러웨이 장관은 선거에서 패배한 후에 마르코니 회사의 전무이사로 옮겼다(Briggs, 1985). 인사위원회는 6명의 최종면접자 가운데 리스를 만장일치로 선정하였다. 엔지니어 출신으로 방송이나 저널리즘에 대해 문외한이었던 리스의 입사[4]는 다소간 의외의 결과였다.

리스는 BBC의 국장(General Manager)으로 임명되었으며, 1923년에 상무(Managing Director)와 총국장(사장)으로 고속 승진하였다. 1923년 말에 'BBC는 곧 리스주의(Reithian)'라고 할 정도로 존재감이 절대적이었다. 스튜어트 후드(Hood, 1989)는 존 리스 탄생 100주년을 기념하여 다음과 같이 평가하였다.

---

4 기존의 문헌들은 물론이고, 리스를 가장 잘 알고 있는 브릭스의 방송 역사서에서도 입사 과정에 대한 더 이상의 서술은 없다. BBC 이사회와 인사위원회의 기록이 없어서 정황을 뚜렷하게 이해하기는 힘들다. 리스가 입사지원서를 다시 작성하여 인사위원장 노블(Noble)과 스코틀랜드 동향 출신임을 강조하였고, 짧은 시간이나마 비서를 하였던 윌리엄 불(William Bull) 보수당 의원의 도움을 받았다는 것만 기술되어 있다.

리스는 스코틀랜드 장로교 목사의 아들로 태어나 종교적 교리에 입각한 삶을 살았다. BBC가 엄격한 통제로 운영된 것은 별로 놀라운 일이 아니다. 프로그램 내용에 대해 검열하고 직원들의 행동에 제약을 가하였다. 그가 사장으로 재직하는 동안, 코미디언들에게는 금지 주제 목록이 있었으며, 출연진과 주제에 대해 엄격한 선택 기준이 있었다. 노조가 방송하는 것을 거절하고 직원이 이혼하면 사직하도록 요구하였다. 일요일에는 지루한 교회 연설만 방송하여 청취자들이 대륙에서 영국으로 방송하는 라디오 룩셈부르크의 경음악으로 몰렸다. BBC는 하느님의 부름에 응한 공공 하인이며 이윤추구는 죄악시되었다. 그는 스탠리 볼드윈(Stanley Baldwin) 수상을 정치적인 부모로 순종하였다. 하지만 리스는 정치적으로 충성을 다한 만큼 대가를 받지 못하고, 말년에 쓸쓸하게 지냈다. 그는 인도 총독이 되고자 하였으나, 그 꿈은 실현되지 못하였다.

리스는 상명하복의 군대처럼 BBC 직원들을 다스리고, 하나님과 국가에 순응하는 국민들로 계몽하고자 하였다. 초창기 공영방송의 원형을 제시한 BBC는 민주적 시민보다는 전체주의 기구로 기능하였다. 나중에 밝혀진 사실이지만, 리스는 나치의 히틀러를 존경하였고 모델로 여겼다.

존 리스는 전체주의를 옹호하였다. 일기장에 '나치가 유럽을 청소하고 유럽 전체의 권력을 잡게 되는 것을 기쁘게 생각한다. 히틀러가 불만과 소요를 깔끔하게 청소한 것을 찬양한다'고 하였다. 그는 BBC를 방문한 마르코니에게도 '무솔리니를 존경한다'고 하였다

(Boyle, 1972, 224).

1938년 리스가 BBC를 그만둘 때 해고 사유는 불명확하다. 보일(Boyle, 1972)은 내각의 구성원이었던 노르만 장관(BBC 경영위원장 Norman의 형제)이 체임벌린 수상 및 다른 내각 구성원들과 함께 쫓아내었다고 한다. 브릭스(Briggs, 1985)는 보일의 음모론을 지지하지만, 특별한 증거를 발견하지 못하였다(McIntyre, 1993, 235-238). 전후 맥락으로 보면 리스 사장이 충성을 바친 전임 볼드윈 수상은 이미 실각하였고, 체임벌린 수상은 특별한 관계가 없었던 것으로 판단된다. 1930년대에 리스는 독일과의 전쟁에 대비하여 BBC의 비상계획을 짤 정도로 강경론자였다. 따라서 평화주의자였던 체임벌린 수상과는 성향이 맞지 않는 것으로 판단된다. 또한 BBC 경영위원장 노르만과의 불편한 관계를 고려하면 경영위원회가 사장에서 쫓아낸 것으로 짐작된다. 1930년대 초반에 리스가 클래런든 경영위원장을 쫓아내고, 휘틀리를 후임으로 내정한 것과는 반대의 경우이다.

체임벌린 수상은 전쟁이 시작되자 휴 맥밀런(Hugh MacMillan) 판사를 정보부 장관으로 임명하였다. 정보부의 주요 업무는 뉴스 검열이다. 보도의 영향력을 고려하면 BBC를 지도하고 조언하는 것이 최대의 과제였다. 하지만, 맥밀런은 4개월 만에 해임되고 존 리스가 임명되었으나, 리스 역시 4개월 만에 해임되었다. 체임벌린 수상에서 처칠 수상으로 교체되면서 정보부 장관에서 방출된 것이다. 처칠은 거부할 수 없는 명목상의 지위를 부여하는 방법으로 정보부 장관에서 해임하였다(Marico & Tetsuya, 2011, 237-261). BBC를 그만둔 리스는 2차 대전 시기에 요직인 정보부 장관을 지냈으나, 1940년에 처칠이 집권하면서 리스가 정부에 있는 것을 원하지 않았다.

> 리스가 BBC 사장으로 재임하던 시절에 처칠은 재무부 장관으로 BBC를 국영화하자는 급진파였다. 리스는 처칠을 사기꾼, 위험한 존재, 괴벽을 가진 이기주의자로 비난하였다. 처칠은 리스가 독일에 대한 경고 방송을 막은 것을 비난하였다. 처칠은 나중에 BBC를 '좋은 일보다는 악한 일을 하는 집안의 적'으로 규정하였다(McIntyre, 1993, 267).

처칠은 리스를 정보부 장관에서 해임하였다. 그는 인도 총독을 원하였지만 뜻을 이루지 못하였다. 인생에서 유독 악연인 사람이 있다. 리스의 입장에서는 처칠 수상이 그러하였다. 1926년 노동 총파업에서 처칠은 BBC를 국영화하여 통제하자는 강경파였다. 당시 볼드윈 수상에게 정치적 충성을 다하였던 리스는 BBC를 정부로부터 자율적인 공영을 유지하는 것이 합리적이라는 입장으로 대비되었다. 사적으로 볼드윈 수상과 가까웠던 리스의 뜻대로 BBC는 공영방송을 유지하였고, 리스와 처칠은 대립 관계가 된다. 처칠은 리스의 BBC를 '아무도 지지하지 않는 교황(pontifical mugwumpery)'이라고 하였고, 리스는 처칠을 '얼빠진 놈(a bloody shit)'이라고 혹평하였다(Briggs, 1982, 148-156).

1930년대에도 처칠과 리스는 대립하였다. 특히 리스의 운명을 결정지은 것은 2차대전으로 인한 처칠의 복귀이다. 처칠은 해군 장관 재직시절 1차대전에서 갈리폴리 전투에서 작전 실패로 영국 군인들이 많이 희생당하였다. 처칠은 장관직을 사직하고 시골에서 그림을 그리다가, 1930년대에 나치의 침공에 대비해야 한다고 주장하였으나 정계에서 무시당하였다. 하지만 네일 체임벌린 수상의 뮌헨 협정이 파기되고 나치가 폴란드를 침공하면서 처칠이 수상이 되었고, 리스는 장관직에서 해임되었다. 리스는 인도 총독을 희망하였으나, 인도와 파키스탄이 1947년에 신생 국가로 분할되면서 물거품이 되었다(Boyle, 1972, 333). 리스는 글래스고 대학교 이사와 스코틀랜드 교회 총회의 최고위원을 하였으며 1971년에 사망하였다. 1971년 〈Daily Telegraph〉는 '엄격한 도덕과 용기, 분노와 때때로 흉포함까지 가진 거대한 곰 같은 사람'이라고 부고 기사를 내었다. BBC의 짜르는 그에게 붙여진 비공식적 별명이다. 불같이 화를 내어 '폭풍의 언덕(Wuthering Heights)', 키가 너무 커서 '1과 1/2의 사람(A Man and a half)'이라고 하였다(Briggs, 1991, 148).

리스는 공적인 삶과 사적인 삶 모두 실패하였다고 자책하였다. 리스는 자기 정당화를 하면서도, 다른 한편으로는 자기 비난을 심하게 하였다. 나이가 들수록 공석이 생기면, 전화를 기다렸으나 헛수고였다. 어떤 자리에도 만족하지 못하였고, 처칠에 대한 미움이 가득하였다. 리스는 친구나 동료가 반대의견을 제시하면 '비열한 놈'으로 몰아세워 정치인들에게 '함께 일하기 힘든 사람'으로 평가받았다. 하지만, 그는 전시에 정보부나 BBC를 지휘하는 것에 뛰어난 조직가였다.

6. 전쟁 보도의 전형을 제시한 BBC

1970년에 출판한 제3권 『말의 전쟁, The War of Words』은 1939년

부터 1944년까지 2차대전 기간의 BBC를 다루었다. 영국군이 나치와 싸우는 전투를 하였다면, BBC는 국내외 방송을 통해 '말의 전쟁'을 수행하였다. 브릭스는 전시에서도 진실을 말하고, 정확하게 사실 보도를 하고, 균형을 유지하며, 청취자들에게 봉사하는 BBC의 모습을 묘사하였다. BBC는 정확하고 신뢰할 수 있는 전쟁 보도로 세계적인 공영방송으로 명성을 얻었다. 2차대전에 대한 정보부를 비롯한 관련 자료들이 체계적으로 정리되어 있지 못한 상태에서 브릭스의 이 책은 BBC뿐만 아니라 2차대전에 대한 체계적인 역사이다. 이 책을 집필한 1970년대에 역사가들은 BBC를 무시하였다. 전쟁 중에 선전의 역할을 담당하는 BBC와 정보부의 역할은 거의가 극비자료로 취급되었고, 관련 사람들도 인터뷰를 거절하는 경우가 많아서 제대로 다루기가 힘들었다. 따라서 제3권은 단순한 BBC의 전쟁 보도뿐만 아니라 그 이상의 의미를 담고 있다. 브릭스의 영국방송사 가운데 전쟁 보도를 다룬 3권은 '누구도 대체하기 힘들 정도로 방대하고 2차대전에 대한 훌륭하고 결정적인 연구(Medlicott, 1972, 150)'라는 극찬을 받았다.

리스는 1934년에 이미 향후 독일과의 전쟁을 의식하였다. BBC는 정부 수뇌부와 '다음 전쟁'에서 정보부를 설치할 것인지, 정보부에서 BBC의 위상이 논의되었다고 한다. BBC가 설립되기 이전인 1차대전에서도 영국은 정보부를 통하여 전쟁 보도를 검열하였고 전쟁이 끝나면서 조직을 해체하였다. 특히 2차대전에서 유일한 방송기관인 BBC의 뉴스 검열은 정보부의 최대과제였다. 2차대전이 일어나면서 짧은 기간이나마 리스가 정보부 장관으로 임명되었던 것도 BBC를 장악했던 리스가 필요했기 때문이다(Marico. & Tetsuya, 2011, 259-262).

2차대전 기간은 BBC의 역사에서 결정적인 시기이다. 4,889명의 직원으로 전쟁을 시작한 BBC는 1945년 4월까지 직원이 11,479명으로 증가하였다. 두 개의 국내 서비스(전국과 지역), 제국 서비스, 10개의 외국어 서비스로 전쟁을 시작했고, 홈 서비스, 군대 프로그램, 해외 영어 서비스, 전 세계에 걸친 45개의 외국어 서비스로 전쟁을 끝냈다. 다양한 취향과 관심사를 충족시키기 위해 각 서비스에서 방송을 '혼합'하는 서비스로 전쟁을 시작했지만, 문화적 취향에 따라 계층화된 세 가지 새로운 서비스를 계획하면서 전쟁을 마무리하였다. 저녁에만 방송하는 뉴스 서비스로 전쟁을 시작했고, 전쟁이 끝난 후에는 뉴스부서, 자체 뉴스 수집 운영, 주야간 뉴스 게시판 등으로 발전하였다. 1926년 노동 총파업이 일어나면서 BBC는 전국 매체로 발돋움하였고, 2차대전으로 인해 BBC는 세계적인 미디어로 성장하였다(Nicholas, 2015, 169).

2차 대전에서 BBC는 정보부가 관리하였다. BBC의 뉴스룸에는 정보부와 군 관계자가 상주하여 뉴스를 검열하였다. 1940년에 처칠이 수상이 되고, 야당인 노동당을 포함하여 거국내각이 출범하면서 BBC는 반나치 선전전에서 첨병의 역할을 하였다. BBC 라디오를 통해 울려 퍼진 처칠의 연설은 명연설로 평가받았으며, 밤 9시에 방송되는 〈전황 뉴스〉는 영국민 절반 이상이 청취했다. BBC가 시청률이 높고 신뢰를 받는 것은 전승 캠페인뿐만 아니라, 영국과 연합군에게 불리한 뉴스도 사실대로 전달하여 방송의 객관성을 지켰기 때문이다. 처칠은 정부가 BBC를 직접 지배하고자 하였지만, BBC는 전시에도 정부로부터의 독립을 주장했다.

2차 대전에서 조지 오웰은 BBC 엠파이어 서비스(현재는 월드 서비스로 이름이 바뀜) 인도어과에서 근무하였다. 독일은 전쟁 당시에 이미 영국령 인도 대상의 힌두스타니(Hindustani)어 서비스를 하였다. 영국은 식민지 현지인들에게 미래의 독립 또는 자치를 미끼로 전쟁에 협력할 것을 요구했다. 독일은 영국의 이러한 취약부문에 주목하여 인도 대상의 라디오 방송에 주력하였다. 오웰은 일본이 진주만을 습격한 1941년 말부터 1943년 독일군이 스탈린그라드에서 패배하기까지 방송하였다. 오웰은 영미 연합군의 승리와 독일, 일본군의 패배를 지켜본 뒤 BBC를 떠났다. 퇴직한 이후에는 작가 겸 잡지 편집장이 되었다. 오웰은 선전방송이 아니라 객관적인 정보를 담담하게 전달하였다. 이는 BBC 대외 방송의 특징이자 전통이 되었다(Marico & Tetsuya, 2011, 244-248).

조지 오웰(George Orwell, 1903-1950)[5]은 BBC의 분위기를 '여학교와 정신병원의 중간 정도'라고 묘사하였다. BBC는 전쟁 중에 역할이

---

5 조지 오웰의 본명은 에릭 아서 블레어(Eric Arthur Blair)이다. 가장 영국적인 이름인 조지와 강 이름인 오웰을 붙여 조지 오웰이라는 필명을 만들었다. 에릭 아서 블레어는 1903년 인도 벵골주의 모티하리에서 영국인 식민지 관료의 아들로 태어났다. 1921년에 이튼을 졸업한 에릭은 대학 진학을 포기하고, 인도 제국 경찰에 들어가 미얀마에 부임한다. 1936년에 오웰은 스페인 내전 발발 소식을 접하고 아내와 함께 스페인으로 가서 통일노동자당 산하의 의용군에 들어간다. 스페인 내전 참전 경험은 오웰의 이력에서 중요한 전환점이 된다. 하마터면 목숨을 잃을 뻔했던 까닭도 있었지만, 또 한편으로는 스탈린주의에 대한 그의 경각심이 높아졌다. 하지만 2차 세계대전 당시 영국에서는 소련에 대한 비판을 쉬쉬하는 분위기였다. 소련이 연합국의 일원이었던 관계로, 사회 전반적으로 동맹국에 대한 비판은 최대한 자제하자는 암묵적 동의가 있었기 때문이다. 오웰은 이에 굴하지 않았고, '서양의 사회주의 운동에 소련의 신화가 끼친 부정적 영향'에 맞서 싸우려 노력했다. 특유의 풍자와 비판 정신이 최고의 경지에 오른 걸작 〈동물농장〉(1945)과 〈1984〉(1949)는 대대적인 성공을 거두며 그의 명성을 확립한다. 하지만 지병인 폐결핵으로 1950년 46세의 이른 나이로 숨을 거두었다. 조지 오웰은 사회주의자였지만 맹목적으로 동조하지 않았다. 오웰은 사회주의자로 자처하면서도 사회주의의 약점을 지적하였다. 그는 무엇이든지 한쪽이 아니라 양면을 모두 보려는 비판적 사고방식을 견지했다〈네이버 지식 백과〉.

확대되면서 직원이 급속하게 늘어났다. 급하게 충원하는 바람에 방송 아마추어들도 대거 유입되어 정상적인 방송활동을 하기 힘들었다. 또한 전쟁 상황에 따라 상층부의 정책 결정이 급격하게 변화하고, BBC에는 긴장감이 증대하였다. 오웰의 눈에 BBC는 권위주의와 혼란이 겹친 상태였다. 전시에 BBC는 급격하게 확대된 정부와 비슷한 모습이었다. 전시에 BBC는 런던대학 본부에 설치된 정보부의 관리하에 있었다. 전시 BBC와 정보부 건물은 훗날 오웰의 소설 『1984』의 모델이 되었다. 정보부의 검열을 도운 것은 '위촉검열관'으로 불리는 BBC 내부의 협력자였다. BBC의 동료가 다른 동료의 원고와 방송내용을 검열하여 고발하였고, 인간관계는 끊임없이 긴장 상태였다. BBC는 관료주의가 지배하여 서열화되었고, 제작자보다는 통제자들에게 무게 중심이 있었다고 비판한 것이다. 전시의 BBC는 물론이고 초창기 BBC의 모습에서 권위주의를 체감한 것이다(Medlicott, 1972, 147-148). 브릭스는 젊은 시절 좌파 주간지 〈Tribune〉에 군대 속어에 대한 글을 보냈으나, 편집자인 오웰이 거절한 경험이 있다. 이는 브릭스의 보기 드문 실패였다.

1939년에 독일과 전쟁을 시작하면서 BBC는 방송 체제를 축소했다. 지역방송국에서 지역 송신을 중지하고 TV 방송을 중지했다. 지역방송국이 방송하면 독일의 전투기에 '길 안내'를 하는 것이기 때문이다. 런던에서 전송하는 라디오 1개 채널이 전부였다. 독일이 폴란드에 침공한 지 이틀 후인 1939년 9월 네빌 체임벌린(Neville Chamberlain) 수상은 선전 포고를 하였고, BBC는 이를 방송했다. 이보다 앞서 체임벌린 수상은 1938년에 독일이 체코슬로바키아의 수데텐을 병합하는 것을 용인하는 대신에, 추가 침략을 중단한다는 내용의 뮌헨 협정에 히틀러와 함께 서명했다. 히틀러는 6개월 뒤 체코슬로바키아 전체를 손에 넣고, 폴란드를 침공하여 2차대전이 시작되었다. 체임벌린의 온건한 정책은 무책임과 비겁함의 동의어로 굳어졌다. 체임벌린이라는 이름은 '악당'에게 무르다고 생각되는 지도자를 욕하는 데 안성맞춤이었다. 체임벌린이 오명을 쓴 데는 후임인 윈스턴 처칠의 혹평도 한몫했다. 처칠은 프랑스 쪽에서 진격하면 충분히 승산이 있었다고 했다. 영국이 시간을 벌어 무장을 강화했지만, 독일은 더 빨리 군비를 확충했다는 게 처칠이 통탄한 대목이다. 하지만 이는 결과론이고, 발을 빼는 프랑스를 어떻게 설득했겠냐는 식의 반론도 가능하다.[6]

체임벌린 수상은 뮌헨 협정을 체결하고 귀국길에서 '우리 시대를 위한 평화(Peace for our time)'를 열었다고 자찬하였고, 국민은 열렬하게 환영하였다. 체임벌린 수상이 뮌헨 협정이라는 유화책을 사용한 것은 처칠의 지적과 같이 승산이 있었기 때문은 아니다. 가족과 친구들을 잃은 1차대전이 불과 20년 전에 있었기 때문에 전쟁에 대한 두려움이 상당하였다. 영국과 프랑스는 세계 대공황의 여파로 경제가 어렵고 전쟁 준비가 불완전한 상태였다. 체코슬로바키아의 수데텐 지역에 독일계가 다수였다는 점 등이 작용하였다. 뮌헨 협정에 대해서는 영화 〈뮌헨: 전쟁의 문턱에서, Munich: The Edge of War, 2021〉에 잘 나와 있다. 역사는 승자 위주의 결과 중심이다. 체임벌린의 뒤를 이어 처칠이 수상이 되면서 2차대전을 승리로 이끌어 체임벌린은 '힘이 없는 거짓 평화'의 대명사로 바뀌었다.

---

6 〈한겨레신문〉. 2018년 2월 27일. 이본영 칼럼. [한겨레 프리즘] 체임벌린은 정말 바보였나.

BBC의 이차대전 보도가 크게 바뀐 것은 됭케르크 전투 보도이다. 됭케르크 전투는 프랑스 주력부대와 영국 지원부대의 35만 병사가 독일군에게 쫓겨 프랑스 항구도시에 집결한 뒤 영국 본토를 향해 배로 탈출하는 작전이다. 현지에 남은 영국군 3만 명이 포로가 되었고 독일군은 파리를 함락했다. 2017년에 방영된 크리스토퍼 놀란 감독의 영화 〈됭케르크〉는 철수작전을 잘 보여준다. 일반적인 전쟁영화와 다르게 극적인 전투 장면이 거의 없고, 주로 탈출과 생존에 초점이 맞춰져 있다.

됭케르크 철수 작전이 시작되면서 BBC의 뉴스 보도 관행은 바뀌었다. BBC의 뉴스 아나운서들은 교대로 원고를 읽었는데, 자신들의 이름을 드러냈다. '뉴스를 전해드립니다. ○○○가 전해드립니다'라는 도입부 아나운서 맨트를 하고 뉴스를 읽었다. 그동안 BBC는 뉴스 리포터가 자신의 이름을 내세우지 않고 '잉글랜드 남부지역의 영어'로 읽었다. 아나운서가 중요한 것이 아니라 BBC 자체가 중요했기 때문이다. 하지만, 됭케르크 전투 보도에서는 뉴스 아나운서들이 이름을 밝혔는데, 라디오를 듣는 사람들이 BBC가 아니라 적국의 선전으로 오해하지 않기 위해서이다.

당시 아나운서인 알바 리델(Alvar Lidell, 1908-1981)은 영국의 독일에 대한 전쟁 선포를 뉴스로 전하고, 선전 포고에서 처칠을 소개한 인물이었다. 리델은 1937년 아나운서를 맡아, 에드워드 8세의 퇴위, 영국의 독일 전쟁 선포 등 중요한 사건을 발표하였다. 2차대전 동안 그의 독특한 목소리는 뉴스를 읽는 사람들의 대명사가 되었다. 그는 라디오를 통해 자신의 이름을 밝힌 최초의 아나운서가 되었다. '여기 뉴스가 있습니다. 알바 리델이 그것을 읽습니다'는 그의 캐치프레이즈가 되었다. 또한 브루스 벨프라지(Bruce Belfrage, 1900-1974)는 배우 겸 뉴스 아나운서로 1940년 런던 대공습에서 BBC에 폭탄이 투하될 때 지하 스튜디오에서 뉴스 원고를 읽었다. 7명이 사망하였고, 벨프라지는 회반죽과 그을음으로 뒤덮인 채 아무 일도 없었던 것처럼 뉴스를 전하였다(Marico & Tetsuya, 2011, 261-267).

처칠이 1941년부터 사용한 V자 사인은 백년전쟁의 일환으로 이루어진 아쟁쿠르의 전투(Battle of Agincourt)[7]에서 유래되었다. 아쟁쿠르 전투는 백년전쟁을 끝낸 결정적인 전투가 벌어진 곳이다. 당시 프랑스군은 영국군의 궁수에게 생포되면 앞으로 영원히 화살을 쏘지 못하게 검지와 중지를 잘라버리겠다고 엄포를 놓았다. 이에 영국군 궁

---

7 "우리는 적고, 우리의 행복은 작으나, 우리는 형제이다." 셰익스피어의 연극 『헨리 5세』의 유명한 구절이다. 이 연설은 헨리 5세가 아쟁쿠르 전투 직전에 한 것이다. 우리가 수는 적지만, 우리 '행복한 소수는 한 형제들'이다(We FEW, We HAPPY FEW, We BAND OF BROTHERS). 이 문구는 웨스트민스터 사원에 새겨져 있다. 아쟁쿠르 전투는 백년전쟁의 전투 중 하나로 1415년 8월 25일 금요일(성 크리스핀의 날) 북부 프랑스의 아쟁쿠르에서 벌어졌다. 헨리 5세의 영국군은 궁수(弓手)보병 8,000명과 중기병 2,000명의 규모로 노르망디 해안에 상륙했다. 그러나 전염병과 500㎞의 긴 행군으로 인해 병력은 6,000명으로 급격하게 줄어들었다. 이를 맞은 프랑스군은 샤를 달브레의 지휘하에 3만 6,000명으로 영국군의 6배에 이르는 병력이었다. 헨리 5세가 역사를 바꾼 위대한 연설을 했다. "우리는 수적으로는 열세다. 게다가 지쳤다. 하지만 피를 나눈 형제들이다. 제군들은 나와 함께 피를 흘려왔기 때문에 내 형제가 된 것이다. 영국에 남은 남자들은 지금 잠자리에 누워 여기에 있지 못해 안타깝다고 생각할 것이다. 함께 싸운 우리가 목소리를 높일 때 그들은 남자인 것을 부끄럽게 여길 것이다. 살아남아 무사히 귀향하는 자는 오늘을 기념하는 그날에 최고의 자리에 서게 될 것이다. 나를 따라 영국의 영광을 위해 싸우자!" 결국 헨리 5세는 프랑스군에 막대한 손실을 입히면서 승리했다. 이때 헨리 5세는 몇몇 유명한 인사들을 제외하고는 몇천에 달하는 프랑스 포로 전원에 대한 학살을 명령했다. 이 전투에서 프랑스군은 12명의 귀족, 1,500명의 기사, 약 4,500명의 병사가 전사했으나 영국군의 손실은 적게 잡았을 때 112명으로 극히 미미했다. 믿기 어려운 완벽한 승리였다. 전사 연구가 앤 커리는 "아쟁쿠르 전투는 헨리 5세의 신화"라고 극찬했다. 〈중앙선데이〉 명연설, 아쟁쿠르 전투 대승 이끌다. 2012. 05. 13.

수는 오히려 두 손가락을 펴 보이며 위축되지 않는 기개를 보였다. 1941년 1월 BBC의 벨기에 프랑스 방송국장인 빅터 드 라벨리(Victor de Laveley)는 벨기에인들이 승리를 위해 V에 서명하자고 호소했다. 불어와 벨기에어 그리고 영어에서 승리는 V로 시작되고, 자신의 이름도 V자이다. 벨기에뿐만 아니라 프랑스와 네덜란드에서도 호응하면서 유럽 전역에 소문자 V가 광범하게 사용되었다. 유럽의 레지스탕스 운동에 급격하게 전파되어 모든 벽에 V가 칠해졌다.

BBC에서는 독일인들이 점령지를 억압하는 수단으로 악용될 가능성과 레지스탕스들의 섣부른 행동이 화를 자초할 것을 우려하였다. BBC에서는 V 위원회가 결성되어 커크패트릭 리체(Kirkpatrick Ritche) 등이 확산해야 한다고 주장했다. 처칠 수상이 대중화시켰고, BBC는 적극적으로 유포하였다. 하지만 브릭스(Briggs, 1970, 333-350)는 BBC의 V 캠페인이 너무 빨리 시작되었고, 많은 남성과 여성을 희생시켰다고 한다. V 캠페인은 영국의 관점에서 독일에 대한 폭격을 격려하는 것이다. 반면, BBC는 1944년 유럽에서 가장 많은 생존자 그룹의 운명을 바꿀 수도 있었던 헝가리 게토(ghetto in Hungary)의 상황에 대한 보도[8]에는 의문을 제기하지 않았다.

---

8 독일은 1944년 3월 헝가리를 점령하고 괴뢰정권을 세웠다. 독일은 괴뢰정권에 현안을 서둘러 해결하라고 요구했다. 바로 '유대인 청소'였다. 당시 헝가리의 유대인 인구는 80여만 명으로 유럽에서 가장 많았다. 괴뢰정권은 독일의 지시에 따라 헝가리 유대인 44만 명을 폴란드의 아우슈비츠 강제수용소로 보냈다. 거기서 살아남은 헝가리 유대인은 극소수였다. 부다페스트에 있던 유대인은 모두 시내의 게토에 가뒀다. 1944년 10월 소련군이 서부전선에서 독일군을 압박하면서 헝가리로 밀려왔다. 독일은 다른 지역에 집중하기 위해 헝가리에 주둔하고 있던 병력을 철수시켰다. 그들은 유대인 청소를 마무리하는 역할을 화살 십자가당에게 맡겼다. 민족주의자인 잘라지 페렝이 1930년대 중반에 '헝가리의 나치'를 표방하면서 만든 극우정당이었다. 주

BBC가 전쟁 보도에서 확립한 공정성과 객관성 규범에 의한 사실 보도에 입각한 뉴스 보도보다는 선전에 취하여 사실 왜곡을 하였다는 것이다. 가급적 논평을 자제하는 브릭스는 연합군의 전쟁 승리를 기원하는 V 캠페인을 비판하였다. BBC는 선동적인 V 캠페인에도 불구하고, 영웅적인 보도를 하고 정확한 사실 보도를 한 것처럼 연기하였다(Seaton, 2015, 187).

브릭스는 V 캠페인 같은 예외를 제외하면, 2차대전에서 BBC는 신뢰와 정확한 사실 보도 그리고 균형 잡힌 보도 태도는 공영방송의 전시 보도에서 전형을 제시하였다고 하였다. 1950년대와 1980년대에 일어난 수에즈 전쟁과 포클랜드 전쟁에서도 BBC의 신뢰성을 높였다. 하지만 이는 자유주의 역사가인 브릭스와 BBC의 시각이라고 할 수 있다. BBC의 전쟁 보도에 대해 비판적인 의견 또한 적지 않다. 대표적인 것이 톰 밀즈(Tom Mills)의 'BBC의 친정부 전쟁 보도' 비판이다. 그(Mills, 2016, 89-108)는 '2차대전까지 BBC는 철저하게 친정부적이고, 1958년 수에즈 위기에 이르러서야 독립적이고 공정하였다'고 평가하였다.

그는 독일과의 평화를 유지하고자 노력하였던 뮌헨 협정 전후에

요 지지자는 소외받은 군 장교나 병사, 민족주의자, 농민이었다. 이 정당은 반유대주의를 전면에 내세웠다. 잘라지는 화살십자가당을 지지하는 청년들을 모아 자치경찰을 만들고 무기도 지원했다. 소련군이 1945년 2월 초 부다페스트를 점령할 때까지 불과 3개월의 짧은 기간 동안 그들이 학살한 유대인은 다뉴브 강변에서 죽은 1만~1만 5,000여 명을 포함해 무려 3만 8,000여 명에 이르렀다. 일부는 다뉴브 강에 끌려가 죽었다. 잘라지는 전쟁이 끝난 다음에 붙잡혀 전범 재판에 회부됐고, 유대인 학살 혐의에 유죄를 인정받아 사형당했다(남태우, 2022).

> BBC는 영국의 엘리트가 갖고 있는 지배적인 견해를 반영했고, 나치 독일에 대해 유화적인 입장이었다. 전쟁이 불가피하다는 사실이 명확한 데도 그러한 전망에 대해 '침묵의 공조'를 유지했다. 파시즘에 적대적인 연사들은 방송할 수 없었다. 자신이 속한 계층의 사람들과 달리 나치즘을 혐오했던 처칠은 'BBC가 정부의 통제에 놓인 것 같다'고 주장했다. 전간기의 방송 전문가 패디 스캐널(Scannell)은 BBC의 1930년대 외교 문제 보도는 위태롭게 독립성을 유지했지만, 지금은 '국가에 저당 잡혀있다'고 하였다. 2년 뒤 전쟁이 발발하면서 BBC는 '전쟁 기간 내내 영국에서 백색선전의 가장 강력한 공급자'가 되었다. BBC는 국가권력의 그늘에서 벗어나 독립적임을 보여주는 자유주의 역사의 대표적인 이정표이다. 수에즈 운하 위기 동안 영국 정부는 BBC가 노동당 당수에게 방송 시간을 할애한 것에 분노하였고, BBC는 이를 통하여 14일 규칙[9]의 규제를 극복할 수 있었다.

수에즈 전쟁은 한마디로 영국이 전쟁에는 이기고, 모든 명분과 실리를 잃은 전쟁이었다. 수에즈 전쟁은 이집트가 수에즈 운하의 국유화를 선언하자, 이스라엘군이 시나이반도를 침공하고 영국과 프랑스가 군사 개입을 하였다. 1956년 11월 6일 영국 해병대와 프랑스 특수

---

9 정치인들이 방송에 대한 예방책으로써 14일 규칙(Fourteen Day Rule)을 도입하였다. 14일 규칙은 BBC가 의회에서 토론된 사항을 14일 동안 방송하지 못하도록 하는 것이었다. 1947년 각서에서는 '하원에서 토론되기 전에 BBC가 관련 정책을 14일간 방송을 금지하는' 것이었다. 이는 BBC의 정치 보도를 회피하는 경향을 강화하였다. 이 규칙은 2차대전 말인 1944년 연합정부에서 안정을 위해서 성립되었다. BBC는 정당의 정쟁을 누르는 역할을 하였고, 개별의원들이 공공 발표를 즐기는 것을 엄하게 다스렸다. 1956년에 해제되었다(Smith, 1979, 27-28).

부대가 수에즈 운하 하구의 항구에 상륙하여 이집트군을 제압했다. 이집트의 가말 나세르(Gamal Nasser) 대통령의 수에즈 운하 국유화 선언부터 이스라엘의 시나이반도 침공까지 95일간, 이스라엘의 침공에서 영국군과 프랑스군의 상륙까지 8일 동안 전격적으로 이루어진 군사작전이었다. 당시 앤소니 이든(Anthony Eden) 수상은 처칠 정부에서 외무장관을 지내면서 명성을 떨쳤다. 1955년 4월 처칠이 수상직을 사임하면서 수상이 되지만, 중동 문제로 치명상을 입는다. 이집트 대통령 가말 나세르는 이집트의 적대국이었던 이스라엘과의 군비경쟁을 위해 미국에 도움을 요청한다. 미국 역시 소련이 중동으로 세력을 뻗는 것을 우려하고 있었기 때문에 나세르를 우군으로 삼는 데 적극적이었다. 하지만 나세르는 동유럽에서 무기를 수입하였고, 미국은 이집트에 차관을 제공하는 것을 거부하였다. 차관 제공 거부에 격분한 나세르는 수에즈 운하의 국유화를 선언하였다. 당시 영국은 수출입의 30%를 수에즈 운하를 이용하여 막대한 타격이었다. 이든 내각은 프랑스, 이스라엘과 협력관계를 맺고 이집트를 공격하였다. 이집트 공격은 성공하였지만, 내정간섭으로 영국 내외에서 엄청난 비판을 받았다. 미국도 영국을 비판하여 영국은 군대를 철수시켰다.

영국 국민은 이집트 정책을 놓고 양분되었다. 이든 수상이 이끄는 보수당은 군사행동을 포함한 제제를, 야당인 노동당 당수 휴 게이츠켈(Hugh Gaitskell, 1906-1963)은 수상의 사임을 요구하였다. BBC는 여야를 포함한 정치인들의 발언을 중립적으로 보도하여 정부를 화나게 하였다. 전쟁은 이겼지만, 운하를 잃었고 수상에서도 물러났다. BBC의 수에즈 전쟁 보도는 BBC의 신뢰를 높였다. 수에즈 전쟁이 '대영제국의 위신을 지키지 못한 전쟁'이었다면, 1982년 포클랜드 전쟁은

'제국의 위신을 지킨 전쟁'이었다. 1982년 4월, 아르헨티나는 남대서양의 영국 식민지인 포클랜드 제도를 침공했다. 섬을 탈환하고자 기동부대가 파견되고, 영국인의 생명이 위태로웠다. 포클랜드 전쟁은 아르헨티나의 포클랜드섬 점령부터 영국군의 탈환까지 73일간 벌어졌다. BBC는 정부 여당의 압력으로 사실상 전시체제 아래로 놓이게 되고, 군사행동에 대한 의문이나 반대를 방송하는 것은 금지당했다. 56명이 전사한 수에즈 전쟁보다 4배 이상인 258명의 전사자가 나왔지만, 대처 수상은 국민으로부터 높은 평가를 받았다. 포클랜드 전쟁에서 승리하여 섬의 소유권을 지킨 대처 수상은 국민 영웅으로 11년 7개월 동안 장기 집권하였다. 전쟁 초기에 BBC는 '파일럿이 눈물을 흘리며 작전에 성공한 기쁨을 검지를 세워 승리 사인을 보였다'고 보도하였다. 대처 수상은 BBC의 보도에 감격하여 회고록에서 이를 남길 정도였다. 하지만 대처 수상은 포클랜드 전쟁 전체에 대한 BBC의 보도 태도에 비판적이었다. BBC는 전쟁 보도에서 '영국 정부의 발표를 믿는다면'이라는 단서 조항을 달면서 반정부적이라는 비판을 받았다.

BBC는 군사나 외교에 관한 일은 충분히 배려하였으나, 정부가 취한 행동에 대해서는 여러 의견을 보도했다. 부에노스아이레스에서 보내는 특별전송으로 전쟁에 대한 아르헨티나의 견해를 방송하여 영국 정부를 화나게 하였다. 아르헨티나의 대변인은 포클랜드 제도를 요구하는 이유에 대해 아르헨티나의 입장을 설명할 기회를 얻었고, 반영 데모의 영상까지 소개한 것이다. 특히 라디오 총국장 리차드 프란시스가 마드리드에서 열린 IPI 총회에서 한 연설은 지금까지도 전쟁 보도의 모범으로 거론된다.

> 영국군의 사기를 끌어 올려주거나, 국민을 국기 아래 모이게 하는 것이 BBC의 역할은 아니다. 포츠머스에 있는 전쟁미망인의 슬픔은 부에노스아이레스에 있는 전쟁미망인의 슬픔과 같다. BBC는 영국 정부나 또 다른 누구로부터도 애국심을 강의받을 필요는 없다(Leapman, 1987, 212-217).

BBC는 '영국군 병사의 사기를 높이는 것이 BBC의 역할이 아니다. 포츠머스(영국의 군항)의 미망인도, 부에노스아이레스의 미망인도 남편을 잃은 것은 마찬가지'라는 유명한 발언을 남겼다. 이러한 BBC의 방송철학은 보수당의 하원의원과 대처 수상으로부터 공격을 받았다. 이후 경영위원장은 하원의원들을 정면으로 비판하였고, 이안 트레소완(Ian Trethowan, 1922-1990, 1977년부터 1982년까지 9대 사장으로 재직) 사장이 양쪽 입장을 중재하였다. 이때부터 BBC는 영국군을 열성적으로 지지하였고 BBC 비판은 진정되었다(Marico & Tetsuya, 2011, 270-271).

1922년에 출범한 신생 매체 BBC는 총파업과 전쟁을 통하여 성장하였다. 군주의 결혼식과 대형스포츠 같은 역사적 이벤트를 중계하여 수신기 판매가 급격하게 늘어났다. 1926년 총파업에서는 경쟁 매체인 신문이 발행되지 않으면서 유일한 전국 매체가 되었고, 자체 뉴스를 하게 되었다. BBC가 전국지와 어깨를 나란히 하는 전국 매체로 성장하게 되었다. 또한 이차대전에서 유일하게 독일에 점령당하지 않은 섬나라 영국은 BBC 독일어, 프랑스, 일본어 서비스 등 세계적인 매체로 성장하였다. 특히, 전시 BBC의 역사는 전시 영국의 역사이다. 2차 대전이 국민의 전쟁이라면, BBC는 국민의 목소리는 아니더라도 국민의 목소리를 대변하는 방송이었다(Nicholas, 2015, 175).

• 제3장 •

<영국방송사> 연구 II: 경쟁과 개혁

제4권 『소리와 시각』은 BBC 독점이 깨지고 상업방송과의 경쟁이 시작되는 1945년부터 1955년까지를 다루었다. BBC의 독점, BBC 경영위원회 그리고 새로운 매체인 TV와 구 매체인 라디오에 대한 관계 등이 다루어졌다. 제5권 『영국방송사: 경쟁』은 상업방송이 시작된 1955년에 시작하여 1975년까지 20년의 기간을 다루었다. 1950년대 상업방송이 시작되면서 시청자들이 '바람직 한 것과 원하는 것' 사이에 논쟁이 벌어졌다. 브릭스는 경쟁이 BBC에 많은 변화를 가져왔다고 평가하였다. ITV가 뉴스와 시사물에서 다수주의 전략을 펼치면서 BBC도 수용자를 고려한 프로그램으로 응답하였다. 이 시기에도 BBC는 정부와 갈등을 겪었다. 많은 압력에도 불구하고 대체로 자율성을 지니고 있었다. 경쟁은 BBC의 많은 것을 변화시켰다. BBC는 젊은 층에 소구하는 대중주의 전략을 펼쳤다(LeMahieu, 1998).

1. BBC 독점 비판한 베버리지 위원회

BBC의 독점을 검토하기 위해 베버리지 위원회가 출범하였다. 노동당 정부는 처음에는 시릴 래들리프(Cyril Radliff) 경에게 의뢰하였다. 그는 법률가로 전시 정보부에서 요직을 맡았고, 1948년 BBC 자문위원회 부의장을 맡기도 하였다. 하지만, BBC에 독립적이지 않다는 의회의 비판이 제기되어, 대안으로 베버리지를 고려하였다. 애틀리[1] 정부는 69세의 베버리지 경에게 방송조사위원회를 부탁하였다. 윌리엄 베버리지(William Beveridge, 1879-1963)는 옥스퍼드 대학교에서 공부하고, 런던 정치경제대학교 학장과 런던대학교 부총장을 역임한 경제학자이다. 1차 세계대전 중에는 군수부에 근무하였고, 2차 세계대전 중에는 처칠 수상 밑에서 노동부 차관을 하였다. 그는 사회보험 및 연합국 전시 근로 위원회 위원장으로 베버리지 보고서를 작성

---

1 처칠 수상이 전쟁 등 대외 문제를 전담하고, 애틀리를 비롯한 노동당 소속 관료들이 국내 정치를 주도하였다. 전쟁 직후에 치러진 선거에서 노동당이 승리하여 클레멘트 애틀리(Clement Attlee) 내각이 출범하였고, 베버리지 보고서의 구상을 실현하기 시작했다. 1946년에는 국민보험법, 국민 보건 서비스법, 국민 부조법 등이 실시되었다. 애틀리 노동당 정부의 사회개혁 중 백미는 국민보건서비스(National Health Service) 도입이다. 웨일스 광부 출신으로 자수성가한 어나이린 베번(Aneurin Bevan, 1897-1960)이 주도한 개혁으로 영국의 모든 사람은 일반의, 전문의, 치과의로부터 안경, 틀니 등 다양한 무료 서비스를 받았다. 가정의도 봉급이 아니라 진료 환자 수에 따라 보수를 받도록 하여 반발을 무마하였다. 전국 병원 중 절반의 가까운 수가 국영화되면서 국민은 개인 병원에서 비싼 금액을 내고 치료를 받지 않아도 됐다(고세훈, 2011, 194-201). 애틀리는 2차대전 거국내각에서 영국의 내치를 담당해 영국의 전쟁 수행 능력을 책임지고, 2차대전 이후엔 전후 복구 사업을 성공적으로 해내 정치력과 업무수행 모두 높은 평가를 받았다. 그는 2004년 영국사 연구가들을 대상으로 한 설문조사에서 역대 최고의 영국 총리로 선정되었다. 국가가 국민을 보호하는 것을 명시한 애틀리 내각의 사회복지정책 중에서도 핵심은 의료보험이었다.

하였다. 정식 명칭은 『사회보험과 관련 서비스(Social Insurance and Allied Services) 보고서』이다. '요람에서 무덤까지'라는 구호로 유명한 이 보고서는 2차 대전 후의 영국이 가야 할 복지국가의 토대를 제공하였다.

베버리지는 경제학자이지만, 방송에 대한 위원장을 맡으면서 관련 서적과 글을 엄청나게 많이 읽었다. BBC와 정부는 방송조사위원회들이 BBC의 독점을 지지하였다고 하였지만, 베버리지는 사실과 다르다고 하였다. 사이크스 위원회는 독점에 대해서 반대하였고, 크로퍼드 위원회는 독점을 찬성하였으며, 울스워터 위원회는 언급하지 않았다. 베버리지 위원회는 독점을 보완하는 방안을 검토하였다. BBC를 분할하여 재원을 분배하는 방안을 집중적으로 검토하였다. BBC는 주파수와 재정 부족으로 독점을 유지해야 한다고 주장하였지만, 위원회는 동의하지 않았다. 복수의 방송사가 프로그램을 협조하고 공동연구 등으로 발전할 수 있다고 하였다. 이처럼 베버리지 위원회는 독점의 폐해에 대해 심각하게 고려하였지만, 경쟁이 프로그램 질을 보증할 수 없다는 이유로 경쟁체제 도입을 반대하였다(HMSO, 1951, 33-46).

또한 BBC 지역 자문 평의회는 실효성이 없고, BBC 경영위원은 스코틀랜드, 웨일스, 북아일랜드 대표가 추가되어 7인에서 9인으로 늘려야 한다는 지역대표 할당제를 제안하였다. 1945년부터 세 개 지역의 지역방송센터는 프로그램 제작의 자율성을 보장받았다. 하지만 인력과 재원이 중앙에 집중되어 실제 지역 프로그램은 25%만 제작하였다. 지역 자문 평의회(regional advisory council)는 분기당 1회씩 만나고, 업무가 프로그램에 한정되어 있다. 이들은 방송사의 인력, 재정, 수용자 등에 대한 정보를 거의 제공받지 못하고, BBC 지역센터장에 의해 일방적으로 임명된다. 위원회는 대규모 런던 중심 조직보다는 소규모 지역 분산 조직이 효율적이라고 주장하였다. 특히 스코틀랜드와 웨일스에서는 독립적인 방송 공사를 통한 자율성 요구가 강하게 제기되었다.

베버리지 위원회는 각 지역에 5인의 위원으로 구성되는 방송위원회를 독립적으로 설립하고, 이들이 인력, 재정, 주파수 할당, 지역 프로그램을 독자적으로 결정할 수 있어야 한다고 제안하였다(HMSO, 1951, 166-175). 이 제안은 캐나다에서 실시하고 있다. 캐나다는 방송위원들이 직접 사무소를 관장하여 지역방송위원회 기능을 한다. 캐나다의 방송통신위원회는 수상이 임명하는 13인 이내의 상임위원과 6인 이하의 비상임위원으로 구성되며 임기는 5년이다. 본사무소는 수도에 두지만, 지역사무소를 둘 수 있다. 상임위원이 지역사무소를 책임지며, 해당 위원은 지역사무소 소재지 또는 인근 지역에 거주해야 한다는 것이다. 이에 의해 중앙사무소를 제외한 7개 지역사무소는 5인의 방송위원에 의해 책임을 겸한다. 상임위원에 의한 지역사무소 체제는 단일한 규제 행위를 가로막는다는 비판도 있지만, 지역서비스를 대표하는 순기능적 역할을 한다. 지역방송의 권한을 강화하여 예산 및 인력의 자율성을 확보하는 제도인데, 영국에서는 비록 실현되지는 못하였지만, 1950년 초에 베버리지 위원회를 통하여 지역방송위원회의 기능을 강화하였다.

이처럼 베버리지 위원회는 BBC 독점의 문제점을 인식하였지만, 재원 등의 문제로 당분간은 독점을 유지하는 것을 권고하였다. 위원회는 존 리스 사장 시절의 BBC처럼 단일 거대 조직에 의해 운영되면 권력의 과잉과 독재가 일어나며, 웨일스와 스코틀랜드, 북아일랜드 사람들은 방송의 '런던화'에 대해 분노를 느낀다고 하였다. 제도적인 개선책으로 '스코틀랜드, 웨일스와 북아일랜드 대표를 경영위원으로 참여시키고, 지역경영위원들이 의장을 맡고 각 지역위원회를 결성하여 지역방송의 발전을 감시하는 것 그리고 지역국에 상당한 재정적 자립과 권력을 이양하는 방안'을 권고하였다(Medhurst, 2008, 228). BBC 북부지역 책임자를 역임한 코트맨(Coatman, 1951, 166-168)도 BBC 지역방송의 거버넌스를 민주화할 것을 제안하였다. 그는 각 지역(스코틀랜드, 웨일스와 북아일랜드)을 담당하는 지역위원회 체제로의 개편을 주장하였다. 이 제안은 정부가 거절하기 힘든 명분을 지니고 있다. BBC 경영위원 9인 가운데 6인은 지역(영연방, 잉글랜드, 스코틀랜드, 웨일즈, 북아일랜드, TV 서비스)을 대표하고, 2인은 특정한 자질을 가진 사람을 뽑는다. 따라서 BBC 경영위원회를 각 지역을 동등하게 대표하는 연방 체제로 구성하는 것이 민주적이다. 지역 위주로 경영위원회를 구성하는 방안은 초창기 사이크스 위원회와 크로퍼트 위원회에서도 검토되었으나, 기각되었다. BBC는 초창기에 체신부와 사장 위주로 운영되면서 지역이나 사회 각층의 이익을 보다는 영국의 보편적 이익을 대변하는 '뛰어난 자질'을 가진 사람들로 경영위원회가 구성되었다. 지역이나 직종을 대표하는 '조합형' 모델이 갈등을 유발한다는 것이다. 하지만 보편적 이익은 BBC의 중앙집권화를 초래하여 국민적 합의라는 공영방송의 기본 정신에 부합하지 않는다.

베버리지 위원회(HMSO, 1951, 166-195)는 BBC 경영위원회의 위상에 획기적인 변화를 제안하였다. 베버리지 위원회는 '휘틀리 문서는 쓰레기통으로 들어가야 하며, 경영위원들은 BBC 임직원들에게 권위를 가져야 한다. 경영위원회가 사장의 자문역에서 벗어나 실질적인 권한을 가져야 한다'고 권고하였다. 브릭스(Briggs, 1979b, 30)에 의하면 50년간 BBC에서 근무한 경영위원 85명 가운데 56명이 대학원 졸업자, 40명이 옥스브리지, 20명이 이튼(Eaton), 해로우(Harrow), 윈체스트(Winchester) 학교 출신이라고 한다. 이 사람들은 대부분 성공한 사람으로 기득권층인 BBC 경영진과 다른 아이디어를 제시하기 어렵다고 한다. 턴스톨(Tunstall, 1983, 240-241)은 미디어 관련 위원들이 주로 잉글랜드 남동부 출신이며 국회의원, 공무원과 미디어인 들이라고 한다. 이들은 주로 무급으로 봉사하며 저명한 사람들이어서 회의에 잘 참석하지 않는다고 한다. 기득권 위주의 전문적이고 자율적인 BBC 경영위원회는 방송 초창기부터 지금까지 유지되고 있다. 경영위원들은 주로 옥스브리지 출신이며 잉글랜드 남동부 지역이라는 지배계층의 이익을 대변하였다(Briggs 1979b, 20).

베버리지 위원회는 1949년에 시작하여 1951년 1월 의회에 보고서를 제출하였다. 1949년 6월에 위원회가 시작되어 62회의 회의가 이루어지고, 223개의 의견서가 제출되었다. BBC의 독점에 대한 사회적 의견을 조사하고 대안을 제시하였다. 베버리지 보고서는 재원 때문에 당분간 BBC의 독점을 권고하였지만, 광고 재원의 상업방송과 런던 중심의 방송구조에 대해 비판하였다. 특히 공영방송 BBC와 상업방송의 경쟁과 혁신을 추동하였다. 이와 관련하여 스팍스(Sparks, 1995, 325-327)는 체제적 사고를 강조했다. 이에 의하면 영국방송은 BBC, ITV, 채널4를 포함하는 공공서비스 방송 체제이다. 공영방송을 직간접적인 국가 소유와 연계시키는 경향이 있으나, 국가의 직접적 소유는 공영방송의 필요조건이 아니라는 것이다. 스팍스가 주장하는 공영방송의 필요조건은 프로그램이 지리적 보편성(geographical reach)

을 지니고, 프로그램이 다양할 경우(programming range)이다. 이러한 사고를 기초로 스팍스는 영국의 상업방송 도입이 방송 발전을 도모하는 것에 긍정적인 영향을 미쳤다고 한다. 영국은 4개의 채널이 있지만, 수용자를 둘러싼 수입의 경쟁을 벌이지 않았다. BBC는 완전히 수신료에 기대고, ITV가 광고 판매를 독점하였다. 채널4가 등장하였지만, ITV가 채널4의 광고 시간을 판매하였고, ITV의 부담금을 통하여 채널4를 지원하였다.

2. 라디오와 TV의 전성기를 이끈 리스와 그린

브릭스(Briggs, 1995)는 BBC 역대 사장 가운데 존 리스와 휴 그린을 높게 평가하였다. 1, 2권은 리스를 중심으로 기술하였고, 5권에서는 한 장 전체를 그린에게 할애하였다. BBC 초대 사장 리스와 7대 사장 그린은 대조적인 성격과 성장 배경을 가지면서 BBC의 황금기를 이끌었다. 1920-30년대의 BBC는 보수적이고, 가부장적이었으며, 1960년대의 BBC는 진보적인 '문화혁명'의 기수였다(Waymark, 2005, 13-31). 리스는 강력한 카리스마를 토대로 BBC를 이끌었고, 그린은 제작자들의 자율성을 존중하면서 대중들로부터 사랑받았다.

리더 개인이 조직에 미치는 영향이 큰 것이 사실이다. 조직에 대한 리더의 일상적 통제는 삶의 배경과도 연관이 있다. 리스는 중하층, 그린은 극 상류층 출신이다. 그린은 1910년에 잉글랜드 허트포드주의 작은 마을인 버크햄스티드(Berkhamsted)에서 태어났다. 고조부인 벤야민(Benjamin Greene)이 맥주 공장을 설립하였고, 서인도제도에서 설탕 플랜테이션 사업을 하였다. 그린의 아버지는 공립학교의 교장이었다. 유명 작가인 그레이엄 그린(Graham Greene)과 의학박사인 레이먼드 그린(Raymond Greene)이 형제이다(Waymark, 2005, 32).

리스는 끊임없이 상류층으로 진출할 수 있는 자리를 추구하였지만, 그린은 자연스럽게 저널리스트 생활을 하였다. 그린은 옥스퍼드대학(Merton College)에서 소설가가 되고자 하였지만, 저널리스트가 되었다. 대학 졸업 후에는 〈The Daily Herald〉와 〈New Statesman〉의 뮌헨 통신원을 하였다. 1934년에 일간지 〈The Daily Telegraph〉의 베를린 지국에서 근무하다가, 1939년에 추방되어 런던으로 돌아왔다. 신문사는 그린을 바르샤바로 보냈으나, 독일이 폴란드를 침공하면서 다시 떠났다. 공군에서 정보장교로 활동하면서 BBC 독일어 서비스의 뉴스 편집인이 되었다. 1952년에 BBC 해외서비스의 부국장, 1955년에 국장이 되었다가, 1960년에 사장으로 부임하여 1969년까지 재직하였다.

리스가 권위적 리더십인 반면, 그린은 자율형 리더십을 발휘하였다. 리스는 1922년 총지배인(General Manager)으로 임명되고, 이듬해에 상무이사(Managing Director)로 고속 승진하였다. 그는 짧은 시간에 BBC를 장악하고 명성이 높았다. 평범한 중산층 출신이지만, 조직 장악력과 카리스마를 지니고 있었다. 볼드윈 수상에게 충성하고, 파업의 위기에도 적극 관여하였다. BBC 입사도 '하나님의 뜻'으로 입사하였다고 할 정도로 종교적 자부심이 가득하였다(Briggs, 1985, 44). 리스는 사기업 BBC의 공영방송 전환을 주도하고, 1927년에서 1938년까지 BBC의 사장을 역임하였다. 이에 반해 그린은 순조로운 입사와 승진 과정을 거쳤다. 1956년에 뉴스 및 시사 본부장이 되면서 사장의 후계자로 내정되었다. BBC에서도 내부 승진이고, 프로그램 혁신으로 호평을 받았다. 사장이 되면서 제작자들의 자율성을 존중하여 수많은 히트 프로그램을 방송하였다. 리스가 정부에 대해 순응적이었던 반면에, 그린은 정치권과 갈등을 빚으면서 BBC의 독립성을 유지하기 위해 노력하였다.

리스는 사람들과 조화하지 못하는 독선적인 성격이지만, 그린은 주변 사람들의 존경을 받았다. 그린은 베를린에서 전후 독일의 공영방송 재건을 주도하였다. 나치의 전체주의를 경험하면서 반공과 자유주의를 신념화하였다. 그린은 공적으로는 위대하지만, 사적으로는 외로운 사람이었다. 냉정한 성격이 존경받지만, 사랑받지는 못하였다. 신뢰하지만 가끔 이해하기 어려웠고, 알기 힘들었다고 한다. 그와 함께 일을 한 사람들은 그린에 대해 존경심을 보였다. 그린은 BBC를 그만둔 후에 BBC와 ITV를 위한 프로그램을 제작하였다. 〈셜록 홈스의 경쟁자, The Rivals of Sherlock Holmes, 1970〉 시리즈를 만들고, 형과 함께 〈빅토리아 시대의 악당들, Victorian Villanies, 1984〉를 만들었다. 그는 전체주의 독재를 싫어하여 1967년 그리스의 군사쿠데타에 반대하는 캠페인을 전개하였다. 그린은 4번 결혼하여 4명의 자녀를 두었으며, 1987년에 암으로 사망하였다. 1950년에 예술과 문화 훈장을 받았고, 1964년에 기사 작위를 받았다.

리스와 그린은 겉으로는 우호적이었지만, 실질적으로는 불편한 사이였다. BBC에 함께 근무하지는 않았지만, 그린이 사장으로 재직한 시절에 가끔 접촉하였다. 두 사람은 성격의 차이에도 불구하고, 겉으로는 우호적인 관계를 유지하였다. 그린은 리스의 직간접적인 영향력을 이용하여 필킹턴 위원회에서 BBC가 원하는 것을 얻고자 하였고, 리스는 BBC에서 영향력을 행사하고자 하였다.

> 리스와 그린의 관계는 오래가지 않았다. 리스의 일기장에서 '그린과 나의 성격이나 태도는 정반대이다. 그는 대중을 따르지만, 나는 이끈다'고 하였다. 리스가 그린에게 전화하여 BBC의 〈Radio Times〉의 표지 인물이 코미디언인 것을 보고, 품위가 떨어진다고 하였더니 그린은 그렇게 생각하지 않는다고 하였다. 이로써 둘의 관계는 끝났다. 이들의 공통점은 198cm에 달하는 거대한 키밖에 없었다(Tracey, 1983, 190-193).

리스는 대학 학비를 걱정할 정도로 중하층 출신이고, 전문학교를 졸업하였지만, 그린은 상류층 출신에 옥스퍼드 대학을 졸업한 수재였다. 리스가 졸업 후 1차 대전에 참전한 상이용사로 엔지니어 회사에 입사하고 정치인의 비서를 잠깐 하다가 BBC와 방송에 대해 모르는 상태에서 BBC에 입사하였다. 반면 그린은 옥스퍼드를 졸업한 후 신문사의 독일 통신원으로 근무하다가 BBC의 해외서비스를 담당하게 되었다. 이후 BBC의 주요 부서를 거치면서 사장에 의해 후임으로 내정되었다. 리스는 뛰어난 카리스마를 발휘하여 BBC를 장악하였다. 반면 그린은 정치권의 압력에 굴하지 않고 제작진들의 요구를 수용하여 기성 체제에 맞섰다. 사장을 그만둔 뒤에 리스는 처칠 수상의 견제를 받으면서 권력을 추구하였으나, 그토록 원하였던 인도 총독이 되지 못하였다. 직원들에게 엄격한 사생활을 요구하였으나, 정작 자신은 숨겨진 관계가 있었다. 리스의 전기 작가인 이안 매킨타이어(McIntyre, 1993)는 찰리 바우저(Charlie Bowser, DCB)라는 7살 연하의 남자와 매우 친한 관계를 오랫동안 유지하였다. 리스의 딸인 레쉬맨(Leishman, 2008, 20-21)은 두 사람의 사이를 동성애로 단정하였다. 리스는 찰리와의 관계가 끝난 후 수백 통의 편지를 파괴하고, 자신의 일기장에 관련 부분을 수정하였다고 하였다. 이에 반해 그린은 BBC 직원들과 가족들에게 존경과 신뢰를 받았다. 스스로 냉정함을 유지하였고, 네 번의 결혼을 불행하다고 여겼다.

중하층 출신의 리스는 본인의 결점을 보완하기 위해 BBC에서 권위주의 지도력을 발휘하였다. 겉으로는 BBC의 자율성과 독립성을 주장하면서 실질적으로는 정치적 종속을 자초하였다. 또한 국가적 통합과 계몽을 명분으로 지역방송을 없애고 런던이 지배하는 중앙집권적 방송 체제를 만들었고, 기자와 PD보다는 행정적 통제를 우선시하는 관료주의 문화를 창출하였다. 반대로 그린은 자율적 지도력으로 BBC는 제작진이 우선하는 창의적인 조직이 되었다.

> 1980년대 BBC의 프로듀서는 '그린이 사장이었을 때 BBC가 한몫해내던 시절이었고, 흥분되던 시절이었다'고 하였다. 그린이 이끄는 BBC는 같은 이상을 꿈꾸는 공동체인 동시에 훌륭한 리더들에 의해 보호받는 공동체였다(Tracey, 1983, 2).

리스와 그린은 각각 BBC 라디오와 TV의 전성기를 이끌었다. 리스는 전국적인 방송망 확충과 공영방송 전환을 통하여 신생 매체인 BBC를 전국 매체로 발전시켰다. 반면, 그린은 상업방송 ITV와 경쟁하면서 '재미없고 잔소리하는 아줌마 BBC를 재미있고 유익한' 방송으로 바꾸었다. BBC는 기성 체제에서 배제되었던 젊은이, 여성, 급진주의자, 지역의 목소리에도 귀를 기울이는 공론장이 되었다. 리스의 최대 업적이 전국 방송망의 구축과 공영방송으로의 전환이다. 반면 그린은 독일에 BBC의 공영방송 정신을 이식하고, BBC를 엘리트와 기성 체제에서 대중에게 돌려주었다(정용준, 2020, 94-113).

리스주의는 19세기 보수적 가부장주의(conservative paternalism)의 대표적인 예이다. '잔인한 독점'을 하고 '일사분란한 통제(unified control)'를 하여 지역을 단합시키고, BBC 표준어를 보급하였다. 이를 위해 자문위원들은 아나운서들이 표준영어를 사용하도록 엄격하게 훈련하고 교육 방송을 강조하였다. 특히 전후에는 수용자를 가벼운 수용자와 진지한 수용자로 구분하여 성인교육에 중점을 두었다. BBC는 국가적 정체성, 시민적 규범을 위해 대중들을 교육하는 임무를 지니고 있었다. 따라서 국가가 아닌 지역적인 문화적 실천들은 배제하였다. BBC는 문화적 통치의 도구였다. 교양 있는 시민성을 교육하고 BBC 잉글랜드 영어를 강요하고, 국가적 통합의 매체였다. 문화와 정치 엘리트들이 대중오락물을 교육하면 시민들이 좋은 시민성을 가질 수 있다는 것이다(Bailey, 2007, 97-107).

리스는 초창기부터 BBC를 지배하였지만, 그린은 해외서비스와 뉴스 및 시사물을 거쳐 사장이 되었다. 신문사와 방송사에서 독일 주재원과 독일어 서비스를 담당하였던 그린은 북서부독일방송(NWDR)에 파견되어 독일 공영방송의 재건을 주도하였다. 그는 BBC 독일어 방송을 하였던 독일인들을 중심으로 방송을 운영하고, 함부르크에 방송학교를 설립하여 저널리스트 자질과 책임감을 교육하였다. 그린은 1948년 1월에 북서부독일방송의 초대 사장이 되었다. 그는 8개월간 사장을 하고, 사민당 정치인 마스에게 넘겨주었다. 여러 가지 어려움에도 불구하고 그린은 북서부독일방송에 '영국 정신(British Spirit)'을 이식하였다. 영국 정신은 영국에서 귀환한 독일인과 방송학교에서 훈련받은 독일인들에 의해 계승되었다. 이들은 새로운 민주 체제와 방송의 독립성을 보장하는 방어자가 되었다. 영국의 공영방송 이념이 북서부독일방송을 통해 이식된 것이다(Wagner, 2015).

1950년대 중반 상업방송과의 경쟁이 시작되면서 기성 체제 위주의 BBC에 변화가 시작되었다. 시청자들이 신생 상업방송인 ITV로 몰리면서 BBC는 시청률이 급격하게 낮아졌다. BBC의 시청률은 1955년 55%에서 1956년 38%로, 1957년에는 28%까지 떨어졌다(Bourdon, 2011). BBC는 ITV의 다수주의 편성에 대응하여 젊은 층에 소구하는 대중주의 전략으로 대응하였다. BBC는 대중적 TV 프로그램과 라디오 채널별 청취자 차별화 전략을 통하여 시청자를 회복하였다(LeMahieu, 1998, 222-227). 그린은 1960년 1월에 사장으로 취임하여 뉴스 및 시사국을 직접 관할하였다. 그는 프로그램 제작자들에게 1960년대의 사회변화 분위기를 반영하는 자율성을 부여하였다. 그린의 생각을 잘 반영한 프로그램이 〈그랬던 지난 한주, That Was The Week That Was, TW3〉였다. 기성 체제와 정치인을 풍자하는 코미디쇼 TW3는 60년대를 대표하는 풍자극으로 자리 잡았다.

그린의 시대를 대표하는 것은 〈TW3〉였다. 그의 색깔이 잘 묻어나 있는 시사 풍자극이었다. 1960년대 초 대중 교육의 보급, 텔레비전 속 정치인의 잦은 등장, 각종 형태의 사회적 저항의 증가 등은 영국에서 '풍자의 붐'을 일으켰다. 그는 중요한 소수에게 어필하고자 하였다. 출연자를 데뷔시켜 스타로 만들고, 기획자의 상상력과 위트를 마음껏 펼치게 하였다. 이 프로그램은 우익 시청자단체의 대표인 화이트하우스(Mary Whitehouse)[2] 여사를 충격에 빠지게 하고, BBC 경영위원들을 혼란스럽게 하였다. 처음에는 종교적 믿음에 반하고 저속한 면도 있지만, 전체적으로는 품위를 유지할 것으로 판단하였다. 사회적 터부를 지적하거나 케네디 암살 같은 뛰어난 프로그램을 제작하였다. 당시 프로그램 제작자들은 다른 사람과 논의하는 것을 거부하고 책임을 졌다. 이 프로그램은 그 자체가 뉴스가 되어 헤드라인을 장식하였다. 1962년부터 1963년까지 방영되어 60년대를 대표하는 풍자극으로 자리 잡았다. 이 프로그램들은 유사한 대담과 논쟁 프로그램을 양산하였다. 이 프로그램은 ITV와의 경쟁으로 어려움을 겪고 있던 BBC의 명예를 다시 살려주었다(Briggs, 1995, 336).

그린 시절의 이 프로그램들은 기성 체제로부터 논란을 불렀다. 그린은 '구시대와 신시대, 좌우익의 대결이 아니라, 과거 빅토리아 시대의 영광만을 그리워하고 현재를 미워하는 사람들과 현재를 받아들이고 과거보다 매력적으로 바라보는 사람들의 분열'로 정리하였다(Greene, 1969, 135-137). 그린의 또 다른 공적은 정치권력에서 독립성을 유지하면서 BBC 2채널을 획득한 것이다. 그린은 필킹턴 위원

---

2 영국의 미디어 운동가로 종교적 신념으로 방송의 도덕성과 품위를 확립하기 위한 캠페인을 하였다. 1964년 '클린업 텔레비전 캠페인(Clean-Up TV Campaign)'으로 시작하여 1995년 전국시청자협회(NVLA)로 발전하였다. 이 운동은 주로 보수당과 기독교인의 열렬한 지지를 얻었다(Hall, 1988, 68-69). 1963년 그녀의 나이는 53세이고 그 세대는 방송에서 섹스와 나쁜 용어를 사용하는 것에 대해 거부감을 가지고 있었다. 젊은 세대들의 과잉 표현에 대해 비판적이었다. 그녀는 TV가 개인의 행동에 직접적인 영향을 미치고, 범죄들이 TV 영향을 받았다고 생각했다. 학교의 수업에서 TV의 〈Meeting Point〉 프로그램을 보고 토론하면서 충격을 받았다. 학생이 혼전 섹스가 가능하다고 하였다(Waymark, 2006, 212).

회에서 상업방송이 공공서비스 의무를 소홀히 하고, 프로그램 질이 BBC보다 많이 떨어진다고 주장하였다. 그린은 'BBC의 수신료 정책을 유지하고, 2TV 채널의 할당'을 제안하였고, 필킹턴 위원회는 이를 수락하였다(Tracey, 1998).

리스의 가부장적 지도력과 그린의 자율적 지도력은 시대적인 차이도 있다. 리스는 전간기(戰間期, Interwar period)에 재직하였다. 라디오는 음악을 통해서 대중을 위로하고 국가적 행사를 통해 통합을 강조하였다. 이를 위해 전국의 방송망을 통합하고 계몽적 메시지를 방송하였다. 리스는 시대와 정부의 요구사항을 전달하기 위해 자신을 종교적 메시아로 포장하고, BBC는 국민에게 딱딱하고 잔소리하는 '아줌마(auntie, BBC의 별칭)' 역할을 하였다. 또한 엄격한 종교적 윤리와 권위주의 카리스마를 통해서 직원들이 사장에 순응하고, 자신은 수상에게 충성을 다하는 모습을 보였다. 반면 그린은 1950년대까지 유지되었던 엄격한 도덕주의와 위계질서가 해체되고, 기성 체제에 대한 저항과 변화의 바람이 불던 시기에 사장으로 재직하였다. 상류층 출신으로 기성 체제의 도덕심과 국가주의를 강요당하면서 정작 본인이 되고 싶었던 소설가가 되지 못하였다. 또한 그는 나치의 전체주의를 체험하면서 자유주의 신념을 가지게 되었다. 2차 대전 후의 독일북서부방송의 책임자일 때에 독일인들이 스스로 공영방송을 설계하고, 1960년 BBC의 사장 시절에도 PD들이 자율적으로 프로그램을 제작하도록 하였다. 자율성은 60년대 변화와 저항의 시기에 상류층 기성 체제와 나치 전체주의에 대한 불만으로 표출되었다. 그린의 BBC는 진보와 변화로 새로운 공영방송의 전형을 보여주었다. 1960년대의 BBC는 진보적이고 혁신적이었다(Waymark, 2005, 264).

리스는 가부장적 권위주의를 토대로 뉴미디어 기술 발전을 억압하였지만, 그린은 자유주의 신념을 토대로 BBC 2TV와 컬러TV 도입에 적극적이었다. 리스는 기술적으로 우월한 케이블 라디오나 TV 등 신기술의 발전에 부정적이었다. 그는 경쟁 기술이 될 수 있는 유선 라디오나 TV의 기술개발에 소극적[3]이었다. BBC의 설립자라는 리스의 후광은 사후인 1975년에 일기장이 공개되면서 어두워졌다. 그는 전체주의를 옹호하였다(Paulu, 1981). 리스의 BBC는 관료주의로 서열화되었고, 제작자보다는 행정통제자들 위주였다. 그는 일기장에 '프랑스 혁명 기간에 방송이 있었으면 혁명이 일어나지 않았을 것'이라고 서술하였다. 리스는 BBC 제작자들이 유치하고 무책임하여 관료적으로 통제해야 한다고 하였다(Williams, 2010).

반면, 1960년대 그린 사장 체제의 BBC는 진보와 혁신의 아이콘이었다. 그린은 'BBC가 더 이상 기성 체제의 기둥'이 아니라고 하였다. 1955년 상업방송이 등장하고 60년대에 정치사회의 분위기가 바뀌면서 BBC는 기성 체제를 적극적으로 비판하였다(Wedell, 1968, 278). 그린은 리스와 비견되었다. 은퇴 후 주미영국대사인 존 프리맨(John Freeman)으로부터 'BBC의 또 다른 위대한 사장'이라는 최고의 찬사를 받았다. 그는 '리스가 영국에 공영방송 제도를 설립하였다면, 그린은 공영방송으로 무엇을 성취할 수 있는지를 보여 주었다'고 하였다. 그

---

3 메드허스트(Medhurst, 2018)는 리스가 TV 기술에 대해 긍정적이지 않은 것은 사실이지만, 단순한 반대보다는 공익 대 상업, 광고 허용, 저화질의 문제가 있다는 것이다. TV 방송은 화질이 낮고 광고 위주의 상업방송이 될 가능성 때문에 주저하였다고 하였다.

린은 적재적소에 있었던 사람이었다. 베를린에서 성공한 저널리스트였는데, 전후 독일의 공영방송 재건을 도왔다. 자유주의자로 소비에트 블록과 말레야 반도의 공산주의와 맞서 싸웠다. 그린은 공적으로는 위대하고, 논쟁거리가 많은 사람이지만, 사적으로는 슬프고 외로운 사람이었다. 친구들과 가족에게는 수수께끼 같은 사람이었다. 냉정한 성격이 존경받지만, 사랑받지는 못하였다. 신뢰받지만, 곁을 주지 않았다. 이해하기 어려웠고, 알기 힘들었다. 자신은 결혼이 인생에서 가장 중요하다고 생각하지만, 끝이 났을 때 부서지는 느낌을 받았다고 하였다. 그린의 BBC는 같은 꿈을 꾸는 공동체인 동시에 훌륭한 리더에 의해 보호받는 공동체였다(Tracey, 1983, 2).

3. 선출되지 않은 방송권력

정부는 1960년에 필킹턴 위원회(Pilkington Committee, 1962)를 설립하여 세 번째 TV 채널을 할당하는 문제를 결정하도록 하였다. 산업론자인 필킹턴이 위원장을 맡았지만, 문화이론가 리처드 호가트(Richard Hoggart)도 있었다. 그는 문화의 엘리트주의는 배격하였지만, 대중문화가 상업방송을 통해 '대중문화 기계'로 바뀌는 것에 대해서는 비판적이었다. 필킹턴 위원회는 방송에 대한 문화주의자들의 담론장으로 상업적 영향력을 최소화하기 위해 규제를 강화해야 한다고 하였다. 필킹턴 위원회는 BBC와 그린에 호의적이었고, 상업방송인 ITV에 비판적이었다. 따라서 BBC의 수신료 정책을 유지하고, 2TV 채널의 할당을 제안하였다. BBC는 두 번째 채널을 받았고, 상업방송의 규제기관 권력이 강화되었다.

노동당 윌슨 정부와 그린의 BBC는 적대적인 관계였다. 1966년 총선에서 윌슨은 BBC를 거절하고 ITV와 인터뷰를 하였다. 윌슨 수상은 보수주의자인 힐 경을 경영위원장으로 임명하여, 그린 사장의 조기 퇴진을 유도하였다(Freedman, 2003, 47). 그린은 노동당 좌파의 수장이자 체신부 장관인 토니 벤과도 재원 문제로 사이가 나빠졌다. 1964년에 집권한 노동당 윌슨 정부는 BBC 2 신설과 컬러TV의 도입으로 인한 추가 재원 방안을 고민하였다. 벤은 'BBC 라디오에 제한적인 광고를 도입하여 비합법적인 해적 라디오를 억제하고, 지역과 음악방송을 중심으로 BBC를 개혁하는 방안'을 제시하였다. 하지만 BBC 광고 도입 방안은 보수주의 시민 활동가와 당내의 광고 도입에 부정적인 세력의 비판을 받았다. 내각에서도 벤을 포함하여 일부는 광고 도입을 찬성하였지만, 윌슨 수상을 포함한 대다수가 반대하였다. 윌슨 수상은 수신료 인상을 하지 않고, BBC의 런던 외곽 이전을 포함하는 자구노력을 제안하였다. 이에 그린은 1968년까지 수신료 인상 없이 BBC를 꾸려 나갔다.[4]

토니 벤(Tony Benn, 1925-2014)은 1960-70년대 영국 노동당의 대표적인 좌파 정치인이다. 1960년대와 1970년대 방송부처인 체신부와 내무부 장관을 역임하면서 좌파 미디어 개혁운동의 정신적 지주

---

4 토니 벤은 '내각이 나의 제안을 거절하는 명분을 BBC가 제공하였다'고 비판하였다(Freedman, 2003, 43-50). 벤은 50년간 노동당 의원으로 재직하면서 윌슨 수상 밑에서 체신부, 산업부 장관 등을 역임하였다. 벤은 노동당 좌파 블록의 수장이었다. 윌슨과 대립하는 노동당 좌파의 수장으로 방송개혁을 지휘하였다. 그는 노동당 좌파 의원으로 체신부 장관을 두 차례 역임하여 방송 실정에 밝았다. 그는 BBC와 공공서비스 방송을, 상업방송과 광고를 동일시 하지 않았다(Briggs, 1995, 517-518).

였다. 기술부, 산업부 장관을 역임하였으며 은퇴 후에 풀뿌리 정치운동과 반전운동을 하였다. 벤은 BBC PD 출신으로 방송을 잘 알고 있는 집권당의 방송 담당 장관이었다. 1960년대에 BBC가 팽창하면서 BBC 프로듀서들은 행정 권력의 관료주의에 좌절감을 느꼈다. 벤은 노동당 집회에서 '방송은 방송인들에게 맡겨놓기에는 너무나 중요하다(Broadcasting is really too important to be left to the broadcasters)'라는 말을 남겼다. 벤은 '방송은 방송인에게 맡기기에는 너무나 중요하다'고 하여 선출되지 않은 방송 권력에 대해 비판하였다. 그는 개별 프로그램의 호불호가 중요한 것이 아니라 방송이 다양한 사람들의 의견과 태도를 반영하지 못하는 것이 문제라고 하였다. 이에 대해 방송인들도 '방송은 정치인의 자비에 맡기기에는 너무나 중요하다(Broadcasting is a great deal too important to be left to the mercy of politicians)'라고 응대하였다(Darlow, 2004, 34).

BBC는 경영위원으로 임명되면 정치적 이념과 상관없이 정치적 압력에 대항하는 BBC의 수호자가 되는 것이 전통이었다. 1968년 보수주의 정치인인 힐 경(Lord Hill)이 임명되기 이전까지 BBC 경영위원회 위원장은 대개 비정치인이 선정되었다. BBC와 갈등을 겪은 윌슨 수상은 힐을 BBC 경영위원장으로 임명하여, 구조 개혁을 주문하였다. 힐은 1950년대에 체신부장관, 1960년대에 상업방송 규제기관 IBA(Independent Broadcasting Authority) 위원장을 역임하면서 BBC를 비판하였다. 체신부장관 시절 수에즈 운하 위기를 겪으면서 BBC에 비판적이었다. BBC는 윌슨 수상과 관계가 불편한 그린 사장의 조기 퇴진을 유도하기 위해 대표적인 보수주의자를 BBC 경영위원장으로 임명하였다고 판단하였다. 그린은 1969년에 사직하였다.

노동당과 BBC의 불편한 관계는 1970년대에도 계속되었다. 윌슨 수상은 BBC가 노동당에 대해 악의적인 태도를 가지고 있다고 생각하였다. 1967년 힐 경을 경영위원장으로 임명하였음에도 BBC의 보도가 달라진 것이 없고, 1970년 총선의 패배는 BBC도 책임이 있다고 생각하였다. 상황은 〈어제의 사나이들, Yesterday's Men〉로 더욱 나빠졌다. 〈어제의 사나이들〉은 BBC 1의 다큐 시리즈 〈24 hours〉에서 1971년 6월 방송되었던 다큐 프로그램이다.

1950년대 중반 TV 방송이 시작되었을 무렵에 정치가에 대해서는 절대복종의 자세로 대하는 것이 불문율이었다. 상대를 자극하는 질문은 거의 하지 않았다. 방송으로 나가는 인터뷰는 장관이나 야당의 대변인들이 소신을 발표할 절호의 기회였으며, 기자들로부터 반대 심문을 받을 우려가 없었다. 1960년대에 들어오자, 이런 제약이 느슨해지기 시작했다. 정치인 가운데는 마지못해 인터뷰를 승낙하여 정치문제에 대한 날카로운 질문을 받는 경우가 있었다. 하지만, 그들의 실상과는 다른 이미지로써 정성껏 다듬어 놓은 권위에 흠이 생길 우려가 있는 화제나, 정치가의 개인적 측면을 파고드는 시도는 여전히 금지되었다. 〈어제의 사나이들〉은 이 전통에 도전한 것이다.

텔레비전 보도제작부장인 그리스트는 13년간 BBC의 전당 대회 취재 책임자였다. 정치가들은 1년에 한 번 열리는 당대회가 축하의 행사이지만, 언론은 그 뒷면을 폭로하는 비판적 보도를 하였다. 윌슨은 BBC가 반노동당 편향이 있다고 하여 자주 대립하였다. 제작진인 데이비드 딤블비(David Dimbleby)는 인터뷰를 녹화하면서 프로그램의 제목은 숨겼다. 최종단계에 제목이 알려지면서 전직 장관들은 분노했다. 노동당은 1970년 선거 캠페인에서 〈어제의 사나이들〉이라는 문구를 보수 당원을 가리키는 의미로 사용했기 때문에, 비아냥거리는 제목은 단순한 개인적 굴욕 이상이었다.

딤블비는 하원의 윌슨 방에서 인터뷰하였다. 회상록과 관련하여 〈선데이 타임스〉로부터 10만에서 25만 파운드의 돈을 받은 것을 말하면서 선거에서 진 그에게 신문사가 위로금을 준 것이 아니냐고 질문했다. 윌슨은 '마지막 질문과 대답은 수록하지 않도록' 하였다. 윌슨의 조 헤인스(Joe Haines) 언론 비서는 보도국의 책임자인 존 크롤리에게 방송이 나가기 전에 노동당을 자극하는 부분을 삭제한다는 약속을 받았다. 하지만 크롤리와 제작진은 대립하였다. 윌슨은 프로그램에 출연 계약을 한 것이 아니므로 방송을 취소해달라고 하였다. 방송을 중지시키지 못한다는 것을 알자, 제목을 바꿀 것을 요구했다. 또한 회상록의 금전 문제, 윌슨이 자산가임을 암시하는 세 채의 집 사진을 삭제하라고 요구했다.

BBC의 찰스 커런(Charles Curran, 1921-1980) 사장은 프로그램 원본 테이프를 가지고 있는 제작진의 집을 수소문하고 다녔다. 경영위원들이 사전에 프로그램을 보지 않는 것이 전통이지만, 일부 위원들이 방영 전에 프로그램을 보았다. 경영위원회는 윌슨의 수상록에 대한 금전 문제에 대한 세 가지 질문 중 하나를 삭제하고, 나머지는 그대로 방송해도 좋다고 하였다. 〈어제의 사나이들〉은 BBC 변호사들이 본 다음에 예정대로 6월 7일에 방송하였다. 일부 삭제에 대해 제작진은 반발하였다. 방송이 나간 후 노동당은 공식 사과를 요구하였고, BBC는 공식 사과를 하였다.

이처럼 〈어제의 사나이들〉은 총선에서 노동당의 패배를 다룬 다큐 프로그램으로 제목도 노동당이 선거에서 보수당을 조롱한 것에서 따왔다. 윌슨 수상의 회고록 돈 문제 등을 인터뷰한 것 등에 대해서는 삭제하기로 하였다고 하였는데, 이 부분에 대해 서로 오해가 있었다고 한다. 윌슨 수상 측은 BBC 경영진에게 항의하여 방송중지를 요청하였으나, 받아들여지지 않았다. 제작자는 방송 후 〈파노라마〉에 출연하여 정치적인 사건들이 방송에서 자유롭게 다루어져야 한다고 주장하였다(Briggs, 1995, 892-901). 한편, BBC는 속죄양이 필요했다. 보도제작부장은 〈어제의 사나이들〉 직후에 버밍엄에 있는 잉글랜드 지방 담당국장으로 승진했다. 이는 형식상으로는 승진이었으나, BBC 권력에서는 멀어진 자리였다. 방영 이후 6개월 뒤 1972년 경영위원들이 마련한 오찬회에 윌슨은 주빈으로 초대되어 화해하였으나, 상처는 남아 있었다(Leapman, 1987, 191-210).

〈어제의 사나이들〉은 BBC와 정당 그리고 BBC 경영위원회와 사장의 관계를 잘 나타내준다. 방송 이후에 〈The Times〉조차도 윌슨 수상이 제대로 다루어지지 않았고 권력 게임으로 희화화되었다고 비판하였다. 앤서니 스미스(Anthony Smith)는 영국 TV 프로그램 가운데 '가장 큰 정치적 분노와 반향을 불러일으킨 프로그램이며, 토니 벤은 완전한 조롱거리가 되고 제작자가 윌슨을 칼로 찌른 것'이라고 하였다. 경영위원회가 검토한 결과 프로그램은 정치적 집단들의 복합적인 상황을 다룬 것임에도 불구하고, 제목이 잘못 처리되었다고 하였다. 결국 윌슨 수상에게 사과하고 프로그램 불만처리 위원회를 설립하는 것으로 마무리되었다. 〈어제의 사나이들〉의 충격 이후 노동당이 야당이 되었기 때문에 한동안 BBC의 일차적인 비판 대상이 되지 않고 조용하게 넘어갔다(Freedman, 2003, 80-81). 슐레진저(Schlesinger, 1978)는 '윌슨 수상의 힐 경 임명은 BBC를 길들이는 것이고, 〈어제의 사나이들〉은 영국방송의 정치권과의 관계 및 불편부당성(impartiality) 개념의 한계를 보여 주었다'고 비판하였다.

1960년대 말에 BBC는 재정적자와 정치권과의 갈등이라는 이중고에 시달리고 있었다. 수신료 동결 및 TV 수상기 시장의 포화로 수신료 수입이 한계를 보이고, BBC 2 채널 신설과 PAL 컬러TV 전송방식의 도입으로 막대한 경비가 지출되었다. 이에 BBC는 구조조정 방안인 〈1970년대의 방송, Broadcasting in the Seventies〉 보고서를 발표하였다. 이 보고서는 맥켄지 용역보고서의 도움을 받아 내부에서 작성한 것이다. BBC는 개방대학 교육과 지역방송의 성장으로 라디오 방송을 구조 조정한 것이다. 보고서에서는 직접적인 프로그램 제작비뿐만 아니라 장비, 스튜디오 비용을 포함하는 제작비 총액제 방안을 제시하였다. BBC 라디오를 1, 2, 3, 4로 변경하고, 오케스트라의 수를 9개에서 5개로 줄이는 방안을 제시하였다. TV가 인기를 끌면서 라디오가 가족 오락물에서 음악과 정보 수단으로 변하면서 라디오의 주 시청 시간이 저녁 시간에서 아침과 점심시간으로 바뀌었다. 또한 라디오가 지역의 목소리를 표출하고 공동체 이익에 부합하는 주요 문제들을 다루어 달라는 요구를 반영하였다. 라디오1과 2를 구분하여 특수한 계층들을 전담하는 것으로 바뀌었다. 라디오1에서 레코드음악을 요구하는 시청자들이 늘어나면서 대중 채널로 변화하였다. 저녁 클래식 실황 중계는 3채널보다는 4채널에서 하는 것이 시청자가 많았다. 채널3에서 저녁 시간대에 특별한 드라마, 시와 문화 프로그램을 방송하면서 다큐멘터리를 채널4로 옮겼다(Briggs, 1995).

〈70년대의 방송〉 보고서는 2차 대전 후의 라디오 역사에서 매우 중요한 문건이다. 1채널은 팝 음악, 2채널은 점잖은 경음악, 3채널은 고전음악, 4채널은 보도 프로그램과 드라마로 채널 정체성이 확립되었다. 이 방식은 해적방송에 대응하여 성공하였지만, 음악 프로그램에 대해서는 반대가 있었다. 1940-50년대에 걸쳐서 설립된 BBC 관현악단은 BBC의 이미지 관리에서 중요한 부문이다. 그 당시에는 저녁 한때의 휴식으로 집에서 라디오 콘서트에 귀를 기울이는 것이 일상이었다. 경음악이나 댄스뮤직 전문 오케스트라도 모험적인 곡이나 정열이 끓어오르는 음악, 청취자를 놀라게 하는 것을 연주하지 않았다. 자그마한 악단까지 포함하면 11개로 필요 이상으로 많이 가지고 있다는 것이 상식이었다. 룩셈부르크 방송이나 북해에 있는 선박에서 레코드로 틀고 있는 해적방송이 영국에서 성공을 거두었다. 청취자가 '가짜를 생음악으로 듣는 것 보다 진짜를 레코드로' 듣고 싶어 하였다. 가장 비합리적인 것은 라디오 3채널이었다. 소수 대상의 채널은 레코드음악 사용기간에 대한 제한협정 때문에 거의 생방송인 고전음악을 대량으로 필요로 하고, 청취자 1인당 원가가 대단히 비싸다. 라디오 청취자 전체의 2%밖에 듣지 않는데, 라디오 제작 예산의 28%를 쓰고 있다. 1채널과 2채널은 1인당 원가가 1.10파운드, 4채널이 4.90파운드인데, 반해 3채널은 34파운드였다. 500명이 넘는 악단원을 고용하고 연간 250만 파운드를 지출하였다. 음악 프로그램은 1주일에 230시간이었지만, 협정 때문에 레코드를 사용할 수 있는 프로그램은 82시간에 불과했다. 11개의 관현악단 가운데 5개 악단 279명만 남기고, 3개 악단 104명을 해고할 것을 제안하였다. 정리해고에 대해 연주가 조합은 로비로 대응하였다. 예술진흥회 이사장인 굿맨은 친구인 윌슨 수상을 설득했고, 윌슨은 커런 사장에게 관현악단 해고를 취소하면, 수신료 인상 때에 관현악단 유지비를 고려하겠다고 하였다. 하원에서도 체신부 장관이 계획의 재검토를 BBC에 요청하였고, 신문도 삭감에 반대하였다. 수신료가 6파운드에서 6.5 파운드로 인상되었고 BBC는 관현악단 구조조정을 포기했다(Leapman, 1987, 132-137).

BBC 음악의 구조조정에 대한 반대는 음악 악단의 고용 문제뿐만 아니라, BBC 프롬스 같은 공영방송의 전통과도 밀접한 관련이 있다. 초창기 라디오의 중요한 임무 중의 하나가 가정에 음악을 방송하여 오락과 휴식을 제공하는 것이었다. 리스는 정보, 교양, 오락을 BBC의 임무로 규정했다. BBC는 헨리 우드와 계약해 프롬스를 산하에 거느리고, 중계권을 확보했다. 2차 대전이 시작되자, 프롬스를 급히 중지하였다가, 1942년에 재개했다. 1895년에 시작된 BBC 프롬스의 정식 명칭은 헨리 우드 산책 콘서트(Henry Wood Promenade Concerts)이다. 매년 7월 중순 금요일부터 9월 둘째 주 토요일까지 6,000명을 수용하는 런던 로열 앨버트 홀(Royal Albert Hall)에서 매일 열리는 세계 최대의 음악 축제이다. 클래식 전문 채널인 Radio 3가 매일 밤 생중계한다. TV에서는 지상파 BBC 2, 위성방송 BBC 4가 주목받는 프로그램을 생중계 또는 다음날 녹화중계한다. TV가 대중화되면서 BBC 프롬스는 클래식 음악의 대중화에서 TV를 포함한 대중문화와 라디오만의 고급문화를 혼합한 민주적인 브랜드로 정착하였다. 전국 4곳의 공원에서 대형스크린으로 제공하여 축제 분위기의 마지막 밤을 전국에서 공유한다. BBC에는 BBC 교향악단, BBC 필하모닉, BBC 콘서트 오케스트라, BBC 스코틀랜드 교향악단, BBC 웨일스 교향악단과 3개의 합창단이 있다. Radio 1이 팝음악, 2가 경음악, 3이 클래식 음악, 4가 뉴스 이외의 토크 채널, 5가 생방송 중심의 뉴스, 스포츠 중계프로그램이다. 결국 음악 부문의 구조조정은 1980년대에 이루어졌지만, 엘리트 문화의 대중화라는 BBC 본연의 임무는 아직도 유지되고 있다(Marico. & Tetsuya, 2011, 163-187).

〈1970년대의 방송〉 보고서에 대한 비판이 매우 드셌다. 시민단체들은 공영방송의 임무를 포기하는 것이라고 하였다. 노동당 의원인 휴 젠킨스(Hugh Jenkins)는 의회뿐만 아니라 시민단체들과 연합하여 BBC에 대해 비판하였다. 젠킨스는 후일 방송 부서인 내무부 장관이 될 정도로 유력한 입지를 가지고 있어서 BBC로서는 당혹스러워하였다. 시민단체와 제작자단체들은 재정축소를 강요하는 이 보고서를 비판하고 새로운 조사위원회 설립을 요구하였다. 이들은 '미디어의 민주적 통제'를 요구하고 '미디어는 소유주, 주주와 경영진에게 맡기기에는 너무나도 중요하다'고 하였다(Briggs, 1995, 721-810). 1968년에 BBC의 새로운 경영진들이 유입되면서 창조적 노동자들인 프로그램 제작자들을 행정으로부터 보호하였던 전통이 무너졌다. 맥켄지 컨설팅 회사가 BBC에 기본 정신과 가치를 공급하는 신관리주의(new managerialism)를 도입하였다(Burns, 1977, 252-255).

4. 급진보다는 점진적 혁신 추구한 애넌위원회

브릭스의 영국방송사 5권은 1974년 애넌위원회(Annan Committee)가 출범하는 과정까지를 다루었다. 1967년에 체신부장관 테드 쇼트(Ted Short)가 방송에 대한 체계적인 조사의 필요성을 제기하면서 애넌위원회의 설립 논의가 시작되었다. 그는 BBC와 ITA의 면허가 1976년에 끝나기 때문에 방송에 대한 전면적인 점검이 필요하다고 하였다. 1969년 체신부장관 존 스톤하우스(John Stonehouse)는 하원에서 새로운 필킹턴 위원회를 꾸리는 것에 대해 결론을 내리지 못했지만, 1976년 방송 면허 이후 중장기적인 방송의 미래에 대한 위원회를 설립하는 방안에 대해 고려하고 있다고 하였다. 하지만, 방송계는 물론이고 정치권도 방송조사위원회의 필요성에 대해 의문을 표시하였다. 1970년 ITA의 회장은 수상을 면담하여 기술적인 위원회는 필요하지만, 전면적인 조사위원회는 불필요하다고 하였다. 야당인 보수당에서도 위원회의 섣부른 설립을 경계하였다. 1964년 7월에야 필킹턴 위원회가 제시한 정책안을 중심으로 두 개의 백서와 법적 조치들이 마무리되었는데, 그로부터 6년도 되지 않아, 조사위원회가 필요하다는 것은 시기상으로 적절하지 않다는 것이었다. BBC 힐 경영위원장과 필킹턴 위원장도 같은 견해였으며, 윌슨 수상은 조사위원회에 대해 확신을 갖지 못하였다. 하지만, 노동당 정부는 런던대학교 부총장 노엘 애넌(Noel Annan, 1916-2000)을 위원장으로 하는 방송조사위원회 설립을 발표하였다.

노동당이 총선에서 조사위원회 설립을 약속한 것은 68운동의 개혁적 분위기에서 좌파들이 방송의 책무성 부족을 비판하고, 76그룹과 같은 압력그룹들이 조사위원회 설립을 끊임없이 주장하였기 때문이다. 76그룹은 방송 현업과 노동당 의원을 중심으로 결성된 미디어 개혁단체이다. 윌슨 수상은 조사위원회 설립에 반대하였음에도, 정치적 목적으로 설립을 약속하였다. 윌슨 수상이 마음을 바꾼 것은 스톤하우스 장관이 독립위원회의 권고안이 대중에게 설득력이 있을 것이라는 권고를 하였기 때문이다(Des Freedman, 2003, 66-67). 윌슨 수상은

1970년의 총선에 대비하여 급진적 방송개혁 요구에 대해 즉각적인 결정을 피하고 중장기의 시간이 소요되는 조사위원회 설립이 유용하다는 것이다.

하지만 노동당이 1970년 총선에서 패배하면서 애넌위원회는 위원장만 선임한 채 무산되었다. 보수당은 새로운 위원회를 꾸리지 않고, 기술적인 문제 정도를 검토하겠다고 하였다. 이에 노동당 좌파와 노동조합 그리고 좌파 학자들은 방송조사위원회의 설립을 주장하였다. 보수당 정부는 BBC와 ITA의 면허를 1976년에서 1981년으로 연장할 것을 발표하였다. 노동당 의원인 필립 화이트헤드(Philip Whitehead, 1937-2005)는 '노동당이 조사위원회를 설립하지 않은 오류를 반복하지 않으며, 재집권하면 반드시 조사위원회를 구성하겠다'고 하였다. 화이트헤드 의원은 BBC PD 출신의 노동당 의원이었다. 애넌위원회 위원으로 활동하면서 채널4를 설립한 주역이었다. 노동당 좌파는 방송의 책무성을 높이기 위해, 중도파는 방송개혁의 뜨거운 열기를 식히는 도구로 방송조사위원회의 필요성에 대해 동감하였다(Des Freedman, 2003, 84-85).

윌슨 수상은 1974년에 재집권하여 방송을 체신부에서 내무부로 이전하고 애넌위원회를 설립하였다. 경제위기가 가중되고 현안들이 산적하였음에도 방송조사위원회를 꾸린 것은 다소간 의아스러운 일이었다. 애넌위원회 설립이 1974년에 빠르게 부활한 것은 몇 가지 이유가 있다. 첫째, 체신부를 폐지하고 방송을 로이 젠킨스(Roy Jenkins)의 내무부로 옮기고자 하였다. 윌슨 수상은 방송을 정치적 경쟁자인 벤으로부터 빼앗고, 방송개혁을 방송노동자나 활동가로부터 애넌위원회로 옮겨 비정치적인 문제로 만들었다. 윌슨 수상을 비롯한 노동당 지도부는 급진적인 미디어 정책에 반대하고 좋은 미디어를 지향하였다. 둘째, BBC와 ITA의 방송 면허가 1976년에 종료되어 방송 면허 연장 여부를 결정해야 한다는 실제적인 문제가 작용하였다. 정부는 방송조사위원회가 충분한 검토를 할 수 있도록 1979년까지 방송 면허를 연장하였다. 셋째, 채널4를 설립하여 제조 산업을 돕도록 해야 한다고 하였다. 출판형 방송사인 채널4를 통해 프로그램 산업을 육성하는 것이 필요하다. 넷째, 방송학자들이 방송개혁에 대한 압력을 행사하였다. 이상의 여러 가지 요인으로 애넌위원회가 출범하였지만, 집권당인 노동당은 신규채널의 산업적 효과보다는 정치적 보복이 중요하였다. 노동당 정부가 1970년에 애넌위원회를 설립하겠다고 하였을 때, 후임 보수당 정부는 이를 무산시켰다. 노동당은 애넌위원회를 재건하여 보수당에 정치적인 보복을 하였다.

우여곡절 끝에 노동당은 1974년에 애넌위원회를 구성하였다. 위원회에서 배제된 인물 가운데 가장 중요한 사람은 앤서니 스미스(Anthony Smith, 1938 – 2021)[5]이다. 그는 옥스퍼드 대학의 연구원을 하면서 방송 정책에 관여하였다. 그의 전국 텔레비전 재단(National Television Foundation) 모델은 설득력이 있었고, 방송 정책 토론에서 영향력이 있었다. 전국 텔레비전 재단은 BBC와 ITV처럼 자체 제작이

---

5 앤서니 스미스는 영국의 방송인이자 작가이자 학자이다. 1988년부터 2005년까지 옥스퍼드의 막달렌 칼리지(Magdalen College)의 총장을 역임했다. 1960년대 BBC 시사 프로그램 프로듀서로 시작하여 야간 뉴스프로그램 〈Twenty-Four Hours〉를 담당했다. 1970년대 초, 그는 옥스퍼드 대학의 연구원으로 애넌위원회에서 일했으며 채널4(1981~1985)의 이사를 역임했다. BBC와 ITV 독과점 시대에 방송의 출판사 개념인 채널4는 그의 아이디어이다. 1979년부터 1988년까지 영국영화연구소(British Film Institute) 소장을 역임했다(위키피디아).

아니라 독립제작사들 프로그램을 제작하고, 재단은 이를 방송하는 출판사의 역할을 하는 것이다. 마지막 단계까지 스미스는 리스트에 있었으나, 수상이 최종 명단에서 배제하였다(Freedman, 2003, 97-99).

저널리스트이자 학자인 애넌이 초안 작업을 하여 세련된 문체와 균형적인 입장을 견지하였다. 애넌위원회가 제안한 정책권고안은 크게 세 가지 쟁점으로 나눌 수 있다. 첫째, 애넌위원회는 다수의 입장이 공존하는 다원주의(pluralism) 방송철학과 공중 책무성(public accountability)을 강조하였다. 다원주의 방송철학은 기존의 공공서비스 철학을 엘리트주의, 관료주의, 독과점체제로 비판하는 한편, 노동당 좌파와 마르크스주의 학자들이 주장하는 급진적이고 구조적인 구조 개혁에 반대하였다. 다원주의 방송철학은 1960년대 필킹턴 위원회의 문화주의와 1980년대 피코크 위원회의 시장주의 철학과 차별성을 보인다. 또한 방송사업자들이 의회와 정부에만 관심이 있으며 공중에 대해 무관심하다는 '책무성'을 처음으로 제시하였다. 특히 의회에 대한 책임을 공중에 대한 책무성으로 확장하고, 책무성 범위를 확대하였다. 다원주의 방송철학과 공중 책무성에 대한 강조는 공공서비스 철학이 시장자유주의로 넘어가는 과도기인 1970년대의 유산이라고 할 수 있다. 애넌위원회는 공공서비스 철학의 마지막이자, 시장자유주의 철학의 첫 번째 보고서이다(정용준, 2016).

둘째, 기존의 방송 체제를 비판하면서도, 급진적인 구조 개혁보다는 점진적인 혁신을 추구하였다. BBC와 ITV는 선출되지 않은 권력임에도 불구하고, 관료적이고 폐쇄적으로 운영되어 복점의 속박(a straitjacket of duopoly)을 하였다(HMSO, 1977, 16). 급진적인 개혁을 추구하였던 노동당 좌파와 마르크스주의 학자들은 BBC와 ITV 체제를 폐지하고 공영방송위원회(Public Broadcasting Commission)를 신설하여 재원을 징수하고 배분하며, 방송노동자들과 지역주민들이 방송을 운영하는 지역분권 거버넌스 모델을 제시하였다. 또한 수신료를 폐지하고, 공영방송을 세금으로 운영하는 방안을 제시하였다(Garnham, 1972). 급진파들의 BBC 폐지 제안에 대해 애넌위원회는 BBC와 수신료 그리고 전문적 BBC 경영위원회 모델을 유지하고 지역서비스를 활성화하는 방안을 제시하였다.

셋째, 애넌위원회는 BBC와 ITV를 배제하고 공개방송공사(Open Broadcasting Authority, OBA)를 통하여 '방송출판사'의 역할을 하는 채널 4 방안을 제안하였다. 세 번째 채널 할당에서 배제된 ITV는 자신들이 할당받기를 원하지만, BBC는 교육 및 공공채널로 할당되기를 원하였다. 애넌위원회는 새로운 TV 채널을 상업방송의 광고 부담금(levy)을 재원으로 다양한 집단들로부터 프로그램을 공급받는 방송출판사로 규정하여 새로운 공개 방송 공사에 할당하였다. 애넌위원회는 새로운 방송철학과 방송구조의 혁신 그리고 새로운 방송사 개념을 창출하였다. 이는 오랫동안 지속되었던 공영방송과 상업방송의 구태의연한 이념 대립을 근본적으로 성찰할 수 있는 계기를 마련해준다.

넷째, 엘리트주의를 주창하였던 1960년대의 필킹턴 위원회와 다원주의를 제안한 1970년대의 애넌위원회는 정반대의 결론을 내었다. 1962년 필킹턴 위원회는 상업방송을 비난하고 BBC를 옹호하여 2채널을 허락하였다. 이는 당시 좌파뿐만 아니라 정치인들과 심지어는 보수당 일부와 지식인들에게 광범하게 지지받았다. BBC는 영국을 정치와 문화적으로 진보의 방향으로 변화시키는 노력이 이루어지는 핵심 장소였다. 20년도 되지 않아 분위기는 완전히 변화하여 정치인과 지식인에게 지지받지 못하였다. 대중적 프로그램들을 많이 방송하였음에도 불구하고, BBC와 상업방송은 별반 차이가 없었다. 필킹턴 위원회와는 대조적으로 1977년 애넌위원회는 ITV보다 BBC를 비판하였다(Garnham, 1983, 20-23).

2부

삶과 계급의 '경계'에 서서: 레이먼드 윌리엄스

• 제 4 장 •

인생 역정과 학문

1. 웨일스에서 온 '시골 촌놈'

윌리엄스는 1921년 웨일스의 펜디(Pandy in Monmouthshire)에서 태어났다. 노동당 정치인 아뉴린 베번(Aneurin Bevan, 1897-1960)과 닐 키녹(Neil Kinnock)도 이 지역 출신이다. 잉글랜드 국경과 4마일 정도 떨어져 있는 시골 지역으로 '주변부이고 외지(marginal and external)'였다. 접경지역이 그렇듯이 윌리엄스는 웨일스 정체성을 가지고 있었다. 학교에서 웨일스어를 하면 처벌받는 환경이지만, 가족의 일상생활에서는 웨일스어를 사용하였다. 웨일스 시와 노래는 특별한 날이나 축하 행사에 사용하기 위해 초등학교 어린이들이 즐겨 불렀다.

웨일스의 역사는 윌리엄스를 이해하는 데에 매우 중요하다. 윌리엄스는 자신을 웨일스 사람으로 간주했고, 지적으로나 정치적으로 그렇게 행동했다. 1960년대부터 영국 정부는 웨일스어를 공용어로 허락했고, 웨일스어 TV 방송을 허용하였지만, 이는 웨일스인들이 오랜 세월에 걸쳐 투쟁한 덕분이었다. 이들은 도로 표지판에 페인트를 덧칠하고 TV 송신탑을 부러뜨렸으며, 영어 사용자들이 사용하는 주말 별장에 불을 질렀다. 그는 초등학교부터 웨일스어를 사용하면 처벌받는 환경에서 자랐다(강준만, 2017, 255-265).

800년 가까운 세월 동안 잉글랜드의 식민지로 지냈고, 억압과 일부 유화책으로 웨일스 사람들이 얼마나 시달렸을지는, 36년 일제 식민지를 경험한 우리로서도 충분히 짐작하고도 남는다. 부산이라는 나름대로 거대도시에서 서울에 온 필자에게 서울 친구들은 명절 때마다 '시골에 잘 갔다 오라'는 말을 들었던 기억이 아직도 남아있다. 당시 부산은 400만 이상의 인구에 지역적 자부심도 있었는데, 서울 친구의 이 말에 초라하기 짝이 없는 자괴감을 느꼈다. 하물며 잉글랜드의 변방인 웨일스, 그것도 웨일스의 변방인 작은 시골 마을 출신인 윌리엄스가 런던 출신의 명문 귀족들이 주류인 케임브리지에서 어떤 감정을 느꼈을지도 충분히 짐작되고 남는다.

그는 아버지의 영향으로 사회주의 신념을 가지게 되었다. 아버지는 철도노동자 신호수로 1926년 총파업에 참여하고, 노동당 지부 비서직을 맡는 등 현실 참여에 적극적이었다. 윌리엄스가 어릴 때 일어난 총파업은 노동당과 전국노동조합(TUC)의 방관으로 9일 만에 패배하였다. 광부노조들만 이후로도 9개월간 파업을 계속하였고, 윌리엄스의 아버지는 해고당하였다가, 겨우 복직하였다. 윌리엄스는 펜디의 초등학교를 졸업하고 인근에서 제법 큰 도시인 아베르가베니(Abergavenny)의 헨리 8세 그래머 스쿨(the King Henry VIII Grammar School)을 다녔다. 이 학교는 헨리 8세가 웨일스를 식민화하면서 잉글랜드에 복속하기 위해 지역 엘리트들을 양성하는 곳이었다. 이 학교는 웨일스의 가톨릭 신자들을 성공회로 개종하고, 웨일스어와 단절된 영어를 강요하였다. 10대에 스페인 내전과 나치즘을 겪었고, 좌파 독서클럽(Left Book Club)에 가입하여 국제연맹 유소년 회의에 참여하기도 하였다. 1937년 16살에 국제연맹연합이 주최하는 공개토론회의 주요 연사로 초청되었다. 제네바에서 열리는 이 회의는 토론회뿐만 아니라 국제 여름학교에도 참석했다. 돌아오는 길에 파리에 들러 국제전시회에도 참석하였다. 파리에서 윌리엄스는 『공산당 선언』을 사서 마르크스를 처음으로 접하게 되었다.

그래머 스쿨에서 윌리엄스는 공부는 물론이고, 스포츠에서도 뛰어난 기량을 발휘하였다. 뛰어난 성적으로 교장이 케임브리지 대학에 추천하였다. 지역 신문은 윌리엄스를 커다랗게 보도하고 지역유지들이 축하 파티를 해주면서 장학금을 주었다. 그는 케임브리지 대학(Trinity College)에서 영문학을 전공하였다. 노동계급 출신이면서도 귀족주의적인 교육시스템에 동화되어야 하는 압력에 시달렸다. 같은 영어로 말하고 있음에도 교양 있는 상류층이나 중산층 출신의 '저들'과 노동자 계급 출신인 '우리' 사이에는 발음이나 억양 이상의 뭔가가 달랐다는 것이다. 웨일스 출신의 레이먼드 윌리엄스, 아일랜드 노동계급 가정에서 자란 테리 이글턴, 자메이카 출신의 스튜어트 홀 등이 대표적이다(강준만. 2017, 260-267).

> 나는 케임브리지에서 기가 죽지는 않았다. 고풍스러운 건물에도 주눅 들지 않았는데, 2,000년 역사가 토양에 가시적으로 아로새겨져 있는 동네 출신이기 때문이다. 우리 집안에서는 학문을 한다는 사실이 기이할 정도로 특이한 일은 아니었다. 장학금을 받고 케임브리지

> 에 진학하긴 했어도, 나는 막 기회를 잡은 새로운 부류의 출세 지향 인간도 아니었다. 우리는 할 수 있다면 어디서든 배움을 얻었다. 우리 중에는 당장 눈앞에 닥친 노동에서 해방될 여유를 얻을 수 있는 사람이 거의 없다. 공동의 비용으로 감당할 수 있게 된 덕분에 만족스럽고 일상적 삶을 누릴 수 있었다. 대학가에 있는 '찻집의 사람들'은 특별한 부류의 사람들, 교양 있는 사람이라는 사실을 드러내 놓고 강력하게 가시적으로 보여주는 기호였다(McGuigan, 2013, 33).

이집트 알렉산드리아 출신의 마르크스주의 역사가인 에릭 홉스봄도 비슷한 감정을 느꼈다. 케임브리지 대학에 입학하였을 때 '뭐든지 아는 신입생'이었던 홉스봄은 장학금 소년의 특징은 ① 가족이나 모교에서 전에 케임브리지나 다른 대학이라도 진학한 사람은 아무도 없었고, ② 빈, 베를린, 런던의 공립학교로 이어지는 나의 교육적 배경, 문화적 배경이 매우 달랐다. ③ 운동으로 오후의 태반을 보내는 케임브리지의 전형적인 활동 중 일부를 공유하지 못했다. ④ 장학금에 의지하여 생활하는 소수 집단에 속했다고 한다(Evans, 2019, 162-240). 가난한 집 출신인 윌리엄스도 상류층 출신이 대다수인 케임브리지에서 기죽지 않고, 당당하게 학창 시절을 보냈다. 주눅이 들지는 않았지만, 학교 앞의 찻집에서 문화적 차이를 느꼈다고 한다. 1936년부터 1939년까지 스페인 내전을 겪으면서 청년 엘리트들은 파시즘과 우파 독재에 환멸을 느껴, 이에 대항하였던 인민전선이나 급진좌파가 되었다. 사회주의 정부(인민전선)에 쿠데타를 일으킨 프랑크의 우파 독재(반혁명 국민전선)에 항거하여 벌어진 스페인 내전에서 미국의 헤밍웨이는 종군기자로, 영국의 조지 오웰은 인민전선에 참여하였다. 피카소의 게르니카는 바스크의 지방 도시인 게르니카에 독일군의 대량 폭격으로 일어난 참상을 기억하기 위해 그린 것이다.

2. 부모가 반대한 '외로운 결혼'

윌리엄스는 케임브리지 대학에서 에릭 홉스봄과 함께 사회주의자 클럽에서 활동하고, 공산당 학생 지부에 입당하였다. 당시 케임브리지에서 가장 활성화된 동아리가 사회주의 클럽이었다. 윌리엄스는 홉스봄과 함께 당의 명령으로 소련의 핀란드 침공을 정당화하는 선전 전단을 만들었다. 이들은 핀란드 노동자들과 민주주의자들에 대한 학살에 항의하며 '소련과의 전쟁 중단'을 주장하는 캠페인을 주도하였다.

> 1942년 6월 4일, 윌리엄스는 16일간의 휴가를 받고 솔즈베리 평야 가장자리에 진을 치고 있던 보병 기갑사단 제21 대전차 연대에 입대했다. 그는 조이에게 결혼을 위해 솔즈베리에서 만나자고 전보를 보냈다. 어디서 만나자는 말을 빠뜨렸다. 조이는 버밍엄의 한 항공기 공장에서 복지 및 인사 업무를 담당하고 있었다. 그녀는 버밍엄에서 솔즈베리의 결혼식장으로 향했다. 조이가 솔즈베리로 가는 기차를 탈 예정이었지만, 윌리엄스로부터 어디서 만날지 알려주는 전보를 받지 못했다. 기차를 선택할 수 없었기 때문에 그녀는 윌리엄스에게 전화가 오면 자신이 가는 중이니 전해달라고 부탁하였다. 그녀는 역에서 가장 가까운 호텔로 가서 기다렸고, 그도 그곳에 도

착했다. 그들은 솔즈베리의 등기소에서 결혼하면서 증인은 한 명만 데려갔기 때문에 택시 기사가 두 번째 증인이 되어 달라고 하였다. 윌리엄스는 부모님에게 전보를 보냈지만, 두 분 모두 오지 않았다. 전시에는 철도 가족에게도 여행은 힘든 일이었고, 어머니는 조이와의 결혼을 원치 않았다.

윌리엄스는 대학 1학년 때 조이스 달링(Joyce Dalling)을 만나 연인이 되었다. 그녀는 런던정경대(LSE)에 다니고 있었는데, 전쟁으로 대학이 케임브리지 인근으로 임시 이전한 상태였다. 윌리엄스는 당 활동에 치중하다가, 학업에 소홀히 하였다. 21살의 나이인 1941년 징집되어 포병부대에서 군 복무를 했는데, 군 복무 중 달링과 결혼하였다. 부모의 반대를 무릅쓰고, 이들의 결혼은 어렵게 이루어졌다. 결혼 후 두 사람은 다시 헤어져 군대로 갔다. 노르망디 전투를 치르고, 2차대전에서 승리한 1945년에야 돌아올 수 있었다. 군대에 있던 4년 반 만에 집에 돌아오니, 첫 아이는 14개월이었다(Inglis, 2014, 80-99).

2차대전 후에 세계는 공산주의와 자본주의의 이념 전쟁이 격화되고, 영국은 경제위기, 연료 부족 등으로 배급 경제에 의존하였다. 대학에 복학하면서 윌리엄스를 비롯한 홉스봄, 톰슨 등 사회주의자들은 소련 공산당의 행태에 환멸을 느꼈다. 10대 시절 공산당 당원으로 가입하였지만, 대숙청과 집단 강제수용소의 실태 폭로, 1956년 소련이 헝가리 혁명을 강제 진압한 사건으로 공산주의에 대해 환멸을 느껴 탈퇴하였다. 일부는 우파로 전향하였고, 다른 부류는 사회민주주의자로 바뀌었다. 윌리엄스와 그 친구들은 신좌파(New Left) 노선을 채택하였다.

영국 신좌파는 페리 앤더슨(Perry Anderson)이 주도하는 〈신좌파 평론, New Left Review〉 잡지를 배경으로 결집한 급진 좌파 지식인들을 일컫는다. 소련 공산당과 영국 제국주의에 실망한 젊은 좌파들은 〈New Reasoner〉, 〈University and Reft Review〉를 거쳐 〈신좌파 평론, New Left Review, NLR〉을 중심으로 통합하였다. 〈신좌파 평론〉은 래피얼 새뮤얼과 스튜어트 홀이 창간했고, 윌리엄스, 홉스봄, 영화감독 린지 앤더슨, 역사가 아이작 도이처와 에드워드 톰슨, 심지어 온건한 사회주의자 조지 콜(George Cole)까지 참여했다. 스튜어트 홀(Stuart Hall)이 편집장이 되어 1960년 격월간지로 출발한 〈신좌파 평론, New Left Review〉은 클럽 구내에 '파르티잔' 커피 하우스를 만들어 밤마다 강연을 열고, 기타에 맞추어 노래하고, 음식을 즐겼다. 이들은 메시아적 구원이나 정당정치보다는 시민 생활의 길고 평화로운 도덕을 원했다. 윌리엄스의 『기나긴 혁명』, 톰슨의 『영국노동계급의 형성』, 홉스봄의 『혁명의 시대』는 이들의 논쟁과 이야기를 토대로 하였다. 옥스브리지 출신의 대학 좌파와 공산주의자들의 두 집단은 잡지의 방향을 둘러싼 내부 갈등과 재정문제로 〈신좌파 평론〉은 위기에 빠지게 되었다.

1963년 페리 앤더슨이 새로운 편집장이 되어 윌리엄스와 랠프 밀리밴드(Ralph Miliband, 1924-1994)를 제외한 에드워드 톰슨, 스튜어트 홀 등 기존의 편집진을 모두 해고하였다. 앤더슨으로서는 윌리엄스와 밀리밴드의 대중적 인기를 고려하여 그대로 두었다. 1세대 신좌파 운동은 다양한 구성원과 지역적 범위를 아울렀지만, 지식인 운동의 범위를 넘어서지 못했다. 1세대 신좌파는 에드워드 톰슨, 랠프 밀리밴드, 존 새빌, 레이먼드 윌리엄스(Raymond Williams), 스튜어트 홀, 라파엘 새뮤얼(Raphael Samuel), 도리스 레싱(Doris Lessing)과 같은 탁월한 좌파 지식인들이다(원동필, 2017).

3. 정신적 스승, 리비스

윌리엄스의 또 다른 탈출구가 스승인 리비스(F. R. Leavis, 1895-1978)[1]였다. 2차대전에서 전차 부대 지휘관으로 복무한 기간을 제외하고는, 젊은 문학 지망생 윌리엄스는 케임브리지 대학 영문학과에서 부르주아 문화에 대한 정통 공산주의 비평을 거부하는 것에 영향을 받으면서 공부했다. 리비스는 산업혁명의 파괴적 결과와 대결했던 영국 낭만주의 비평의 유산을 물려받아 당대 부르주아 사회와 대중문화에 대한 급진적인 비판을 추구했다. 리비스는 '문화란 유기적 질서'라고 여겼으며, 영국 사회를 그와 같은 유기적 질서가 구현된 사회로 보았다. 리비스는 산업혁명 이후 영국 사회는 감수성이 분열되고 유기적 질서는 해체되었으며, 모든 가치를 돈으로만 환원하는 공리주의 원리가 세계를 지배하면서 문화는 점차 쇠퇴하게 되었다고 했다. 특히 산업화 이후 출판과 대중 미디어를 통해 대량으로 보급되는 값싼 문화상품들은 인간 정신을 타락시키는 윤리적 후퇴의 징후로 보였다. 그들은 이윤추구에 물든 중간계급뿐만 아니라 노동계급 또한 상업

---

1 Frank Raymond Leavis. 영국 문예 평론가. '케임브리지학파'의 중심인물이며 평론지를 통하여 문학에 엄격한 가치 기준을 설정할 것을 주장하였다. 영문학과 문화연구에서 영향력이 강했던 인물로, 아사 브릭스와 레이먼드 윌리엄스가 많은 영향을 받았다(네이버 지식백과).

출판물, 대중 미디어에 노출됨으로써 값싼 문화의 희생자가 되었다는 것이다.

리비스는 문학비평과 사회 비평을 결합하여 비평의 사회적 기능을 혁신하였다. 리비스는 기계적인 영국의 마르크스주의와 자본주의의 저급한 통속문화를 비판하면서 '문화의 재창조'를 제안하였다. 윌리엄스는 리비스로부터 문학 텍스트를 긍정적으로 읽으면서 경험의 사회적, 정서적 성격에 세심하게 주목하였다. '면밀한 독서와 신중한 맥락(close reading and careful context)과 경험에서 얻은 판단(judgements so wrested from experience)'을 배웠다. 리비스로부터 배운 치밀한 읽기와 경험적 감정은 윌리엄스 저작의 특징이 되었다. 하지만 리비스의 엘리트주의에 대해서는 비판적이었다(원동필, 2017). 1950년 한국전쟁이 일어나자, 정부는 전투 경험이 있는 전차 장교인 윌리엄스에게 예비군 소집 명령을 내렸다. 그는 양심적 병역거부자로 재판정에서 병역의무를 면제받았다.

> 교육이 계급적 사회 질서에 종속되어 있고, 신분 상승을 위한 '사다리'로서의 도구적 기제에 머물러 있는 한, 노동계급에 미치는 교육의 효과는 모호하고 복잡한 성격을 띨 수밖에 없었다. 여전히 열악한 상황에서 교육받고 노동자의 삶을 살아가야 했던 대다수는 물론이고, 교육을 통해 사회적 이동에 성공한 이들 또한 상당한 심리적 갈등과 혼란을 경험했다. 학교 교육을 받으며 성장하는 과정에서 가족과 또래집단으로부터 감정적, 물리적으로 소외되는 양상이라든지 '성공'한 이후에도 새로 전입한 세계에 동화되지 못한 채 되돌아갈 수 없는 옛 세계에 대한 향수를 간직하며 고뇌와 갈등을 겪는 양상을

생생하게 환기한다. 자신의 사회적 이동에 대한 깊은 자의식을 느끼며, 계급 문제를 간과하지 않으려는 매슈의 태도는 진정한 계급적 정체성을 모색하려는 의지가 담겨 있기도 하다(윤영필, 2011, 66-76).

위의 글은 윌리엄스의 자전적 소설『접경지역, Border country, 1962』과『2세대, 2 Generation, 1964』에 대한 해설이다. 윌리엄스는 출생부터 케임브리지에 안착하는 1960년대까지 경계인의 삶을 살았다. 출생도 잉글랜드에서 4마일 떨어진 경계 지역의 웨일스에서 철도원의 아들로 태어났다. 초등학교에서 웨일스어를 사용하면 벌을 받고, 중고등학교도 잉글랜드와 제국주의를 강요하는 환경에서 장학금을 받고 케임브리지에 들어갔다. 케임브리지에서도 대부분 상류계층과는 다른 시골 출신으로 문화적 이질감을 느꼈고, 공산당에 환멸을 느끼면서 탈퇴하였다. 대학을 졸업하고 성인교육 강사로 취직하였지만, 중심부인 옥스퍼드가 아니라 이스트 서식스라는 주변부 강사로 머물렀다. 공산당원이 주류인 강사 시절에도 이들과 거리감을 느끼면서 소설 창작과 성인교육에만 헌신하였다. 상류층 출신의 고급문화에는 처음부터 적응하지 못하였고, 공립학교 출신의 공산주의와도 지적, 정치적 관점은 공유하였지만, 잘 어울리지 않았다.

윌리엄스의 긴 은둔 생활은 1956년부터 바뀌었다. 공산당 역사그룹과 함께 토론하고 노동당 지원 유세도 하였다.『문화와 사회』가 베스트 셀러로 널리 읽히기 시작하면서 신좌파 활동에도 적극적이었다. 1960년에 케임브리지에 자리 잡으면서 인생에서 잘 나가는 10년을 맞이하였다. 윌리엄스는 클레멘트 애틀리(Clement Attlee, 1883-1967)[2] 정권의 복지국가 설립을 열렬하게 지지했지만, 영국 노동당이 타협에 안주하고 자본주의 관리에 몰두하는 모습에 실망하였다. 이들은 때때로 노동당과 보조를 맞추고 때로는 맞서면서 철저하고 근본적인 사회주의 개혁을 촉구했다. 노동당 정부에 대해 '비판적 지지'를 한 셈이다.

4. 성인교육을 통한 '문화혁명'

20세기 초반 영국에는 청년 엘리트들이 기층 민중들을 계몽하는 성인교육의 전통이 있었다. 성인교육은 대학이 주도하는 대학확장운동과 노동자 교육협회가 주도하는 튜토리얼 강좌 운동이 있다. 별개로 시작하였으나 서로 협동하여 성인교육을 전개한다. 1873년에 케임브리지 대학이 대학확장운동(University Extension Movement)을 시작하여 옥스퍼드대, 런던대 등이 참여하였다. 대학은 단기 순회(peripatetic) 강의를 통해 일반인들에게 대학 교육 기회를 제공하였다. 노동계급 등의 사회적 소외그룹을 재교육하여 교육 불평등을 해소하고자 하였다. 옥스퍼드와 케임브리지 대학이 1902년까지 900개 이상의 센터를 설립하여 강의에 참여한 성인들의 수가 25,000명에 이르렀다. 당시 대학의 학생 수가 옥스퍼드대와 케임브리지대 각각 약 3,000명, 런던

---

2 클레멘트 애틀리는 노동당 지도자(1935~55) 및 수상(1945~51)을 역임했다. 그는 대영제국을 영연방으로 전환하는 작업에서 가장 중요한 영국의 복지국가와 인도의 독립을 완성했다. 1945년 총선에서 애틀리는 노동당을 승리로 이끌었다. 재임 6년 동안 영국 은행, 탄광, 민간 항공, 케이블 및 무선 서비스, 가스, 전기, 철도, 도로 운송 및 철강을 국유화하였다. 1947년에는 국민보건서비스가 도입되었고 인도에 독립이 허락되었다. 그는 20세기 노동당의 대표적인 정치인이었다.

대 1,000명 정도인 것을 고려하면 성인들의 교육에 대한 높은 관심을 보여준다. 노동자 교육협회(Workers' Educational Association, 이하 WEA)는 앨버트 맨스브리지(Albert Mansbridge, 1876-1952)[3]가 1903년에 노동자 교육을 통해 평등한 사회를 건설하기 위해 설립한 단체이다. 노동자 교육협회는 '노동자들에게 정규 대학 수준의 교육'을 목표로 '튜토리얼 강좌(tutorial class)'를 제공하였다. 튜토리얼 강좌는 교수와 학생이 정기적으로 만나 개별지도하는 방식이다.

1909년에 중앙정부와 지방정부의 재정지원을 조정하고 촉진하기 위해 대학과 노동자 교육협회의 대표가 공동으로 참여하는 '중앙합동 자문위원회(Central Joint Advisory Commitee, CJAC)'가 설립되었다. 대학과 학생 대표가 공동으로 운영하여 교육 내용이나 방법에 학생들의 요구를 적극적으로 반영하였다. 교수의 자격 기준을 강화하고 수업당 학생 수가 30명을 넘지 않도록 하며, 기간도 3년으로 늘렸다. 노동자 교육협회의 튜토리얼 강좌 운동이 활발해지면서 1914년에는 잉글랜드와 웨일스에 있는 모든 대학이 참여하고, 스코틀랜드의 일부 대학에서도 시작되었다. 대략 150여 강좌에 3,200명 이상이 참여

---

3 맨스브리지는 독학한 교육자였으며, 영국의 성인교육 운동의 선구자이다. 목수의 아들인 맨스브리지는 가정형편으로 14살에 학교를 그만두고, 사무직 노동자가 되었다. 런던에 있는 킹스 칼리지의 대학 확장 수업에 참석하여 추가 교육에 대한 열망을 충족했다. 낮에는 서기로 일하면서 산업사, 경제, 타자 등 저녁 수업을 가르쳤다. 1873년에 창설된 대학 확장운동이 상류층과 중산층에게만 집중하는 현실을 고려하여 1903년에 노동자교육협회(Workers' Educational Association)를 설립했다. 1905년 맨스브리지는 사무직을 그만두고 WEA의 전임 사무총장이 되었다. 호주, 뉴질랜드, 캐나다에 지부를 설치하여 세계적인 교육기관으로 거듭났다. 저서로는 『An Adventure in Working-Class Education, 1920』, 『The Making of an Educationist, 1929』, 『Brick on Brick, 1934』 등이 있다(브리태니카 백과사전).

하였다. 튜토리얼 그룹들은 토론을 통해서 배우고, 누구에게나 개방되었다.

1차 세계대전 후인 1919년 성인교육위원회는 대학 부설로 대학과 산업을 연계하는 성인교육학부(extramural department)를 설치하는 방안을 제시하였다. 고등교육이 지역으로 확산하여 평생에 걸쳐 고등교육의 기회가 보장되도록 하였다. 대학이 1차대전에 이바지한 노력과 자격을 갖춘 인력의 필요성, 전쟁으로 인한 대학의 피해로 정부는 대학에 대해 재정지원을 하기 위해 대학 교부금 위원회(UGC)를 설립하였다. 성인교육학부는 대학의 전임 교수가 책임자를 맡고, 대학과 학생을 대표하는 외부 인사들로 구성된 합동위원회가 운영을 책임졌다. 성인교육학부는 대학과 별도로 학생의 요구를 반영하면서 개방적이고 민주적으로 운영되었다. 대학의 재정지원은 교부금 위원회를 통해 이루어지지만, 대학의 성인교육에 대한 재정지원은 대학과 노동자 교육협회, 교육부, 지방교육청의 협력으로 이루어졌다. 또한 3년 과정의 튜토리얼 강좌 외에 '대학 준비 강좌'에 대해서도 정부 보조금을 제공하면서 1년 이하의 단기 프로그램도 늘어났다.

2차 세계대전 이후에도 복지국가 건설이라는 시대적 흐름 속에서 고등교육의 급속한 확대가 이루어졌다. 7만 명 정도의 고등교육 학습자 수가 1963년에 20만 명을 넘었다. 영국 고등교육의 발전에 있어서 분수령이 된 것은 로빈슨 보고서(Robinson Report, 1963)이다. 로빈슨 위원회는 1980년대 후반에 고등교육 학습자 수가 70만 명에 이를 것으로 예측하고, 대학 교육의 확대를 위해 일정 수준 이상의 고등교육기관들을 대학으로 승격시켰다. 고등교육이 확대되면서 대학의 성인교육도 확대되었다. 성인교육학부의 전임 자리가 늘어나 아사 브릭스(Asa Briggs), 에드워드 톰슨(Edward Thompson), 레이먼드 윌리엄스(Raymond Williams), 리처드 호가트(Richard Hoggart)[4] 등 의욕적이고 뛰어난 젊은 교육자들이 적극 참여하였다. 대학의 성인교육 전임 교수가 1945-6년에 83명에서 1951-2년에는 244명으로 늘어났다. 옥스퍼드대는 1946년에 7명의 전임을 새로 채용하였다. 새로운 직업 관련 강좌가 기술 및 전문직 분야 중심으로 늘어났다. 노동 교육 협회의 학생층과는 다르게 단기 프로그램 참가자들은 전문직 분야의 학생들이다. 새로운 자격증에 대한 사회적 요구가 늘어나면서 1950년대 초에는 케임브리지, 레스터, 리즈대 등에서 '수료증(extension certificates)'을 발급했다. 단기 과정들이 늘어나면서 대학 성인교육이 확대되었지만, 노동자의 대학 교육 기회가 축소되고, 학업성취 수준이 저하되었다. 또한 대학 성인교육의 중심이 노동자의 교육을 통해 사회변화를 추구하는 것보다는 기술 전문직업의 시험과 자격 획득을 지향하는 방향으로 변질되었다.

---

4 브릭스와 윌리엄스보다 3살 많은 리처드 호가트가 두 사람에게 많은 영향을 주었다. 호가트는 어린 시절에 부모를 여의고, 두 동생과 함께 할머니 밑에서 자랐다. 그는 리즈의 빈민가에서 보낸 어린 시절의 경험에 근거해 『교양의 효용, 1957』을 통해 노동계급에 대한 매스미디어의 부정적 영향을 서술하였다. 호가트는 윌리엄스와 함께 문화비평과 사회과학의 결합을 강조하면서 문화연구의 토대를 세운 사람이다. 두 사람은 1960년 로렌스(David Herbert Lawrence, 1885-1930)의 『채털리 부인의 사랑, Lady Chatterleys Love』에 관한 음란 재판에서 그 작품을 변호하는 증언을 통하여 책이 출간되게 하였다. 1962년 버밍엄대학의 영문학 교수가 된 호가트는 1964년 현대문화연구소(Center for Contemporary Cultural Studies, CCCS)를 설립하여 1969년까지 소장을 지내면서 버밍엄대학이 문화연구의 산실이 되게 하였다. 그가 스튜어트 홀을 선임연구원으로 임명하는 등 후배 양성에도 힘을 기울였다. 이후 골드스미스 런던대학교에서 재직하다 은퇴하고 2014년에 사망하였다. 골드스미스 대학은 그를 기리는 학교 본관을 '리처드 호가트 빌딩(Richard Hoggart Building)'이라 명명하였다(강준만, 2017, 270-283).

영국의 1930-40년대 성인교육이 대중 미디어를 진지하게 다루게 된 계기였다. 윌리엄스는 '문화연구의 시작은 1950년대 말이 아니라, 1940년대 중반 성인교육부터 시작'하였다고 하였다. 2차대전 전후에 시도되었던 성인교육은 문화를 통한 노동계급의 삶을 향상하는 일종의 문화연구 프로젝트였다. 브릭스는 1950년대에 성인교육에 핵심적인 역할을 하였고, 성인교육 협회의 회장을 역임하였다(O'Malley, 2002). 브릭스는 마르크스주의자는 아니지만, 노동계급의 계몽을 위해 노력하였다. 브릭스는 톰슨이나 윌리엄스와는 달리 노동계급뿐만 아니라 일반 성인들의 학습 능력 강화라는 사명감으로 성인교육을 하였고, 노동자 교육협회에서 평생 봉사하였다. 특히, 대학에서의 성인교육을 강화하여 대학과 성인교육을 연결하고 재정적 어려움을 해소하도록 하였다. 또한 노동자 교육협회의 활동을 영국과 유럽뿐만 아니라 호주 등지에도 지부를 건설하여 국제화에 힘썼다. 노동자 교육협회의 브랜드를 바꾸고 구조도 개혁하고 새로운 커리큘럼을 만들었다. 특히 새로운 사회 질서라는 제목의 새로운 학습 개요 시리즈를 통해 과학, 표준 예술 및 사회 과학 제공과 함께 실용 및 직업 과목에 중점을 두었다. 이는 결국 서식스 대학의 커리큘럼 개정과 개방대학의 신설로 이어져 대학의 전문교육과 일반인 대상의 성인교육의 격차를 해소하고자 하였다. 이들은 성인교육 운동을 통하여 대중문화의 중요성을 깨닫게 되었다. 영화와 TV의 시대가 인쇄매체를 대체하면서 평범한 사람들의 계몽이 활성화되었다.

브릭스와 윌리엄스는 주변부 출신의 지식인으로 지역공동체와 노동계급의 향상을 위해 학문적, 실천적 활동을 하였다. 브릭스는 지역과 제도권으로부터 많은 도움을 받으면서 대학과 지역의 개혁을 위해 노력을 하였다. 윌리엄스는 성인교육을 통해 지역과 사회를 바꾸고자 노력하였다. 특히 성인교육에서 노동자들은 기존의 커리큘럼에 의문을 제기하면서 자신들이 알고 싶어 하는 것을 중심으로 이야기해달라고 요구하였다. 이러한 요구에 부응하여 성인교육은 미디어와 대중문화를 중심으로 이루어졌다(강준만, 2017).

옥스퍼드 대학은 1800년대 말의 대학확장운동을 중심으로 성인교육을 적극적으로 추진하였다. 브릭스와 윌리엄스 두 사람은 1921년 동갑으로 케임브리지 역사학과와 영문학과를 졸업하였다. 2차대전 이후 공교롭게도 두 사람 모두 옥스퍼드 대학의 성인교육과 인연을 맺었다. 브릭스는 1945년 옥스퍼드 우스터 대학에서 연구원이 되었고, 1950년에 사회 및 경제사 강사가 되었다. 대학 강의 및 연구와 함께 옥스퍼드 대학 성인교육학부 대표단의 일원으로 성인교육을 병행하였다. 윌리엄스가 성인교육에 관여한 것은 학생 시절부터이다. 1945-46년에 그는 케임브리지의 노동교육협회 지부 총무였던 프랭크 자크를 통하여 〈1800년 이후의 소설〉이라는 수업을 맡았다. 수업에는 3명의 학생만 출석하여 다른 수업과 합쳐졌다. 졸업 후 윌리엄스는 둘째 아이의 출산이 임박하면서 보다 안정적인 일자리를 찾았다. 1946년 공개모집을 통해 문학을 가르치는 강사가 되었다.

윌리엄스도 이차대전 직후인 1946년부터 옥스퍼드 대학과 연계된 성인교육을 하였다. 1946년 윌리엄스는 옥스퍼드 성인교육의 강사가 되었다. 상당수의 마르크스주의자 또는 신좌파들이 대학의 성인교육을 진보적 사회변화를 촉진하는 매개체로 간주하여 적극적으로 참여하였다. 1947년에 옥스퍼드 대학이 고용한 30명의 전임 강사진에서 9명이 공산주의자이거나 마르크스주의자였다. 옥스퍼드 대학 성인교육단 단장인 임명된 토마스 호지킨(Thomas Hodgkin)도 공산당원이었다. 호지킨은 성인교육을 통해 마르크스주의를 전파하려는 공산당의 음모를 실행하고 있다는 의심을 받기도 하였다. 1940년대 말 케임브리지 대학을 졸업한 후 윌리엄스는 잉글랜드 남부에서 비정규 일반인 강좌를 가르치면서 노동자 교육협회와도 긴밀한 관계를 맺게 된다. 1946년 대학을 졸업하고 1960년까지 옥스퍼드 대학 부설 이스트 서식스 평생교육원에서 노동자 성인들을 대상으로 강의하였다. 문화연구는 일종의 대중 교육이자 노동계급 교육이었다. 윌리엄스는 자신의 문학 분야를 가르쳤고 정치적 이슈도 다루었다. 윌리엄스는 소설을 쓰고, 문화와 학습으로부터 단절된 노동자들을 교육하였다. 1946년에 둘째가 태어나면서 연봉 400파운드의 옥스퍼드 대학의 성인교육 교사를 지원했다. 일주일에 3~4회 야간에 강의하고, 나머지 시간을 글쓰기에 전념할 수 있었다.

> 윌리엄스는 이스트 서식스의 성인교육 교사로서 저녁 성인반에서 문학을 가르쳤다. 윌리엄스는 아내 및 두 아이와 함께 바닷가 마을로 갔다. 그들은 바다가 내려다보이는 마을 위쪽의 1층 아파트를 빌렸다. 넓은 창문이 있는 멋진 큰 거실이 있었지만, 중앙난방 시설이 없었고, 석탄 부족으로 부부가 오븐에서 아기들의 빨래를 말려야 할 정도로 지옥처럼 추웠다고 한다. 차가 없었고, 연료를 배급받았다. 윌리엄스는 새벽 4시 반쯤에 집을 나섰다. 낡은 버스나 허름한 기차를 타고, 무거운 책 상자를 수레에 싣고 마을회관, 학교 교실, 지역 도서관 뒤편, 교회 현관 별관, 때로는 누군가의 거실로 가서 주민들과 율리시즈나 푸치니, 사회주의의 미래 또는 신문의 역사에 대해

이야기를 나누었다. 광부들과 D.H. 로렌스를, 건물 노동자들과 논쟁 방법을, 젊은 노조원들과 신문을, 훈련하는 실습생과 텔레비전을 토론했다. 가르친 만큼 배운 것도 많았다(Inglis, 2014, 110-120).

윌리엄스는 전쟁 직후의 어려운 여건 속에서 케임브리지와는 떨어진 시골 지역인 이스트 서식스에서 고립된 생활을 하였다. 1948년 윌리엄스는 정치 활동에서 물러나 더 이상 신문을 읽거나 뉴스를 듣지 않고 글쓰기에 몰두했다. 1961년 케임브리지 대학에서 전임강사를 시작하면서 성인교육을 그만두었다. 윌리엄스는 1960년대 초에 노동계급 교육으로서의 성인교육 활동에 의문을 제시하였다. 성인교육은 일반 대중에게 대학 수준의 교육을 제공하여 그들의 처우 개선에 도움을 줄 것을 목표로 하는 '평생교육'으로 변질되었다는 것이다. 성인교육 프로그램이 초급관리자들을 대상으로 하는 기숙형 칼리지(college)로 변모하면서 다른 성격을 띠게 되었다. 그는 노동자 교육협회와 연계된 성인교육 활동에 대해 '인문 교양에 기초한 개방형 노동자 교육이 대학에 의해 통제되면서 순수한 노동계급교육이 어려웠다'고 하였다. 윌리엄스는 16년 동안의 성인교육 활동을 그만두고, 케임브리지 대학으로 이직하였다.

5. 접경지역(border country)의 경계인, 윌리엄스

윌리엄스는 성인교육의 변질에 회의를 느끼면서 대학교수로 전환하였다. 그는 성인교육에 지쳐있었다. 1955년부터 서식스에서 상주

강사(또는 감독관)로 일한 윌리엄스는 프로그램 기획, 방문 수업, 강사 연수, 지역 당국, 학교, 도서관, WEA 지부와의 연락, 옥스퍼드에 있는 대표단과의 연결 등 많은 책임을 맡았다. 또한 튜터 수업 위원회에서 대표를 맡기도 했다. 특히, 1960년에 옥스퍼드 레지던트 튜터로 임명되면서 부담은 가중되었다.

1960년대는 윌리엄스에게 생산적인 시기였다. 그의 인생에서 가장 바빴고, 공개적이었으며, 행복했던 시기였다. 책들이 인기리에 판매되면서 경제적인 안정은 물론이고, 좌파 계열의 스타가 되었다. 『문화와 사회』는 국내뿐만 아니라 독일, 미국에서도 인기를 끌었다. 미국에서는 첫해에 2,000부의 하드커버가 판매되었고, 20,000부의 문고판으로 미국 인쇄를 계약했다. 1961년에 케임브리지 대학에서 전임강사로 시작하여, 1967년에 조교수(Reader), 1974년에 영문학(연극학 전공) 교수가 되었다. 1960년대에 집권한 노동당 정부를 지지하였으나, 변질에 실망하여 1966년 노동당을 탈퇴하였다.

> 케임브리지에서 윌리엄스는 지적인 측면에서 중심에 있는 것처럼 보였지만, 사람들은 주변부적이고 부적절한 인물로 생각했죠. 그들은 윌리엄스가 무슨 일을 하는지 실제로는 알지 못했고, 고립되어 있었죠. 그는 고립에 익숙하고 주변에 우리 몇몇이 있었던 것만으로 연구를 계속하기에 충분했어요(Eagleton. & Beaumont, 2009, 90-91).

윌리엄스는 케임브리지 대학의 교수가 되고, 신좌파의 정신적 지주가 되었지만, 여전히 주변부 인물이었다. 학과의 중심이었던 리비스가 퇴임하고, 윌리엄스가 좌파 지식인과 학생들의 정신적 지주였지만, 그는 여전히 웨일스 시골 출신의 소박하고 겸손한 사람이었다. 상류계층의 동료 교수 사이에서도 그는 냉정하고, 인내하는 사람이었다.

> 그는 회의가 끝없이 길어지는 불명예스러운 투쟁의 현장이었던 시기에 학과장이었습니다. 그 지루하고 화려한 싸움을 주재하는 것은 고통스러웠을 것입니다. 그러나 그는 인내심과 화해의 눈으로 지켜보았습니다. 윌리엄스는 갈등의 지점을 넘어 동지애가 가능한 인간적 만남의 교차점을 향해 차분하고 유머러스하게 대화하려는 그의 결단력을 회상했습니다. 학과의 회의에서 벌어진 '화려한 난투극'은 개인의 이기주의가 불행하게 결합한 것이 아니라, 그 남성과 극소수의 여성을 같은 공간으로 끌어들인 문화와 정치가 만들어 낸 비뚤어진 결과물이었습니다(동료 교수인 프랭크 커모드(Frank Kermode)의 추모사).

1969년에 방송개혁을 요구하는 저널리스트들과 방송인 모임인 자유 커뮤니케이션그룹(Free Communication Group)[5]을 지지하였다. 콜롬비

---

5 방송이 그들의 견해를 제대로 반영하지 못하였고, 방송과 권력이 유착되었으며, 선출되지 않은 언론 권력의 행사 등에 대해 시민단체와 학계 그리고 방송 현장과 정치인들로부터 많은 비판이 쏟아졌다. 대표적인 미디어 개혁단체인 자유 커뮤니케이션 그룹(Free Communication Group, FCG)은 1968년에 결성되었다. FCG는 〈Open Secret〉 1호에서 상업방송 LWT의 면허신청서를 공개하여 많은 반향을 불러일으켰다. FCG는 상업방송 비판 이후 가입자가 700명으로 늘어나고 어느 정도 재정도 충당되었다. FCG는 미디어 개혁을 갈망하는 저널리스트, 프로그램과 영화제작자들의 주요한 포럼이었다(Darlow, 2004, 57-64).

아 대학의 에드워드 사이드가 초청하였지만, 베트남 전쟁 반대로 거절하였다. 여러 대학의 초청에도 불구하고, 윌리엄스는 1972년 말에는 스탠퍼드 대학 정치학과 객원교수로 초빙되어 미국 방송을 관찰하였다. BBC 비평과 미국 생활을 토대로 1974년에 『텔레비전, Television』을 출간하였다. 윌리엄스는 본인이 지지하였던 노동당이 자신을 배제한 것에 대해 불만을 토로하였다. 이는 은퇴한 1980년대까지 마찬가지였다. 노동당의 예술부 장관 휴 젠킨스(Hugh Jenkins, 1908-2004)[6]의 추천을 받아 1976년부터 1978년까지 3년간 예술위원회 위원으로 활동하였다. 그는 위원회 운영을 예술가들에게 맡김으로써 국민의 돈으로 예술이 국민에게 다가갈 수 있게 해야 한다고 하였다. 예술위원회 위원이 윌리엄스의 유일한 정부 활동이었다. 오랫동안 함께 하였던 윌리엄스와 스튜어트 홀은 말년에는 자주 만나지 못했다. 하지만 두 사람 모두 신자유주의 득세와 노동당의 자멸 원인과 대안을 모색하였다. 홀은 이를 대처의 권위주의에서 찾았다. 잔인한 정부가 이성적 이해와는 거리가 먼 증오의 대상과 열망의 구호에 폭력적 감정을 부여하였다는 것이다. 윌리엄스는 홀과는 다르게 '이

---

6 휴 젠킨스는 영국의 노동당 정치인이다. 1974년부터 1976년까지 예술부 장관을, 1979년부터 1981년까지 핵 군축 운동(CND) 의장을 역임했다. 정치인으로는 특이하게 고졸이며 푸르덴셜 직원협회(Prudential Assurance, 전국은행노조 등을 통해서 정치에 입문하였다. 급진좌파와 핵 군축 운동으로 보수당 우파의 견제를 받았다. 군 복무 시절 버마 정부에 파견되어 랑군 라디오(Rangoon Radio)의 영어 프로그램을 담당하였는데, 버마 민족주의자들의 지도자인 아웅 산(Aung San)에게 방송 시간을 주었고, 이로 인해 영국 정보부의 블랙 리스트에 올랐다. 이로 인해 1947년 영국으로 돌아왔을 때 BBC에 취직하려는 그의 시도를 막았다. 예술평의회를 민주화하고, 자금 지원을 늘리려고 할 때에는 당에서도 견제를 받았다. 박물관 요금을 폐지하고, 공공 지원을 늘리는 개혁을 하였다〈The Guardian. Jan. 2004〉.

동적 사유화(mobile privatization)'라는 개념을 제시하였다. 그는 '사회적 존재'로서 적절한 임금을 받는 사람들이 이동의 자유와 만족을 누리고, 이동 중에도 아닌 것처럼, 사적으로 누릴 수 있는 진정한 이동의 자유가 노동 조건과 임금에 의해 결정되는 현대인의 의식을 스케치했다. 자동차, 저렴하고 접근하기 쉬운 패션, 휴대용 음악과 비디오, 전 세계적인 휴가, DIY, 끝없는 재교육 등 새로운 사회적 관계 속에서 새로운 종류의 사람이 창출되었다. 새로운 사회주의가 이 유동적인 정체성과 자신을 일치시키고 사회적 공간의 공백, 시민적 감수성, 상호성, 자연스러운 의무와 책임의 공백을 이해하고 느낄 수 있는 언어로 채우지 못한다면, 사회주의는 훨씬 더 많은 것을 위험에 빠뜨릴 것이라고 경고하였다(Inglis, 2014, 265).

1979년에는 시민단체인 언론자유 캠페인(Campaign for Press and Broadcasting Freedom, CPBF)[7]의 설립 후원자였다. 1983년에 케임브리지 대학에서 퇴직하면서 연구 활동에 전념하였다. 그는 저술 및 강연 활동 외에도 성인교육, 반핵운동, 신좌파 운동, 평화운동 등 다양한 활동에 적극 개입하여 20세기 영국의 '마지막 공적 지식인(the last public intellectual)'이라는 평가를 받았다. 1983년에 대학에서 은퇴하고 평화

---

7 1979년에 시민언론단체인 언론자유 캠페인(CPBF)이 결성되었다. 1986년에 900명의 개인회원과 472개의 연맹 조직을 가지게 되었다. 제임스 커런(James Curran)과 톰 오맬리(Tom O'Malley) 교수가 적극 참여하였다. 1980년대 중반에 초점을 신문에서 방송으로 옮겼다. 신문은 파업으로 인해 활동력을 상실하였다. 피코크 리포트와 칙허장 갱신에서 적극적으로 의견을 개진하였다. CPBF는 70년대에 공영방송의 이데올로기를 비판하였지만, 대처 정부의 공영방송 탄압에 맞서서 공영방송을 절대적으로 지지하였다. 1980년대에 우파가 CPBF를 집요하게 공격하였다. 재정난으로 2018년에 문을 닫았다(Hackett, & Carroll, 2006, 110-127).

및 반핵운동과 집필 활동 전념하였다. 윌리엄스는 여러 편의 소설을 출간해 비평계의 호의적 반응을 얻기는 하였으나 극찬을 받을 정도에는 미치지 못하였다. 문학가로서의 면모보다는 문학 텍스트를 꼼꼼하게 읽는 전통을 계승하여 문화와 사회구조에 적용하는 귀납적 분석 과정을 통하여 문화 및 미디어 연구자로서 널리 알려져 있다. 윌리엄스는 영국 좌파의 정신적 지주였지만, 정작 노동당으로부터는 그리 환대받지 못하였다. 윌리엄스는 1988년 갑작스러운 심장마비로 사망하였다.

세계적인 지성들이 그의 죽음을 애도하며, 추모사를 보냈다. 그는 사후에 진보적 지식인들에 의해 '20세기 영국문화의 탁월한 지식인' '지적 도덕적 시금석' 등으로 높은 평가를 받았다. 윌리엄스의 제자이자, 한때 윌리엄스를 가장 신랄하게 비판하였던 테리 이글턴은 '상대적으로 조야했던 문화연구를 풍부하게 변모시켜 영국의 지적, 정치적 지도를 바꾼 사람'이자 '웨일스 노동계급 출신으로 특정 학파나 정파에 소속되지 않은 경계인'으로 평가하였다(김양순, 2008, 155-157). 윌리엄스의 사후 1년 뒤인 1989년에 레이먼드 윌리엄스 협회(나중에 레이먼드 윌리엄스 재단이 됨)가 결성되어 세미나와 프로젝트 등을 개최하고 있다. 특히, 재단이 발행하는 연간 간행물 〈Keywords〉는 윌리엄스의 지적 유산을 계승하고 확산하는 데 중추적 역할을 하였다.

• 제 5 장 •

윌리엄스의 미디어 개혁과 유산

1. 미디어 개혁의 정신적 지주

윌리엄스가 주로 활동하였던 1960년대는 '변화와 개혁의 시기'였다. 베트남 반전운동, 1968년 프랑스 학생운동과 파업의 영향으로 여성, 환경 운동이 활발하게 전개되었다. 프랑스에서 촉발되어 유럽과 미국으로 번진 68혁명이 독일 사회에 끼친 영향을 김누리는 다음과 같이 표현하였다.

> 오늘의 독일은 68세대의 작품이다. 부조리한 세계, 억압적인 사회를 근본적으로 변혁하고자 했던 68혁명의 소용돌이 속에서 성장한 세대가 오늘의 독일을 만든 것이다. 68세대는 나치 전력을 가진 자가 수상이 되는 파렴치한 나라를 철저한 '과거청산의 나라'로 바꾸어 놓았고, '라인강의 기적' 속에 사회적 불평등이 깊어진 나라를 모범적인 복지국가로 변화시켰으며, 사회의 모든 영역에서 민주주의를 '감행'함으로써 풀뿌리 민주주의를 정착시켰고, 동서독의 오랜 적대를 허물고 평화의 시대를 열어젖힌 동방정책을 발전시켰다. 한마

디로, 68세대는 '새로운 독일'을 탄생시켰다. 68세대의 지지에 힘입어 전후 최초로 정권교체에 성공한 브란트 정부는 68세대의 꿈을 현실로 옮겼다. '경쟁은 야만'이라는 철학 아래 경쟁을 금하고 아이들에게 자유와 행복감을 만끽하게 하는 학교, 학비가 없을 뿐만 아니라 '연구보수'라는 명목으로 생활비까지 주는 대학, 자전거를 타고 다니는 검소하고 유능한 의원들로 채워진 연방의회, 노동자들이 이사회의 절반을 차지하는 기업, 100만 난민을 받아들이는 성숙한 시민사회. 이것이 68세대가 만들어 낸 독일이다(한겨레신문. 2019. 5. 5).

68세대는 억압적 권위주의를 청산하고, 평범한 사람들도 동등한 권리를 누리는 '제2의 프랑스 혁명'을 일으켰다. 68혁명은 미디어에도 많은 변화를 가져왔다. 1960년대 초반까지 고품질의 프로그램으로 사람들을 계몽하였던 BBC는 '선출되지 않은 권력의 오만방자함'으로 바뀌었다. 방송이 권력과 유착되어 시민의 의견을 반영하지 못하고, 선출되지 않은 권력을 무절제하게 행사한다는 것이다. 미디어 학자, 방송현업자와 정치인들이 미디어 개혁을 요구하였고, 이들의 정신적 지주는 레이먼드 윌리엄스였다.

윌리엄스의 저작은 1979년까지 75만부 이상이 판매되었다. 이 책들로 인해 문화와 미디어에 대한 비판적 사고가 주류적인 담론이 되었다. 엘리트 청년들이 영화와 BBC에 입사하여 미디어 개혁의 꿈을 이루고자 하는 지침서가 되었다.

1960년대에 방송국은 진보적인 꿈을 실현하는 곳이었다. BBC와 ITV는 소수의 옥스브리지 출신과 사업가들이 장악하고 있었다. 사

> 회에서 요구하는 시각을 제공하지 못하였으며, 우리는 다양한 사상이 실현되는 참여적 접근과 민주적인 커뮤니케이션을 추구하였다. 68 혁명 세대는 혁명 사회에서 민중문화(popular culture)의 중심성에 초점을 맞춘 레이먼드 윌리엄스의 저작에 고무되어 영국영화에 신선한 미학적, 정치적 관심을 부여하였다. 할리우드와 상업영화에 잠식된 영국영화를 개혁하기 위해 노력하였다. 1963년 일간지에 신생 BBC 2채널에 대해 구인 광고가 나갔다. 1만 명 이상이 광고에 호응하였고, 6천 명 이상이 지원하였다. BBC는 700명 정도를 인터뷰하였고, 400명 이상이 입사하였다. 이들은 BBC에서 방송의 목적에 대해 지속적인 토론을 할 만큼 열정에 차 있었다. 이들은 윌리엄스의 문화와 사상에 영향을 받았다. 윌리엄스는 유럽의 다른 곳과는 달리 BBC가 국가의 감독을 받지 않는 비상업적 공공서비스 제도라는 점을 강조하였다. 수많은 젊은이와 급진주의자들이 공동체의 꿈을 실현하기 위해 그린이 이끄는 BBC에 입사하였다(Darlow, 2004, 11-21).

특히, 윌리엄스의 『커뮤니케이션스』는 엘리트들의 BBC 입사에 큰 영향을 미쳤다. 1960년대에 대학을 졸업하고 사회생활을 시작한 68세대는 윌리엄스의 이념을 실현하기 위해 저널, 영화 및 TV에 종사하였다. 니콜라스 간햄(Nicholas Garnham), 빈센트 포터(Vincent Porter, 1939-2022)[1], 제임스 커런(James Curran), 콜린 스팍스(Colin Sparks), 리차드 콜린스(Richard Collins), 스티븐 바넷(Steven Barnett), 진 시튼(Jean

---

1 영국의 다큐 영화제작자 겸 에딘버러 대학 교수, 중하층 계급 출신으로 옥스퍼드대학(Queen's College)를 졸업하고 Shell 필름에서 다큐 영화제작자로 활동했다.

Seaton) 등 1960년대에 대학을 졸업한 청년 엘리트들은 영화와 TV를 민주주의 진보의 매개체로 인식하여 미디어 개혁을 주도하였다. 이들은 런던 중부의 폴리테크닉에서 개혁 활동을 시작하였다. 간햄은 진보적 미디어학자와 활동가를 양성하기 위해 1974년에 폴리테크닉 대학 미디어학부를 창설하였고, 1986년에 커뮤니케이션 미디어연구소(CAMRI)를 설립하였다. 간햄은 구조주의자들이 중심이 된 〈스크린, Screen〉의 편집진을 탈퇴하고, 〈미디어, 문화와 사회, Media, Culture and Society〉 저널을 만들었다. 이 저널에는 커런, 스캐널, 스팍스, 콜린스 등이 관여하였다. 이들은 홀의 구조주의를 반대하고, 윌리엄스의 문화적 유물론을 계승하였다. 이들은 미디어 정치경제학자 간햄을 중심으로 결성된 진보적 미디어 학자 그룹으로 커런에 의해 웨스트민스터 학파(westminster school)[2]로 불리었다.

간햄은 윌리엄스의 케임브리지 대학(Trinity college) 영문학과 16년 후배이다. 그는 대학 시절 리비스, 호가트, 윌리엄스의 책을 읽고 BBC에 입사하였다(Garnham, 2005, 469-476). 커런은 윌리엄스가 기고하였던 〈신사회주의자, New Socialist〉 편집자 출신으로 1960년대부터 시민단체와 노동당에서 미디어 개혁운동을 하였다. 1979년에 영국의 대표적인 미디어 개혁단체인 언론자유 캠페인(Campaign for Press and Broadcasting Freedom, CPBF)[3] 설립을 주도하였다. 이후 골드스미스

---

2 정식 명칭은 런던중부폴리테크닉대학(Polytecnic of Central London, PCL)인데, 1992년에 종합대학인 웨스트민스터 대학으로 승격하였다. 웨스트민스터 학파라는 이름은 우리에게 진보적 미디어학자로 널리 알려진 커런(Curran, 2004, 13-15)이 홀을 중심으로 하는 버밍엄학파(Birmingham School)와 비교하면서 처음 사용하였다.

3 1979년 총선에서 노동당이 보수당에 참패한 원인이 신문의 왜곡, 가짜뉴스 때문이

대학으로 옮겨 미디어 역사 및 개혁론에 집중하였고, 시튼과 함께 펴낸 『책임지지 않는 권력, Power without responsibility, 1985』은 언론학의 교과서가 되었다. 이후 시튼은 브릭스에 이어 2대 BBC 공식 역사가가 되었다. 이외에도 웨스트민스터 대학의 미디어학부에서 교수로 재직하면서 공영방송의 사회문화사를 연구한 스캐널과 지구적 공론장을 주장한 스팍스(Sparks, 1998)는 공영방송 공론장을 뒷받침하였다. 콜린스(Collins, 2002)는 저널의 편집인으로 활동하면서 간햄의 공영방송 공론장에 대해 비판하였다. 포터도 웨스트민스터 대학의 교수로 재직하면서 진보적 시민단체인 시청자연합(Voice of the Listeners & Viewers Association, VLV)에서 중심 역할을 하였다. 그는 영화를 중심으로 미디어 역사를 연구하였다(Spicer, 2023, 119-128).

윌리엄스는 웨스트민스터 미디어 학파의 이념적 토대를 제공하였다. 윌리엄스는 미디어 중심주의를 벗어나 미디어와 사회 그리고 문화의 관계를 조망하는 방법을 일깨웠다. 커뮤니케이션을 사회의 분해할 수 없는 한 가지 요소로 간주하면서 정치경제학과 문화연구의 이분법적 사고방식을 벗어날 수 있는 대안을 제시하였다. 특히 그는 미디어의 불평등한 권력관계를 분석하고 해방적 가능성을 모색하여 이론과 역사의 분리, 이론 중심주의에서 벗어날 수 있게 해준다. 또한 사회개혁에서 미디어와 문화를 통한 개혁의 중요성을 강조하였다. 정치와 경제 위주의 역사관에서 벗어나 미디어와 문화를 통한 문

라고 규정하고, 이에 대응하기 위해 노동당, 전국노동조합(TUC)과 커런, 오맬리같은 진보적 미디어 학자들이 함께 결성하였다. 처음에는 반론권 제기를 중심으로 신문에 한정되었으나, 방송 영역으로 확장하였고, 2018년에 재정난으로 문을 닫았다.

화민주주의를 제시하였다. 웨스트민스터 학파의 미디어 개혁론은 1970년대 마르크스주의 입장을 벗어나 1980년대 대처의 신자유주의에 맞서 수정주의 혹은 급진주의 입장을 채택하였다. 이들은 국가가 민주적 개혁을 촉진하고 규제된 시장을 통해 공영방송 중심의 미디어 다원주의를 보장해야 한다고 주장한다.

2. '공통 문화(common culture)'와 민주적 커뮤니케이션 제도

윌리엄스는 영문학자와 문화연구자로 널리 알려져 있다. 그는 소설과 문학비평을 하였지만, 문학 작가에 그치지 않았다. 그 시대의 엘리트 청년들이 그러하듯, 노동자들을 대상으로 하는 성인교육에 청춘을 바쳤다. 지역의 노동자나 고등교육을 받지 못한 성인들을 교육하여 이들의 삶이 나아지기를 기대하였다. 이들이 물질뿐만 아니라 문화적으로도 잘 사는 사회를 기대한 것이다. 교육받지 못하고 열악한 삶을 사는 이들에게 가장 좋은 교육수단은 신문이나 방송, 소설 같은 대중문학 작품이었다. 이를 통해 대중 매체의 중요성을 인식하게 되었고, '문화는 일상적'이라는 깨달음을 얻으면서 문화와 미디어 연구를 하였다. 윌리엄스는 문학에서 문화와 미디어로 연구 범위를 확장하였다.

그는 1950년대 말에서 1960년대 초에 문학사의 형식으로 산업자본주의에 대한 비판을 담은 『문화와 사회』와 『기나긴 혁명』을 출판하였다. 윌리엄스는 대중문화의 조작성과 천박성을 제거한 '공통 문화(common culture)'의 필요성을 제기했다. 커뮤니케이션의 창의성을 유지하기 위해 참여의 공통 문화가 필요하다는 것이었다. 모든 계급의 사람들이 참여할 수 있는 공통 문화의 가능성에 대해 모색하였다. 문화주의는 역사와 이데올로기에 저항하는 인간의 능력을 신뢰한다. 진보적인 인간의 노력으로 역사의 진로에 영향을 미칠 수 있다는 것이다. 윌리엄스는 사회의 문화에 대해서는 관념론자였으며, 문화 내에서의 실천에 대해서는 유물론자였다. 그는 역사적 탐구와 이론적 분석은 분리될 수 없다고 하였다. 그에게 이론은 곧 역사였다. 역사를 쓰는 과정을 건너뛰어 구조주의자들이 주장하는 것처럼 '이론적 실천'이라는 지름길은 없다는 것이 그의 믿음이었다(강준만, 2017, 275).

『기나긴 혁명』은 영국 사회에서 수백 년에 걸쳐 이루어진 문화적 변화와 구체적인 방식에 대하여 저술하였다. 이 책은 3부로 구성되어 있다. 1부에서는 문화와 창조성의 개념 및 개인과 사회를 분석하는 새로운 방법론을 제시함으로써 문화연구의 기초를 제공한다. 2부에서는 대중언론의 역사적 변천 과정을 분석하여 신문의 경제적 토대가 상업적인 중산계급이라고 하였다. 제3부에서는 상업신문의 변화를 설명하면서 제작자와 지역에 의한 미디어 생산과 배급을 대안으로 제시하였다. 공공 당국을 통해 배급의 기술적인 수단을 확보할 수 있는 전문 제작사들의 설립을 장려하는 정책이 필요하다는 것이다.

윌리엄스는 미디어 개혁을 통한 주체의 계몽과 기나긴 문화혁명을 제시하였다. 매체에 의해 조정당하는 매스미디어 개념을 거부하고 평범한 사람들에 의한 공통 문화(common culture)와 지역공동체와 생산자들이 통제하는 민주적 미디어 제도를 수립할 것을 제안하였다. 윌리엄스는 커뮤니케이션의 중요성을 다음과 같이 설명하였다.

> 우리는 커뮤니케이션을 부차적인 것으로 간주하는 어리석음을 범해왔다. 사람들은 현실이 우선 있고, 현실에 관한 커뮤니케이션이 다음에 있다고 여기는 것 같다. 우리는 예술과 공부를 이차적인 활동으로 간주함으로써 얕잡아 본다. 우선 인생이 있고 인생에 관한 이야기가 있을 수 있다는 식이다. …공부하고 묘사하고 이해하고 교육하는 노력은 우리의 인간성에 중심적이고 필요한 부분이다. 이러한 노력은 현실이 일어난 후에 이차적인 것으로 시작된 게 아니다. 그것은 그 자체로서 현실이 계속 형성되고 변화될 수 있게 하는 중요한 방법이다. 우리가 사회라고 부르는 것은 정치적이고 경제적인 배열의 네트워크일 뿐만 아니라 배움과 커뮤니케이션의 과정이다 (Williams, 1962, 11).

윌리엄스는 권위주의, 공산주의, 자유주의, 사회적 책임주의의 언론의 4 이론이 설립자의 의도를 강조한 냉전체제의 산물이라고 비판하였다. 언론 4 이론은 미디어의 지배적 가치체계를 만든 설립자의 의도를 강조하였다. 하지만, 윌리엄스는 신문과 같은 문화 형태는 구체적인 역사적 생산과 관련해서 이해되어야 한다는 것이다. 그는 시청자와 미디어 노동자 중심의 역사관을 강조하였다. 미디어의 역사성을 중심으로 권위주의, 가부장주의, 상업주의, 민주적 미디어 체제로 구분하였다. 권위주의(authoritarian)는 소수가 지배하는 사회를 위해 미디어가 존재하는 것이다. 과거 영국이나 전체주의 국가에서 볼 수 있다. 가부장주의(paternal)는 도덕을 지닌 권위주의 체제이다. 소수가 판단하는 방식으로 다수의 발전을 지향하는 미디어 체제이다. 통제자들은 자신들을 보호자로 규정한다. 상업주의(commercial)는 미디어 자유를 보장하기도 하지만, 대규모 자본을 가진 소수 그룹이 미디어를 통제한다. 윌리엄스는 대안으로 민주적 미디어 체제를 제안하였다.

민주적(democratic) 미디어는 쌍방향과 생산자 중심의 미디어 체제이다. 윌리엄스에게 민주적 커뮤니케이션은 협동적 배급을 기반으로 한다. 이러한 미디어 시스템은 발언의 자유와 수신 대상의 자유로운 선택에 기반을 두고 있으며 '참여와 공동 토론의 수단'이다. 그는 공공서비스 미디어, 문화 협동조합, 지역 미디어를 결합한 '문화민주주의'를 주장한다. 이러한 민주주의는 '새로운 종류의 공동체적, 협동적, 집단적 제도'를 수립한다. 커뮤니케이션 및 문화 생산수단의 공공소유와 그 사용을 스스로 관리하는 집단에 임대하여 정치적 의견의 다양성을 최대한 확보하고 관료적 통제를 방지한다. 공공서비스라는 개념은 공공 독점이라는 개념과 분리되어야 하지만 진정한 의미에서 공공서비스로 남아있어야 한다.

윌리엄스의 민주적 커뮤니케이션 체제는 '공통 문화(common culture)'와 같이 현실에서 구현된 적이 없는 규범이다. 노동자의 의식에 막대한 영향을 미치는 대중문화에 대한 민주적 통제의 중요성을 강조하였다. 윌리엄스는 대중문화의 부정적 표현 방식을 극복하기 위해 공통 문화를 주장하였다. 계층이나 계급의 문화 자체가 다르다고 할 정도로 신분사회 성격을 지닌 영국 사회에서 윌리엄스는 사회의 분열상을 치유하기 위해 공통의 문화(common culture)의 필요성과 중요성을 주창하였다(이승렬, 2007). 윌리엄스의 민주적 커뮤니케이션 및 공통 문화는 위르겐 하버마스의 미디어 공론장 및 이상적 대화 상황(ideal speech situation)과 유사하다. 이들은 경제적 마르크스주의에 반대하고 커뮤니케이션의 중요성을 강조했다. 마르크스주의의 비민주적 요소를 반대하고 유연한 지적, 정치적 전통을 선호하였다. 비판적 지성과 해방을 위한 지식의 생산을 강조했다. 윌리엄스의 의미화 과정은 물질적 생산수단을 사용하여 의미와 가치를 생산하려는 사회적 과정으로 그것이 사회과정과 분리된 것은 아니다. 윌리엄스에게 의미화의 과정은 필연적으로 물질적 과정이다. 윌리엄스는 정치와 경제적 현실이 배제된 문화가 아니라, 총체성으로서의 문화개혁을 주장하였다. 윌리엄스는 20세기 중반 이후에 커뮤니케이션과 문화의 중요성을 강력하게 제시한 서구의 좌파 지식인 중에서 선구자이다.

3. 이동성 사유화와 흐름의 TV

윌리엄스가 1970년대 중반에 서술한 『텔레비전』은 역사학자나 문학가는 물론이고, 미디어 학자들에게도 무시되었다. 스튜어트 랭(Stuart Laing, 1991, 153-155)은 윌리엄스의 커뮤니케이션 분야 저서가 '그저 한번 스치고 지나간 정도의 대접밖에 받지 못한 점'을 개탄했다. 그는 문예 비평이 본업인 윌리엄스의 미디어 분야 저작은 분산되어 있어서 미디어 연구자들에게는 조각을 맞추어야 하는 퍼즐과도 같다고 하였다.

> 윌리엄스는 매스미디어에 관심을 가졌다. 지식인들이 텔레비전을 경멸할 때에도 텔레비전 시청을 즐겼으며 텔레비전 비평을 쓰기까지 하였다. 그는 속세를 무시하고 독선과 신비주의에 빠져드는 문학 연구자들을 비판했다. 옥스퍼드 대학의 문학 연구에서는 1830년 이

> 전까지 다루었다. 그때 이후의 시절은 불확실하다는 것이다. 또 케임브리지 대학의 영어 역사 연구는 중세 말기 이전까지 다루고 있다. 그때의 언어가 바로 지금 우리가 쓰고 말하고 변화시키는 언어가 되었다는 이유로, 실천은 인공물이 되어 버리고 말았다. 17세기의 정치 팸플릿은 학술적 관심의 가치가 있지만, 지금의 정당 방송은 그런 가치가 없다는 것이다.

강준만(2017, 257-258)은 문학과 역사학계의 엘리트주의가 강조되는 학계 풍토에서 대중오락물에 불과한 TV를 연구 주제로 삼는 것을 불편하게 여겼다고 한다. 윌리엄스는 1958년 『문화와 사회』를 출판하면서부터 사망한 1988년까지 미디어 연구를 지속하였다. 그는 커뮤니케이션 매체가 보다 나은 세계를 창출하는 데 관심을 가졌다. 대중문화에 대해 긍정적인 자세를 보인 윌리엄스에게 새로운 텔레비전 기술은 '교양 있는 참여민주주의를 향한 장구한 혁명의 도구'였다. BBC는 몇 년 간이나 윌리엄스를 출연자로 모시기 위해 케임브리지 대학으로 차를 보내는 수고를 아끼지 않았다. 1968년부터 BBC가 발행하는 잡지인 〈청취자, Listener〉에 텔레비전 비평을 매월 한편씩 기고했다. 이는 텔레비전 전반에 대해 자유롭게 비평하는 형식으로 이루어졌다. 4년여에 걸친 그의 TV 비평은 『윌리엄스의 TV 글 모음집, Raymond Williams on Television』[4]이라는 책으로 출간되었다.

1972년 말에는 스탠퍼드 대학 객원교수로 초빙되어 미국 방송 체

---

4 O'Connor, A. (1989). Raymond Williams on Television: Selected Writings, Routledge: London & New York.

제를 관찰하였다. 윌리엄스는 미디어 기술을 이용하여 사회개혁을 이룰 수 있다는 신념을 가지고 있었다. 『텔레비전』은 사회변화를 목표로 한 기획으로 전자매체를 통하여 의사소통하는 참여민주주의의 창출을 꿈꾸고 있었다. 윌리엄스는 이 책에서 영국식 공영제도와 미국식 상업제도의 정착 과정을 분석하였다. 영국에서는 1904년에 발효된 법령에 따라 모든 송수신기가 체신청의 허가를 받아야 했다. 1920년 마르코니 회사가 방송을 개시하자, 주로 상업적이고 교통통제의 목적을 가진 매체가 오락용으로 사용되는 것에 대해 천박하고 위험한 일이라는 논란이 일었다. 영국방송의 정착 과정은 상대적으로 좁은 지정학적 요인을 토대로 커뮤니케이션 네트워크에서 '문화의 국유화'가 이루어졌다. 또한 가부장적 국민문화가 구축되었고 사기업보다는 자율적 공공협회를 통해 운영되었다. 반면, 미국은 방송수신 장비 제작자들의 세력이 강해 방송조직이 국가의 통제권으로 흡수되지 않고, 사기업이 운영하였다. 이것이 영국식 공공서비스제도와 미국식 상업제도의 정착 과정으로 설명하였다. 윌리엄스는 영국의 공영제도와 미국의 상업제도는 공영방송과 상업방송 이념을 과대포장하고 실질적인 통제를 하는 정부의 역할을 은폐하였다고 한다.

미국은 사업자와 정부 모두가 공익주의 방송철학을 제시하였지만, 실질적으로는 대기업 방송 자본의 이익을 대변하였다. NBC 사장 사르노프는 교육적 방송 이념과 수신료 모델을 제시하고, 상무부 장관 후버는 광고와 독점을 반대하고 지역 위주의 공동체 방송을 제안하였다. 하지만, 실제에 있어서 사르노프는 NBC방송의 실질적인 책임자로 대기업 자본 위주의 네트워크를 제안하였고, 후버는 방송광고 반대를 철회하였다. 공영방송과 상업방송에 관계없이 국가권력, 특히 해군은 BBC와 NBC에 절대적인 영향력을 행사하였다. 그 결과 국가통합을 명분으로 BBC의 지역방송이 말살당하였으며, NBC와 같은 상업방송이 공익의 수호자로 포장되어 시민사회의 교육과 공동체 방송이 주변화되었다. 이처럼 공익주의와 상업주의를 대표하는 초창기 영국과 미국의 방송 이념은 명분에도 불구하고, 실질적으로는 국가, 특히 군부 이익을 위주로 설정되었다는 것이 윌리엄스의 주장이다. 그는 미국식 상업방송과 영국식 공영방송이 자본과 국가의 또 다른 유착이라고 비판하고, 새로운 공공서비스 이념이 필요하다고 주장하였다.

윌리엄스는 텔레비전을 '흐름의 문화(flow of culture)' 미디어로 인식했다. 텔레비전이 개별 프로그램이나 텍스트들의 연속이 아니라 프로그램, 광고, 뉴스, 홍보물 등이 하나의 지속적인 문화 경험을 이루게 만드는 '흐름'이라는 것이다. 그는 미국 TV가 단절감 없이 끊이지 않는 방영과 흐름에 놀랐고, 이러한 기획된 이미지와 서사의 흐름을 대안적으로 읽어내고자 하였다. 예를 들어 프로그램 사이의 광고는 프로그램 사이에서 주기적으로 존재감을 드러내며, 방영되는 텍스트와 재현되는 의미의 연속성을 일시적으로 단절시키기도 한다. 또한 드라마나 시리즈물은 개별 에피소드에서 서사적인 종결이 일어나지 않기 때문에 다음 에피소드나 전체 시리즈로 의미와 서사적인 연결성이 이어지거나 흐르게 된다. TV의 특정 캐릭터가 광고나 다른 작품에서 등장하여 일종의 연속성이나 기호적인 상호연결성을 제공한다. 시청자들의 총체적인 경험을 재구성하고, TV 미디어의 경제적, 사회적, 문화적 가치를 재평가하기에 유용한 개념이다(Williams, 1974, 10-14).

또한 윌리엄스는 지금도 많이 인용되는 '이동성 사유화(mobile privatization)' 개념을 제시하였다. 1964년 윌리엄스는 소설을 통해서 이동성 사유화의 개념을 처음 제시하였다. 그는 공적 공간을 관통하는 교통의 흐름 속에서 자동차를 운전하는 동안 경험했던 개인적 고립감을 느꼈으며, 이것이 이동성 사유화 현상이라고 하였다. 이동성은 새로운 테크놀로지가 등장하면서 강화되었고, 그 속에서 이동성과 모순적 개념인 사유화, 개인화 현상이 동시에 나타났다고 한다. 1980년대 워크맨, 1990년대 휴대전화, 2000년대 스마트폰으로 진화하면서 '이동성 사유화'라는 사회성 양식은 점차 보편화되었다. 공개된 장소의 개인적 폐쇄 공간에 틀어박혀 먼 곳에 있는 사람과 끊임없이 상품화된 소통을 계속하는 이동성 강한 젊은이는 이제 자본주의 삶의 방식에서 이상적 인물상이 되었다.

1970년대 초반 윌리엄스는 교외에 집을 마련하고 도시로 출근하며, 각자의 차로 원거리 이동하는 미국인의 파편화된 삶에 주목했다. 공적 교통 시스템은 미비했으며, 일상적 삶은 공적 공간으로부터 분리되었다. 라디오와 텔레비전은 공통의 커뮤니케이션이 이루어지는 공적 공간을 대신하여 사회를 재구성했다. 윌리엄스는 '방대하고, 동적인 사회와 커뮤니케이션 기술의 발달 사이에는 조작적(operative) 관계가 성립하고, 미국 사회는 그 전형에 가깝다'고 하였다(McGuigan, 2013, 25-26). 라디오 및 텔레비전과 같은 새로운 미디어 기술은 이동성과 가정이라는 두 대립하는 사회의 경향성을 종합하고, 매개하며, 해소하였다. 미디어에 내재한 기술 잠재성이 그 본질에 따라 실현된 것은 아니었다. 사람들은 자신의 통제 바깥에 있는 사회의 외부 영향력을 라디오나 텔레비전과 같은 미디어와 제도를 통해 가정 안으로 이동시키고, 재해석하여 사유화하며, 이를 다시 가정 바깥에서 접하며 대응하였다. 그것은 개인, 가정과 사회의 극단을 매개하는 성취이자 대응이었다. 윌리엄스에게 텔레비전은 세상을 바라보는 창과 같다. 사람들은 창을 통해 내다보면서, 바깥세상으로부터 전해질 소식을 기다린다. 텔레비전은 창의 시야와 가시거리를 확보하고 새로운 미디어 전경을 제공했다. 동시에, 창은 바깥에서 집 안을 들여다보는 관문이기도 하다. 창밖으로 새어 나온 불빛은 그곳에 사람이 거주함을 알려주는 증거이다(Williams, 1974, 67). 린 슈피겔(Spigel, 1993/1996, 26-28)은 윌리엄스의 가장 뛰어난 성과로 이동성 사유화 개념을 들었다. 이동성 사유화는 특정 미디어나 기술이 사용되는 구체적인 장소와 맥락, 그리고 그러한 미디어나 기술이 실천들과 연관 짓는 방식을 알려주는 선구적 개념이다.

윌리엄스는 BBC 및 공공적 문화 분야에 대해 비판적 지지를 하였다. 그는 배우 노조와 작가 길드 등이 의지할 수 있는 예술평의회를 민주화하는 제안에 대해 찬성하였다. 윌리엄스는 생산자의 권력을 강화하는 것에 지지하였고, 이는 1970년대 좌파 사이에서 유행하였던 넓은 의미에서 노동자 자주 관리와 연결된다. 윌리엄스는 성인교육 강사 출신이었다. 1960년대 말 윌슨 정부에서 개방대학과 같은 노동계급 교육기관이 설립된 것을 높게 평가하였지만, 원격 교육으로 같은 내용을 가르치는 것을 비판하였다. 또한 개방대학의 커리큘럼이 민중 교육과 거리가 멀다고 비판하였다. 윌리엄스는 광고 재원의 미디어와 BBC의 가부장주의를 비판하고 애넌 보고서에 대해서는 조건부로 지지하였다. 애넌 보고서는 문화와 사회에 대한 구시대적 보수적 관점을 지니고 있었다. 비록 대처 시대에 왜곡되었지만, 기본적으로는 방송을 통한 출판의 개념인 OBA 구상에 대해 동의하였다. 특히 공개 방송 공사가 광고로 운영될 가능성에 대해 우려하였다 (McGuigan, 1995, 111-113).

4. 커뮤니케이션과 문화 유물론

윌리엄스는 커뮤니케이션을 정치경제와 분리할 수 없는 중요한 사회적 변화의 동인으로 파악하였다. 정통 마르크스주의의 토대와 상부구조 논의에서 문화, 아이디어, 커뮤니케이션, 정보, 지식, 도덕, 이데올로기는 물질적, 경제적 기반 위에 구축된 비물질적 상부구조에 속하며 그 기반 이후에 생겨난 것으로 설명된다. 토대와 상부구조 문제는 경제적인 것과 비경제적인 것이 서로 어떻게 관련되어 있는지에 대한 질문이다. 마르크스주의 이론의 강점은 우리가 정치와 문화를 이야기할 때 경제도 함께 생각해야 하며, 그 반대의 경우도 마찬가지라는 사실을 인식하게 해준다는 점이다.

윌리엄스는 초창기에는 토대와 상부구조는 두 영역이 상호 작용하고 서로 한계를 설정하는 상호작용적 이원론의 입장이었다. 후반기에는 이원론과 이상주의를 거부하였다. 문화와 커뮤니케이션이 물질적이며 동시에 경제의 일부인 동시에 경제의 일부가 아니다. 비경제적인 것에는 정치적 집단적 의사 결정 과정과 문화적 집단적 의미 결정 과정이 포함된다. 그는 상부구조라는 용어가 제도, 의식의 형태, 정치 및 문화적 관행과 연관되는 경향이 있다. 그는 문화를 의존적이고 부차적인 상부구조, 즉 기본적인 물질에 의해 결정되는 단순한 사상, 신념, 예술, 관습의 영역으로 보지 않는다. 마르크스주의 접근법들은 시간적으로 먼저 물질적 생산, 그다음에 소비, 그다음에 정치와 문화 또는 공간적으로 경제적 기반 위에 구축된 다양한 수준과 층위로 토대와 상부구조를 분리한다. 마르크스는 『독일 이데올로기』에서 의식과 물질 생산의 분리처럼 사고와 활동의 영역을 분리하는 것에 반대했다.

사회를 비판적으로 이해하기 위해서는 '정치의 직접적인 물질적 생산'과 '문화 질서 생산의 물질적 특성'을 보아야 한다. 자본주의 시장을 유지하는 사회적, 정치적 질서는 그것을 만든 사회적, 정치적 투쟁과 마찬가지로 필연적으로 물질적 생산물이다. 성, 궁전, 교회, 감옥, 작업장, 학교, 전쟁 무기부터 통제된 언론에 이르기까지 모든 지배 계급은 다양한 방식으로, 항상 물질적인 방식으로 사회적, 정치적 질서를 생산한다. 이는 결코 상부 구조적인 활동이 아니다. 겉으로 보기에 자립적인 생산방식이 그 자체로 지속될 수 있는 필수적인 물질적 생산이다. 토대와 상부구조 관계를 설명하는 데 사용되는 범주에는 결정, 반영, 매개, 유형화(표상 및 예시), 상동성 및 대응이 포함된다. 이 모든 개념은 문화와 경제를 분리하여 충분히 유물론적이지 않다. 따라서 윌리엄스의 비판은 마르크스주의 이론이 하버마스의 커뮤니케이션 이론처럼 문화와 경제의 이원론을 가정했다는 것이다(Fuchs, 2017, 750-755).

윌리엄스는 미디어와 대중문화를 사회적 요소와 밀접하게 연관시켜 총체적으로 사회문화사로 인식한 선구자이다. 영문학자인 윌리엄스는 당시 지식인들과는 달리 소설과 시 등의 주요 문학작품을 통하여 시대상을 읽어내고자 하였다. 특히, 당시 엘리트들이 외면하였던 커뮤니케이션 수단의 기술혁명 가능성을 모색하였다. 영국적 상황을 중심으로 언론자유와 교양 있는 시민성, 규제와 참여민주주의 등의 민주화 방안을 모색하였다. 그는 정통 마르크스주의에 대항하여 문화를 정치경제 관계의 부산물로 취급하는 관점을 부정하고, 문화 유물론(cultural materialism)을 대안으로 제시하였다. 문화 자체가 물질적 성향이 있다고 하였다. 커뮤니케이션이 역사적 물질 과정의 일부이기 때문에 매체가 실질적인 사회변화를 유도할 수 있다고 하였다. 윌리엄스는 소설과 비전통적인 출처들이 복잡한 역사적 과정을 이해하는 것에 훨씬 도움이 된다고 하였다. 윌리엄스는 '찻집'이 교양 있는 사람들의 가시적인 상징으로 문화를 의미하는 것에 반해, 평범한 문화는 '사회 곳곳에서 사람들의 마음'에서 찾을 수 있다고 한다. 문화는 교양 있고 상상력 있는 사람들의 작업 이상이다. 그는 '나쁜 문화'를 배격하고 좋은 문학, 음악 등을 추구하는 경향을 부정한다. 그는 언어를 그룹의 자의적인 상징기호로 강조하는 구조주의를 부정하였다. 대신 언어는 동적이고, 연속적인 사회과정이며, 인간의 자기 창조를 위한 필수 불가결한 부분이다. 언어는 사회적으로 공유되고, 상호작용적인 활동이다. 커뮤니케이션 이론은 의미를 공유하는 공동체의 이론이다. 언어와 커뮤니케이션의 물질성을 강조한다. 이처럼 커뮤니케이션은 윌리엄스 작업의 핵심이었다(Brennen, 1993, 95-97).

5. 고독한 연구의 한계

평생 혼자서 작업하였던 윌리엄스가 유일하게 참여한 국가 공공기관이 예술평의회이다. 노동당의 예술부 장관인 젠킨스가 윌리엄스를 예술평의회(1976-78) 위원으로 임명하였다. BBC와 공적 예술단체들이 일상적 운영과 대의제에서 비판받기는 하였지만, 급진주의자들도 제도의 유용성을 인정하였다. 공적 기관들은 다양한 문화 분야에서 국가개입을 통해 일어날 수 있는 잠재적인 문제점을 해결하는 장이었다. 윌리엄스는 '예술평의회가 국가와 시민사회를 매개하고 국가의 직접적인 개입과 상업제도의 함정을 피하는 제도'라고 평가하였다(McGuigan, 1996, 58).

윌리엄스는 웨일스 특유의 문화적 저항감을 가지고 노동당 활동에 열성적인 아버지의 영향을 받아 평생 사회주의자로서의 신념을 견지하였다. 윌리엄스는 지역공동체에 대한 애정이 강했지만, 그에게 공동체는 지나간 과거사도 아니고, 이상적인 미래에 형성될 유토피아도 아니었다. 그는 지역공동체의 활성화를 위해 '억압적 제도의 변경이나 주변에서 살아가는 사람들' 사이의 연대가 필요하다고 하였다. 윌리엄스의 문화 및 미디어 연구가 선구적이지만, 문학적 해석을 위주로 하는 영문학과 출신이라는 배경과 때 이른 사망으로 인하여 그의 연구는 애매한 것이 사실이다.

첫째, TV의 편성 양식인 '흐름'이라는 개념이 너무나 포괄적이다(Laing, 1991). TV 시청할 때의 다양한 경험을 단일 개념으로 무리하게 제시하였다는 것이다. 흐름이라는 개념은 경험주의의 빈자리를 메꾸고 새로운 방식으로 TV를 생각할 수 있는 발판을 제공하였다. 사람들은 TV 앞에 붙어있는 것이 아니라 TV를 보는 사이에 일상적인 일들을 하는데, TV의 흐름과 인간 행동의 흐름이 상호 연관되는 것을 주목하지 못하였다는 것이다. 이처럼 흐름 개념은 지나치게 일반화되고 과도하게 남용된다는 이유로 공격받을 수 있지만, 현재의 TV 연구에 추진력이 되었다.

둘째, 민주적 커뮤니케이션과 공통 문화에 대한 구체적 대안이 부족하다. 윌리엄스의 민주적 미디어는 현실에서의 예를 찾지는 못하였다. 민주적 커뮤니케이션 체제는 현실 경험보다는 애매모호한 원칙으로 존재한다. 윌리엄스는 지배적(dominant), 잔여적(residual), 부흥적(emergent) 문화로 구분하였지만, 커뮤니케이션 형태에서는 구분하지 않았다. 지배적인 것과 부흥적 커뮤니케이션의 차이를 구체적으로 제시하지 않았다(Sparks, 1993, 80-85).

윌리엄스는 노동자가 미디어를 통제해야 한다는 신념을 가지고 있다. 1960년대와 1980년대 미디어 개혁에서 제작자에게 더욱 많은 권력을 주어야 한다는 사고가 지배적이었다. 이는 영화와 TV 제작에서 급진적인 동기를 부여하였다. 다원주의 사회에서 미디어 노동자의 이익이 다른 시민사회와 정치 및 경제조직보다 우선해야 하는 이유를 제시하지 못하였다. 동시에 미디어 노동자 우선주의는 1980년대 보수당 정부에서 독립프로덕션과 채널4 같은 외주산업을 활성화하여 방송의 자유로운 상업 경쟁을 부추기는 결과를 낳기도 하였다.

셋째, 그의 제안들은 특정한 국가이론에 근거를 두지 않고 있다. 이들은 국가를 중립적인 도구로 간주하여 정당한 선거에 의해 선출된 것으로 간주하였다. 하지만 사회주의 진영에서는 국가를 당파적이며 자본의 이익에 결부되었다고 간주하였다. 스팍스(Sparks, 1993, 80-85)는 민주적 미디어에서 제시된 국가의 역할이 애매하게 규정되었다고 한다. 특히, 미디어의 사회적 소유와 국가 소유를 명확하게 구분하지 않았다고 한다. 개념상으로 국가는 억압의 도구로 국가 소유의 민주적 커뮤니케이션 체제를 생각할 수 없다. 따라서 민주적 커뮤니케이션 체제의 부분적 모델로 BBC와 같은 상대적으로 자유로운 조직 모델을 받아들이기 힘들다. 미디어를 공적으로 통제하고자 하는 그의 제안들은 소유주, 방송인, 국가, 노동자와 공중들의 잠재적인 적대감을 고려하지 못하였다. 윌리엄스는 그가 참고할 수 있는 좌파의 전통적인 사고방식이 없었다고 한다(O'Mally, 2013).

넷째, 윌리엄스의 문학적 배경이 미디어학자로서 그를 분석하는 것을 어렵게 하기도 하였다. 역사학자 마이클 메릴(Michael Merrill)은 윌리엄스가 '문학비평가로 알려졌기 때문에 역사가들에 의해 무시되는 경향'을 지적하였다. 간햄도 '윌리엄스의 작업에서 일관된 이론 또는 문화 분석의 방법을 찾기는 어렵다. 그의 작업은 문학 텍스트를 꼼꼼히 읽는 전통에서 파생되어 문화사회 영역에 적용된 귀납적인 문화적 분석 과정의 본보기'라고 하였다. 특히, 미디어 학자들은 윌리엄스가 보여준 대중문화와 텔레비전에 관한 탁월한 안목에 대해 깊은 관심을 보였다(강준만, 2017, 255-256).

다섯째, 윌리엄스의 미디어 개혁과 문화적 실천은 문화주의에 의해 비실천적, 몰역사적으로 변하였다. 1990년대에 커런은 문화주의 연구 경향이 몰역사적이고 수용자에 집중하는 태도에 대해 비판하였다. 특히, 더글러스 켈너(Douglas Kellner)의 포스트모던 문화연구는 문화가 경제, 역사 및 정치와 분리되어 역사와 문화연구 그리고 사회역사가와 문화연구 실천의 이분법이 일어났다. 윌리엄스는 1980년대에 문화연구가 급진적인 기원을 상실하였다고 비판하였으며, 간햄은 미디어 연구의 역사화를 강조하였다(O'Malley, 2002).

윌리엄스의 연구는 주로 문화연구에서만 협소하게 다루어지고, 다른 미디어 분야의 연구자들에게 소홀하게 다루어졌다. 하지만 윌리엄스의 커뮤니케이션 연구는 미디어 중심주의를 벗어나 사회적 총체성 속에서 미디어와 사회 그리고 문화의 관계를 조망하는 방법을 일깨워 준다. 또한 커뮤니케이션을 끊임없는 사회-물질적 과정의 분해할 수 없는 한 가지 요소로 간주하면서 정치경제학과 문화연구의 이분법적 사고방식을 벗어날 수 있는 대안을 제시하기도 한다. 특히 그는 역사 속에서 미디어의 불평등한 권력관계를 분석하고 해방적 가능성을 모색하여 이론과 역사의 분리, 이론 중심주의에서 벗어났다.

3부

미디어의 사회문화사

• 제 6 장 •

역사학자 브릭스의 글쓰기

1. 집필 배경

BBC는 1940년대부터 역사서의 필요성을 느꼈다. 1944년에 저널리스트인 비노그라도프(Igor Vinogradoff)에게 BBC 역사서를 부탁하였다. 그는 옥스퍼드 대학교수인 비노그라도프 경(Sir Paul Vinogradoff)의 아들이었다. 하지만 이들은 이용할 수 있는 문서가 없다고 불평하였고, BBC는 이들이 원하는 것을 정확하게 알지 못하여 무산되었다(Seaton, 2015, 192-195). 1950년대가 되자 BBC를 설립하였던 사람들이 사망하기 시작하였고, BBC 독점에 대한 사회적 비판이 제기되어 BBC를 역사적으로 정당화할 필요가 있었다.

노벨 경제학 수상자인 로널드 코스(Ronald Coase, 1910-2013)[1]는 BBC

---

1 코스는 영국의 경제학자이다. 런던대학교에서 공부한 후 런던정경대학교에서 박사학위를 취득했다. 그 후 시카고 대학교 로스쿨에서 교수로 재직하였다. 1991년에 노벨 경제학을 수상하였다. 코스(Coase, 1950)는 BBC 독점의 실질적인 이유는 '통일적인 프로그램 정책(A United Program Policy)'을 유지하기 위한 것이며, 이는 '중앙기구가 좋은 취향과 나쁜 취향을 구분할 수 있다는 전체주의적 철학'이 깔려있다고 비판하였다.

가 경쟁을 배제하고 '잔인한 독점(the brute force of monopoly)'을 하였다고 비판하였다. BBC 독점의 실질적인 이유는 정부의 방송통제라고 하였다. 복수의 방송사가 경쟁하면 저렴하고 깨끗한 음질의 프로그램을 즐길 수 있음에도, BBC 독점에 가로막혀 청취자들의 이익이 침해되었다는 것이다(Coase, 1948, 219-220). 코스가 BBC의 문제점을 경제 분석으로 입증하면서 의회에서도 심각하게 논의되었다. 코스의 비판에 대응하여 BBC는 역사서를 통해 정당성을 밝혀야 할 필요성이 있었다.

1957년 이안 제이콥(Ian Jacob, 1899-1993)[2] 사장은 저녁 식사 자리에 허버트 버터필드(Herbert Butterfield)와 앨런 블록을 초대하였다. 버터필드는 케임브리지 대학의 학장으로 명성이 최고조에 있었으며, 블록은 옥스퍼드 대학의 저명한 역사학자였다. 제이콥은 역사학자 앨런 블록에게 BBC 역사서를 부탁하였다. 권위 있는 역사가이고, 신뢰가 있으면서 BBC의 비밀을 공유하고, 정부와도 친한 사람을 원한 것이다. 제이콥은 블록과 함께 일을 한 적이 있다. 블록은 친정부인사로 BBC 독일 방송을 진행하면서 BBC 저널리즘이 '이성적 교육의 도구'가 될 수 있다고 하였다. 블록은 어니스트 베빈(Ernest Bevin, 1881-1951)[3]의 전기를 쓰고 있다는 이유로 사양하면서, 폭넓은 지식과 자질

---

2 제이콥 사장은 2차대전에서 처칠과 함께 일하였던 군인 출신이며, 1947년에는 BBC 해외서비스 국장이었다. 1956년에 제이콥 사장은 이든(Eden) 수상과 수에즈 전쟁 보도로 인해 갈등을 겪고 있었다. 또한 BBC 설립자인 존 리스를 무시할 수는 없지만, 리스와 불편한 사이였다(Seaton, 2015, 184-196).

3 어니스트 베빈은 영국의 정치인이다. 노동당 소속이며 클레멘트 애틀리 총리 밑에서 외무장관을 맡았다. 외무장관으로서 강력한 반소·반공 외교를 지휘했으며 북대서양 조약기구 설립을 주도하였다. 모스크바 삼국 외상 회의의 영국 대표이기도 하다(위키백과).

을 갖춘 옥스퍼드 출신의 젊은 역사가인 아사 브릭스를 추천하였다. 버터필드 역시 2차 대전 이후에 브릭스에게 케임브리지로 오라고 한 브릭스의 열렬한 팬이었다(Seaton, 2015, 189-192).

역사학계 일부에서는 BBC 프로젝트에 대해 비판하였다. 동료 교수인 조지 클락(George Clark, 1900-1975)이 BBC 역사서에 동의한 이유를 물었다. 그가 보기에 이 작업은 평생 걸리고, 역사학자가 하기에는 부적합한 주제였다. 오랜 지기인 해리 피트도 BBC 프로젝트가 브릭스의 경력을 손상한다고 만류하였다. 하지만, 브릭스는 'BBC의 의뢰로 주 전공이었던 19세기에 이어 20세기 역사를 서술하는 기회를 얻었다. 역사 분야에서 커뮤니케이션 분야로 확대하는 기회였다'고 하였다(Fraser, 1990, 7-8). 브릭스는 역사학자들이 미디어를 연구하는 것이 중요하다고 강조하였다.

> 사람들은 내가 방송역사 연구에 시간을 낭비한다고 하였다. 하지만, 빅토리아 시대의 사람들이 당시의 신문을 연구하였다면, 도움이 되었을 것이다. 방송과 신문의 역사는 우리에게 절대적으로 필요하다. 역사는 사람들과 교감한다. 나는 과거 역사를 그 자체로 중요하다고 생각하지 않는다. 과거, 현재와 미래는 연관되어 있다고 믿는다(History Today. 2006. July).

브릭스의 영국방송사 연구는 끈질긴 노력, 장기간의 호흡 그리고 BBC의 조건 없는 장기적 지원의 산물이다. BBC는 오랫동안 자금과 인력을 지원하면서도 집필 방향과 내용에 간섭하지 않았다. 브릭스는 BBC로부터 연구와 행정을 인력의 도움을 받았다. 연구 인력은 주로 인터뷰에서 녹음 및 메모를 정리하고, 출장을 통하여 관계자들을 만나고 그를 보조하였다. 브릭스가 영국방송사를 핵심 프로젝트로 상정하여 평생 노력하지 않았다면, 비판을 정당화하기 힘들었을 것이다. BBC의 의뢰는 그동안 주 전공이었던 19세기에 이어 20세기 역사를 서술하는 기회를 얻었다(Briggs, 2012, 145-152).

브릭스의 BBC 프로젝트는 19세기 지역 공동체와 노동 연구의 연장이자 계몽 활동이었다. 미디어 연구는 역사 연구의 기초이다. 그에게 BBC는 대학과 마찬가지로 노동계급의 평생교육을 체계적으로 훈육하는 기관이었다(Seaton, 2015). 브릭스는 리즈대학에 재직하던 1950년대 말에 BBC 역사서 작업을 하였다. 브릭스는 미디어와 기술의 관계에 대한 총체적인 사회사의 일환으로 미디어사를 분석하였다. 브릭스는 1958년에 시작하여 1962년에 1권을 시작으로 1995년에 5권을 끝을 맺었다. 이 프로젝트는 2-3권으로 계획하였다가, 5권으로 늘어났다. 집필을 시작한 지 37년이 흘렀고, 1922년부터 1974년까지 52년의 BBC 역사를 다루었다. 30대의 전도유망한 역사학자가 어느덧 70대 중반의 노신사가 되었다.

2. 공식 역사와 연구의 독립성

브릭스는 BBC의 1대 공식 역사가이다. 브릭스는 BBC 의뢰로 작업을 하였기 때문에 경영진 등 내부에 대한 접근이 비교적 자유로웠다. '바깥에서 온 내부자(Insider but one coming from outsider)'인 셈이다. 외부인이지만, BBC 내부를 잘 이해하는 사람이다. 브릭스는 BBC 설립 때부터 모든 사장과 경영위원장을 만난 유일한 사람이다. 브릭스는 영국다운 제도와 기관의 설립 때부터 사람들을 내재적으로 이해하는 마지막 사람일 것이다. 이들의 가치와 경험을 이해하고, BBC 독립성의 약점조차도 잘 알고 있었다. 이는 BBC로부터 완전히 자유롭기는 힘들다는 것이다. BBC에서 재정지원을 받고, 인력과 자료에 의존하면서 독립적이기는 힘들다. 브릭스는 BBC로부터 재원과 인력을 도움받았지만, BBC와 가급적 거리를 띄우고자 하였다.

브릭스는 책의 집필 단계부터 독립성을 보장받는 방안을 고민하였다. 그는 옥스퍼드 대학 출판부(Oxford University Press, OUP)의 존 브라운(John Brown) 대표의 도움으로 출판하였다. 브릭스가 옥스퍼드 대학 출판부로부터 직접 인세를 받지 않고, BBC로부터 고용되어 책을 저술하였다. 이는 옥스퍼드 대학의 출판정책을 결정하는 전문학자들의 위원회가 BBC로부터의 부당한 간섭을 막아주는 역할을 하였다. 계약 조건에 BBC의 변호사와 임원들이 책의 초고를 읽을 수 있지만, 최종본의 권한은 전적으로 브릭스에게 주어졌다. 또한 브릭스가 BBC에 자유롭게 드나들 수 있는 권한을 부여받았다. 이러한 조건들이 BBC 경영위원회에 의해 최종적으로 승인되면서 브릭스의 책에 대한 '총체적 독립성(total independence)'를 보장받았다(Seaton, 2015b, 197).

1960년대 초반 BBC 그린 사장은 필킹턴 위원회를 의식하여 BBC를 호의적으로 평가하고, 상업방송을 비판적으로 서술해 달라고 하였다. 그는 채널의 할당을 결정하는 필킹턴 위원회에 BBC에 우호적인 리처드 호가트가 있지만, 사업가 출신으로 상업방송에 호의적인 필킹턴 위원장 때문에 불안하였다. 브릭스는 '그린 사장은 저널리스트 출신이며 방송역사에 대한 장기적 관점이 없고, 현재에만 관심이 있다'고 비판하였다. 이는 시튼이 브릭스와 인터뷰한 결과이다. 하지만 그린 사장의 아들인 그레엄 그린(Graham Greene)은 '그의 아버지가 여론의 자유에 간섭하지 않았다'고 반박하였다. 그린 사장의 아들은 브릭스의 해석에 대해 동의하지 않았다. BBC의 압력은 브릭스의 작업에 아무런 효력을 발생하지 못하였다. 이후로도 브릭스는 BBC의 아카이브 구축에 대해 조언하였지만, BBC의 관행을 옹호하지 않았다(Seaton, 2015b, 184-204). 물론 브릭스의 자료 접근에도 한계는 있었다. BBC 지하 빌딩에서 비서와 함께 아카이브 검토 작업을 하였는데, 사장실의 자료들은 접근 할 수 없었다. 1984년 BBC 직원들이 보안 심사를 받았고, 그에게는 비밀로 하였다. 브릭스는 이 사실이 기사로 보도되자 '화가 났다'고 한다. 이처럼 자료 중에는 브릭스가 볼 수 없거나 당시에는 구할 수 없는 자료들도 있었다. 반대로 브릭스가 검토하여 알고 있었지만, 발표할 수 없었던 자료 또한 많았다.

브릭스가 BBC 역사서를 서술하면서 가장 많이 영향을 받은 사람이 호주 출신의 역사가인 키스 핸콕(Keith Hancock, 1898-1988) 교수이다. 핸콕이 버밍엄대학에 재직할 때 브릭스를 처음 만나 비교역사 연구의 중요성을 일깨워 주었다. 핸콕은 1960년에 호주국립대학(ANU) 사회과학연구소장(RSS)으로 재직하면서 브릭스를 방문 교수로 초청하였다. 이 대학은 1946년 치플리 노동당 정부에 의해 학부생이 없는 연구기관으로 설립되었다. 핸콕은 캔버라에 있는 그의 집에 브릭스 가족이 머물도록 하였다. 핸콕은 브릭스를 호주국립대학으로 영입하고자 하였지만, 이미 서식스 대학의 부총장을 수락한 상태였다. 핸콕 교수가 이끄는 연구팀은 2차대전 전쟁사(The History of the Second World

War) 시리즈를 출간하여 대영제국을 옹호하였다. 이 프로젝트는 총 28권으로 군사와 시민 부문으로 진행되었는데, 핸콕 교수의 연구팀은 시민 시리즈를 맡았다. 시민 부문은 일반, 식량, 경제 봉쇄, 군수품 생산, 외교 전략, 의료, 선전으로 이루어졌다. 시민 시리즈는 전시 정부정책과 행정에 대한 진실하고 영구적인 기록을 제공하는 것이다. 또한 브릭스는 BBC 프로젝트를 하면서 핸콕이 강조한 역사서의 집필 원칙인 '공정하되 분리되지 않음(impartiality but not detachment)', '얕지 않은 범위(span without shallowness)', '판단과 비판이 결합된 공정성(fairness in combination with judgment and critique)'에 동감하였다. 하지만, 핸콕 교수가 이끄는 연구팀의 기록은 공식적인 역사라는 논쟁에 휩싸였다. 모든 공식 역사에 적대적이었던 테일러(A. J. P. Taylor)와 BBC의 역사를 쓰도록 권유한 버터필드가 핸콕 교수연구팀에 대해 비판하였다. 브릭스 본인은 공식적인 역사의 위험성을 우려하여 논의와 결론에 대해 독립성을 가지고자 노력하였다. 그는 핸콕 교수팀의 오류를 반복하지 않기 위해 자신의 서술과 결론에 대해 편집권을 유지하였다(Briggs, 2012, 19; Briggs, 1980, 5-10).

3. 당대의 시각과 엄격한 증거 위주의 역사서술

그의 글 스타일은 이념과 주장을 배제한 정보를 선호하여 충분한 깊이가 없고 큰 쟁점을 회피하는 경향이 있다고 비판받았다. 심지어 브릭스의 책이 다른 사람들의 글을 너무 많이 인용하여 본인의 책보다는 백과사전이라는 비판도 받았다. 브릭스 본인도 40년 동안 BBC

의 역사를 다루면서 절반 정도 지난 시점에야 방송 역사서를 체계적으로 서술하는 것을 체화하였다는 고백도 하였다(Briggs, 1980). 하지만, 브릭스의 역사서술이 독창성보다는 남의 글을 인용하고, 쟁점을 회피한다는 인상을 준 나름의 이유가 있다.

역사학자인 시안 니콜라스(Nicholas, 2015, 173-175)는 브릭스의 글쓰기를 다음과 같이 평가하였다.

> 브릭스는 사후적 판단(a posteriori judgments)을 내리는 것을 꺼려하였다. 이는 일반적으로 단점으로 여겨지지만, 방송의 사회적 영향에 대한 현대적 논의에서 흔히 볼 수 있는 '도덕화'가 브릭스의 역사에 없다는 것이다. 브릭스 자신은 BBC 역사에서 도덕화, 뒤늦은 후회, 향수를 피하려고 노력했으며, 커뮤니케이션 역사의 장기적인 추세와 발전을 끌어내기 위해 다른 저술을 사용했다. 그는 사건을 예견하지 않은 자신의 선택을 옹호했다. 대신 그는 현재의 선입견을 과거로 되돌리기보다는 방송과 다른 미디어에 대한 당시의 사고방식과 느낌을 되찾는 것을 목표로 삼았다. 동시대적이거나 미래의 학문적 관심사를 덧씌우지 않고 당시의 방송 이야기를 있는 그대로 전하려는 그의 결심은 BBC 역사에 고유한 성격을 부여하여 담론의 틀을 제공하였다. 당시의 분위기와 분위기를 포착할 수 있는 원본 자료를 활용하면서도, 미래의 학자들이 다양한 결론을 내릴 수 있는 여지를 남겨두었다.

브릭스는 4권을 완성한 1980년에 〈방송 역사서술의 문제점과 가능성, Problems and possibilities in the writing of broadcasting history〉을 통해 방송역사서의 다섯 가지 서술 원칙을 제시하였다. 첫째, 방송과 사회의 관계는 한쪽이 과도하게 강조되지 않아야 한다. 방송이 사회와 어떤 관계를 맺고 있으며, 방송이 사회에 어떤 영향을 미치는지, 그 영향력이 어느 정도인지에 대한 고찰이 필요하다. 방송역사가는 사회의 다른 매체와 그 운영 방식에 관심을 가진 사회문화사학자이어야 한다. 둘째, 지금의 시각이나 쟁점으로 방송역사를 서술하지 말아야 한다. 방송에 관한 책을 검토하는 사람은 자연스럽게 현안을 염두에 두고, 당시 사람들이 가진 생각에 집중하고 싶어 한다.

그 시대의 유행하는 주류적 태도로 분석되지 않아야 한다는 것이다. 그는 1권을 서술한 1961년의 경험을 예로 들었다. 필킹턴 위원회가 TV 채널을 할당하는 것이 쟁점이었다. 공영방송 지지자들은 BBC에, 상업방송 지지자들은 ITV에 추가로 할당되어야 한다고 하였다. 하지만, 브릭스 본인은 1920년대의 쟁점을 중심으로 BBC 초기를 서술하였다. 채널의 할당이나 특정 방송의 입장에서 1920년대의 초창기 방송을 서술하면, 구시대 유물이 되기 쉽다는 것이다. 3권 『말의 전쟁』을 집필 완료한 1970년대에 관심 주제인 젠더, 계급, 인종, 지역과 국가통합은 물론이고, 아래로부터의 역사, 좌편향, 합의의 신화 같은 역사학계의 논쟁에 대해서도 다루지 않았다. 애넌 위원회를 염두에 두고 4권을 집필하였다면 똑같은 오류를 반복하였을 것이다. 이 방식을 통해 브릭스는 후대의 학자들이 다른 결론을 내릴 수 있도록 여지를 남겼다.

셋째, 많은 질문들을 열어두고 다음의 책 또는 후일에 답을 제공하는 방식이다. 1955년에 BBC의 텔레비전 책임자인 조지 반스(George Barnes)는 '경쟁은 사라질 것'이라고 하였다. 하지만 훨씬 뒤인 5권에 이르러서야 경쟁 문제를 다루었는데, 새로운 경쟁자가 진입하면서 생긴 긴장감을 다루었다. 넷째, 사회적 태도, 정치적 의견 및 '도덕적 기준'을 다룰 때, '그대로의 상황(snapshot relationship)'을 서술해야 한다. 과거를 돌이켜보면, 그대로의 상황은 점차 희미해진다. 심지어는 구시대적이거나 불쾌한 증거까지 많다. BBC에는 자기 검열의 역사가 마이크나 카메라를 통해 전달되었던 적이 많다. 1960년대 그린 사장의 시대는 예외적이었다. 이는 매우 어려운 역사가의 임무이다. 다섯째, 정책 변화에 대한 단순한 설명은 피해야 한다. 1962년 윌슨 정부 시절 압력단체의 시각으로 BBC 독점의 종말을 설명하는 것은 단순하다. 1950년대 초반 보수당 정부의 내부 정치도 단순하게 설명되지 않는다. 1954년 TV 법으로 이루어진 타협 또한 마찬가지이다. BBC의 독점은 리스의 공익철학과도 관계가 깊다. 정책 변화는 단순한 음모보다는 정치와 상업 세력들의 권력관계가 변화하는 역동성을 세밀하게 분석해야 한다.

이처럼 브릭스는 당대의 시각으로 엄격한 증거 위주로 역사를 서술하였다. 과거를 현재의 서술과 설명 방식 또는 사후 관찰로 읽는 것을 피하고, 당시의 증거로 입증하고자 노력하였다. 당시의 표현기법과 분위기를 전달하고, 독자들에게 정확한 정보를 제공하고자 하였다. 그는 사회, 정치적 태도를 다루면서 각 시기에 맞는 '그대로의 모습(snapshot)'을 담아야 하며, 시간대를 거슬러 올라가면 관계가 사라진다는 것이다. 구시대적이거나 불쾌한 관계도 있지만, 브릭스 자신은 전쟁 기간에 관한 7,000개의 BBC 파일 중에서 2,000개 정도를 참고하였다(Briggs, 1991, 120-124).

브릭스는 원전과 기록에 의한 엄밀한 평가를 하고, 엇갈리는 부분에 대해서는 평가를 자제하였다. 그는 역사기술이 원전에서 정확하게 뒷받침되기를 원하였다. 당시에는 역사를 서술하면서 원래 출처를 인용하는 방법이 유행하는 방법은 아니었다. 정확하게 출처를 인용하여 잃어버린 표현과 감정을 서술하고 다른 학자들이 나와는 다른 결론을 내릴 수 있도록 하였다. 선택적이고 극단적으로 증거를 사용하는 방법은 매우 위험하다. 공영방송에 대한 지적 토론은 정확한 사실 위에 이루어져야 한다는 것을 강조하였다. 이는 랑케의 기록문화에 의존한 실증주의 역사관은 아니며, 구어 중심의 사회문화사와 보완적이다. 그는 확보한 증거자료를 공식, 비공식 자료로 보완하였다. 1950년대 말에는 '밑으로부터의 구두 역사' 또한 제대로 개발되지 않았다.

브릭스의 영국방송사는 4,000 페이지 이상의 대작임에도 불구하고, 오탈자 및 잘못 기록된 사실이 거의 없다. 후대의 미디어 역사가들이 정확한 사실을 토대로 브릭스와는 다른 해석을 할 수 있는 여지를 남겨 놓은 것이다. 반대로 11년에 걸쳐 대처 시절의 방송을 다룬 진 시튼의 영국방송사 6권은 오탈자와 부정확한 정보로 많은 비판을 받았다.[4] 브릭스는 저자의 통찰력이 때로는 잘못과 편견으로 이끌기 쉽고, 정책 변화에 대한 닫힌 설명이 되기 쉽다고 한다. 그는 BBC 독점의 종말과 경쟁의 시작을 이분법으로 설명하는 것을 회피하였다. ITV의 출범으로 인해 경쟁이 시작되었지만, 보수당과 노동당에서는 BBC의 독점을 지지하는 세력들이 많았다. 경쟁의 시작에도 불구하

4 https://www.opendemocracy.net/ourbeeb/david-elstein/%27pinkoes-and-traitors 시튼의 반론 참조.

고, 이를 반대하는 사회 세력들의 시각이나 활동을 동적으로 서술할 필요가 있다는 것이다. 역사가들은 제도사를 기술하면서 쟁점에 대해 여러 각도로 재단하고 부분적인 시각에 의해 감추어진 증거를 고려해야 한다고 하였다. 그는 『BBC, 공적 제도와 사적 세계, The BBC, Public Institution, Private World』를 역사가가 아닌 사람이 제도를 서술한 대표적인 저작으로 꼽았다. 사회학자인 톰 번스(Tom Burns, 1977)는 'BBC 조직을 전문직, 경영주의, 임무 지향성' 등 당시 주류적인 주장으로 단순화하였다. BBC는 막 도입된 전문직과 경영 우위의 경향과 더불어 관료제, 기자와 PD 중심의 창의성을 존중하는 경향이 동시에 존재한다는 것이다(Briggs, 1980, 9).

4. 선구적인 아카이브 구축과 그룹인터뷰

방송 프로그램은 그 자체로 시대의 거울이고 역사적 원형이다. 프로그램이 말하고 보이는 것을 의미한다면, 아카이브는 왜, 그리고 어떻게 되었나를 말한다(Kavanagh, 1999). 아카이브는 방송의 사회상을 반영하는 거울뿐만 아니라 사회문화사의 이유를 분석하는 중요한 도구이다. 방송역사에서 아카이브를 체계적으로 구축하고 검토하는 것은 연구 작업의 승패를 좌우한다. 브릭스의 방송역사서는 리스의 일기 이상이 필요했고, 그의 역사는 BBC 문서를 대중이 접근할 수 있는 아카이브로 재구성하는 원동력이 되었다. 역사가로서 브릭스의 작업은 BBC 문서 아카이브의 발전이 있었기에 가능했다. BBC 서류는 풍부하고 생생한 현장 자료가 되었으나, 흩어져 있고 정리가 되지 않았다.

BBC는 설립 초창기부터 기록을 모으기 시작하였다. 1922년에 시스템 구축을 위해 '로네오 출신의 소녀(girl from Roneo)'를 고용하여 파일 정리작업을 하였다. 1923년에 레코드 라이브러리가, 1924년에 스크립터 컬렉션 부서가 설립되었다. 1927년에 BBC가 공사화되면서 1928년에 음악 악보 라이브러리가, 1930년에 뉴스 및 정보기록 보관서가 설립되었다. 1931년에 에드윈(Edwin)이 담당 행정 부서를 총괄하여 자료를 수집하고 기록물을 작성하였다.

2차 세계대전으로 회사 규모가 4배로 커지고 전국 각지로 분산되었고, 사무실이 폭격으로 파괴되고 BBC 시스템에 대해 전혀 모르는 새로운 직원들이 대거 유입되어 자료는 제대로 정리되지 못했다. 정보 부서는 BBC 전쟁 일기와 기록 보관소 등 전쟁 중 BBC가 수행한 업무를 기록하고, BBC의 모든 사안에 대한 역사를 기록할 수 있도록 파일을 보존하는 임무를 띠고 기록 보존소를 브리스틀(Bristol)에 임시로 이전하였다. 1941년 10월까지 아카이브는 잘못 보관되어 있었고, 기록물을 찾았을 때 우드 노턴의 지하실에 있으며 습기가 차 있었다. 1944년 등록소를 개편하고 새로운 목록 시스템을 도입했으며, 1957년 기록 보존과가 설립되었다. 나름대로 BBC는 방송 초창기부터 자료수집에 열성을 다하였다. 1927년부터 방송이 방언을 근절할 수 있다는 가정하에 영국 방언 샘플을 수집하고, 공영방송의 임무로 설정한 국민에게 '정보, 교육, 오락'의 일환으로, 1929년에 문학 자문위원회가 설립되었다. 전쟁 중 홀로 아이를 키우는 어머니들을 위한 최고의 조언을 위해 아동 전문가들에게 자문하여 자료로 남겼다.

브릭스는 연구팀과 함께 산만하게 흩어진 BBC 관련 자료들을 시대적 상황과 문맥에 맞게 정리하였다. 브릭스의 작업을 돕기 위해 BBC 도서관에서 메리 호지슨(Mary Hodgson)이 임명되었다. 기존 아카이브 자료들을 그룹별로 체계적으로 검색, 선택 및 배열하기 위해 예비적으로 그룹화하는 것이 필수적이었다. BBC의 조직 구성과 프로그램 정책의 주요 책임자를 따라 광범위한 분류 체계가 작성되었으며 파일과 자료는 큰 그룹에 대략적으로 배열되었다. 초기 문서들을 검토하고 중요한 문서들을 기록 보관소로 옮겼다. 서류에는 듀이 색인이 부여되었고, 호지슨은 중요한 서류를 버리기 전에 급습하여 보관하는 일에도 모범을 보였다. 그녀는 개인들의 방대한 개인 파일 저장소를 찾아냈고, 그중 상당수는 귀중한 자료가 되었다. 결국 1970년대에 이르러서야 캐버샴(Caversham) 지역에 문서 아카이브를 세웠다. 특히 1권은 기존의 방송역사 연구가 거의 없던 시절이었고, 방송 녹음 및 녹화 장치도 나오지 않았던 시기여서 많은 고생을 하였다.

문제는 호지슨이 아카이브 전문가가 아니라 도서관 사서였다는 것이다. 도서분류법에 따라 문건을 정리하고 브릭스의 관심 주제를 별도로 모았다. 이들이 정리한 새로운 파일들은 원래 파일들의 통합성을 상실하였고, 파일의 커버가 버려졌다. 모인 문헌들이 원래 어디서 온 것인지에 대한 기록도 없었다. 브릭스가 전쟁에 관한 3권을 서술할 때에 원래 파일들이 해체되고 '전쟁 편성표(The War Schedule)와 해외서비스(Overseas Schedule)'만이 있었다. 재키 카바나(Jacquie Kavanagh)와 기네비어 존스(Guinevere Jones)가 왔을 때 아카이브가 엉망인 것을 알았다. 아카이브 작업의 원칙인 문맥과 원래 문서의 통합성을 유지하는 것이 고의는 아니지만 완전히 깨어졌다. 문서들이 어디에서 왔는지도 모르고 작업에서의 맥락 또한 파괴되었다. 브릭스의 연구팀에는 비서와 호지슨이 있다가, 메리 제이(Mary Jay)와 팻 스펜서(Pat Spencer)가 합류하였다. 아내인 수잔 브릭스(Susan Briggs)도 〈Radio Times〉에 대한 책을 쓰기도 하였다(Seaton, 2015b, 192-199).

아카이브 센터에는 1930년대 후반부터 프로그램 스크립터가 남아 있다. 스크립터는 음향효과와 아나운서의 톤이나 방식에 대한 정보를 담고 있어서 원본이 없는 당시 프로그램의 의도와 내용을 파악할 수 있었다. 또한 1923년부터 프로그램을 안내하는 〈Radio Times〉와 1929년부터 전문가들과 청취자들의 비평을 담은 〈Listener〉를 발간하였다. 두 개의 BBC 저널은 프로그램에 대한 풍부한 정보와 방송대담 및 비평을 담고 있어서 초창기 BBC 역사 연구에서 귀중한 자료이다. 문서 아카이브 센터에는 아이디어 도입부터 방송물까지의 과정을 담은 파일들이 있어서 제작자의 의도, 내부 갈등과 방송 후의 반응을 알 수 있다. 특히 정부 관계자 및 BBC 경영진의 의견교환을 담은 파일까지 있어서 프로그램의 목적과 의도를 파악할 수 있다.

수용자 연구 보고서들은 공중들이 프로그램을 인식하는 방법을 알 수 있다. 1936년부터 수용자 연구를 시작하였지만, 2차대전까지는 제대로 이루어지지 않았다. 청취자들의 편지, 신문에 나온 라디오 비평 그리고 BBC 제작자의 의견을 제외하고는 초기 프로그램들의 대중성 같은 것을 알기 힘들다(Hajkowski, 2005, 5). 처음에는 도서관 개념으로 아카이브에 접근하여 문서들의 출처와 BBC 작업의 맥락이 파괴되었다. 브릭스는 아카이브 팀과 함께 문서의 통합과 문맥을 복원하였다. 이런 과정을 거쳐서 브릭스(Briggs, 1980)는 아카이브 위원회를 이끌면서 아카이브 센터를 구축하였다(Seaton, 2015, 198-201).

브릭스는 자료를 선택하고 종합적으로 평가하는 것에 많은 시간을 투자하였다. 그는 아카이브를 A에서 Q까지 11개 유형으로 분류하였다. TV 역사와 발전에서 중요한 것은 B 유형으로, 대표프로그램은 F 유형으로 분류하였다. 가장 일반적인 H 유형은 뉴스를 비롯한 시사물, 사적 중요성을 지닌 작품들, 역사적 주제의 다큐멘터리 등이다. 매일 방송되는 주요 뉴스는 시사팀에서 녹화되어 보존된다. 편집된 뉴스는 뉴스 라이버러리(News library) 팀에서 보관되었다가 영화 및 TV 보관팀으로 이양된다. 이처럼 브릭스는 아카이브를 구축하고 활용하면서 영국방송사를 서술하였다.

스캐널은 카디프와 함께 강의 교재를 위해 브릭스의 영국방송사를 검토하다가, 검토하지 않은 BBC 아카이브 자료가 많다는 사실을 알았다. 그는 현대생활과 태도를 알 수 있는 시사, 다큐, 드라마와 가벼운 오락물의 C 유형을 자세하게 분석하였다. 이들은 이를 토대로『영국방송의 사회사, 1991』를 저술하였다.

영국 방송역사가들은 BBC의 문서 아카이브가 있다는 것이 커다란 행운이다. BBC 초창기부터 많은 자료가 있다. 다른 국가의 방송 초창기를 연구하는 학자들은 라디오가 지역 상업방송으로 출발하기 때문에 자료들이 없어서 어려움을 겪는다. 초기 호주의 방송역사가들은 1920-1930년대 방송 자료를 수집하는 것에 어려움을 토로하였다. 1920년대 미국 라디오 방송의 상업화 연구는 초기 라디오 잡지에 의존해야 했다(Scannell, 2002).

스캐널은 아카이브 자료를 총체적으로 보아야 하는 것을 강조하였다. 즉, 데이터의 맥락을 민감하게 의식해야 한다는 것이다. 그는 지금은 방송물이 없는 1932년 경찰의 임금 삭감에 대한 뉴스를 예로 들었다.

> 나는 내무부와 리스 간에 오간 편지를 발견하였다. 경찰 임금 삭감에 대해 항의하는 경찰연맹을 보도한 뉴스에 대해 1932년 10월 31일 내무부는 BBC에 관련자들을 문의하는 편지를 보냈다. 리스는 이에 대해 뉴스 통신사 뉴스이며, 이 경우에 내부 검열을 하지 않는다고 하였다. 편지가 오가기 전에 실업자연맹의 시가행진이 있었다. 이들은 경찰을 향해 당신들의 임금 삭감에 대해 동조하므로 실업연맹의 시가행진을 지지하라고 하였다. 하지만 폭력 사태가 일어났고, 주동자는 법 위반으로 기소되었다. 내무부는 경찰들 가운데 이견을 보인 사람이 있다는 것을 보도한 뉴스 아이템에 대해 걱정하는 것은 이해할 만하다. 하지만 리스는 대중들이 데모를 보지 말라고 한 경찰의 메시지를 보도한 것이라고 해명하였다.

뉴스 원본이 없는 상태에서 이 뉴스는 정부와 BBC의 음모로 이해될 여지가 있다. 하지만 당시는 경기 부진으로 300만 이상의 시민이 실업을 겪는 비상 상황이었다. 실업 데모를 주도한 월 해닝턴(Wal Hannington, 1896-1966)[5]의 책을 보면 상황을 명확하게 알 수 있었다. 대규모 시가행진이 런던에서 있었고, 경찰 앞에서 '경찰 임금 삭감에 대한 경찰 데모에 대해 지지한다'고 하였다. 이 아카이브 자료

---

5 월 해닝턴은 영국 공산당의 창립 멤버이자 전국 실업자 운동의 전국 조직자이다. 1921년 결성부터 1939년 종료될 때까지 전국 실업자 운동의 전국 대표였다.

는 역사가들이 1차 데이터를 발견할 때 섬세한 해석이 필요하다. 관련 문헌은 활용할 수 있으면 매우 중요한 단서이다. 하지만 당시 상황을 알지 못하면 문서의 의도를 정확하게 파악하기 힘들다. 상황을 이해해야 역사가의 해석은 제대로 가능하다. 맥락의 이해가 없이 단순하게 문건을 읽으면, 1926년 노동 총파업, 전쟁 발발 이전의 위기 같은 상황은 BBC가 글래스고 미디어그룹(Glasgow media group, 1976)의 『나쁜 뉴스, Bad news』 시리즈처럼 정부와 BBC의 음모로 해석하기 쉽다. 하지만 당시 BBC가 대량실업과 외국과의 전쟁을 겪으면서도 정부에 대해 자율성을 지키고자 저항하였던 증거를 동시에 해독해야 한다. 방송이 설립되던 초창기에 방송과 정부의 관계는 당시의 상황과 맥락에 따라 이해되어야 한다. BBC는 1934년에야 뉴스부서가 생겼고, 방송 저널리즘이라고 부르는 관행은 1950년대에야 생겼다(Scannell, 2002, 203-204).

시대 상황을 알 수 있는 자료가 드문 시기에 브릭스는 BBC 아카이브를 구축하였다. 이는 BBC뿐만 아니라 국민의 일상생활을 알 수 있는 기록 보관소의 역할도 하였다. 호주의 미디어 역사가 자카(Jacka, 2004, 27)는 브릭스의 선구적인 작업으로 후대의 역사학자들이 BBC에 대한 이론화가 가능하였다고 평가하였다. 미국방송사를 서술한 에릭 바르누(Erik Barnouw)는 방송사의 도움 없이 이차문헌에 의존하였다. 초기 방송은 자료가 없어서 신문과 잡지의 관련 기사에 의존해야 했다(Briggs, 1969). 바르누는 미국방송사 집필이 끝나고 후에야 의회 도서관에서 아카이브 작업을 하였다. 의회 도서관에서는 기존의 영화, 방송, 음반 등을 총괄하는 새로운 부서를 창설하고자 하였다. 의회의 도서관장 다니엘 부어스틴(Daniel Boorstin, 1914-2004)은 바르누를 이 부서의 장으로 초빙하고자 하였다. 바르누는 이미 70살이고, 인도로 가서 〈Indian Film〉을 업데이트하기로 되어 있었다. 부어스틴은 이 조건을 받아들이고 부서의 핵심 인물을 선발하는 전권을 부여하였다. 관료로서 많은 일을 처리해야 했지만, 새로운 경험으로 기꺼이 하였다. 의회 도서관에서 영화, 방송, 음반 아카이브를 꾸미는 위원회에 참여하였다(Barnouw, 1996, 233).

브릭스는 내재적 접근의 한계를 극복하기 위해, 그룹인터뷰를 통하여 객관성을 확보하고자 하였다. 특히, 새롭게 개발된 녹음기가 도움이 되었다. 브릭스는 스튜디오 밖에서 BBC 관련 인물들을 집단으로 만나 옛 분위기를 살리면서 동창회처럼 논쟁을 벌이도록 하였다. 이들은 서로 기억을 확인하면서 이야기하였다. BBC는 참가자를 선택하고 선임 조수를 통하여 작업을 도와주었다(Briggs, 2012, 145-148). 단독 인터뷰는 본인을 중심으로 과장하거나 불분명한 사실 때문에, 객관성에서 한계가 있다. 따라서 그룹인터뷰는 방송기록이 없고, 초창기 인물들의 기억에 의존해야 할 때 유용하다.

리스는 그룹인터뷰를 원하지 않았다. 하지만, 그룹인터뷰의 녹음을 듣고자 하였다. 그는 일기장을 포함한 기록을 독점적으로 제공하였다. 영국방송역사를 서술하기 위해서는 리스를 우선 고려해야만 했다. 브릭스는 리스로부터 자료를 받는 과정의 어려움을 다음과 같이 토로하였다.

> 역사서에 리스는 방해물이었다. 1950년대까지 리스는 BBC와 세상에 대해 분노하고 슬픔에 빠져 있었다. 그는 BBC가 자신을 제대로 평가하지 않는다고 했다. 리스의 이야기는 BBC의 설립에서 빠질

수 없었다. 리스의 아들이 옥스퍼드 대학에 있었는데, 브릭스가 그의 선생이었다. 리스와 점심을 하자고 하여 협조의 답변을 받았다. 1962년 리스가 브릭스에게 전화하여 일기를 불태우겠다고 하였다. 브릭스는 오랫동안 그를 설득하였다. 다행히 리스는 우편엽서, 편지 등을 주었다. 초창기에는 리스의 기억에 의존한 메모를 주면 브릭스가 시간과 장소 등을 채워 넣었다. 초창기 1, 2권은 리스의 전적인 협력으로 완성되었다(Briggs, 1980, 5-10).

BBC는 구술사 아카이브도 구축하였다. 브릭스 팀은 BBC 전역에서 주로 고위직을 중심으로 인터뷰하였다. 인터뷰는 고위직이 현직을 떠난 직후에 이루어졌지만, 전쟁, 스캔들, 돈 문제 등이 발생하면 BBC 사장 및 경영위원회 위원장과도 진행하였다. 상당수의 인터뷰는 BBC 프로그램 진행자인 프랭크 길라드(Frank Gillard)가 진행하였다. 인터뷰는 섬세하고, 폭로적이고, 때로는 고통스럽거나 재미있었다. 하지만, 구술사 아카이브는 외부인에게 공개하기에는 정치적인 내용을 담고 있어서 많은 부분이 비공개로 되어 남아있다. 브릭스의 본격적인 구술사 작업은 4권이 끝나고, 5권을 집필하였던 1980년대에 실현되었다. 브릭스는 구술역사가(oral historian)인 폴 톰슨(Paul Thompson, 1935-)과 〈국민 생활 이야기 컬렉션, National Life Story Collection〉 아이디어를 논의하였다. 국민 생활은 평범한 남성과 여성들의 삶을 기록하는 것이다. 이는 우리 역사의 원재료이자, 오늘날 변화에 대한 우리의 이해이다. 집단적 경험의 구조를 함께 구성하는 실이다. 폴 톰슨과의 구술 역사 논의는 1987년에 국민 생활 이야기 프로젝트로 이어져 브릭스 본인이 의장이 되고, 톰슨이 이사를 맡았다.

이는 평범한 사람들의 서면 자서전과 기록된 구술 역사를 포함하여 자서전 자료를 수집하여 현대생활의 직접적인 경험을 기록하였다.

〈국민 생활 이야기〉는 두 가지 활동 영역을 갖도록 고안되었다. 하나는 자서전 원고로 구성된 '인생 이야기 아카이브'로 초점은 '소리 속 국민 전기'를 만드는 것이다. 이는 정치, 산업, 행정, 직업, 문화 또는 종교 등 모든 분야에서 영국의 주요 남성 및 여성과의 자서전 인터뷰이다. 모든 계층과 지역을 대상으로 가령 유대인 공동체처럼 특정 집단에 속하는 일반 시민 대표와 인터뷰를 하여 기록하는 것이다. 〈국민 생활 이야기〉 프로젝트는 가족 배경과 어린 시절부터 시작하여 교육, 일, 여가 및 지역사회로 나아가는 심층적인 삶의 이야기 접근 방식을 따른다. 이 방법론은 프로젝트에서 계속해서 준수되었으며 인터뷰의 길이는 평균 8-15시간이다. 이후 이 프로젝트는 기부를 통하여 각 분야로 확산되었다. 현재도 이 프로젝트는 진행 중이며, 영국 도서관에 온라인으로 등재되어 있다.

브릭스의 영국방송사는 기념비적 작업이다. 브릭스는 BBC의 초창기부터 50년 정도의 역사를 5권의 4,000 페이지 이상의 분량으로 저술하였다. 특히, 방송의 초창기에는 녹음 및 녹화 기술이 개발되지 않았고, 방대한 분량의 방송은 방송되자마자 사라지고 말았다. 따라서 몇몇 프로그램들을 청취하면서 나머지는 원고 스크립터나 라디오 가이드 잡지 등을 검토하는 간접적인 작업만이 가능하였다. 브릭스의 끈질긴 노력과 BBC의 전폭적인 지원으로 흩어져 있는 방송 관련 자료들을 모으고, 주요 인물들에 대한 개별 또는 그룹인터뷰를 통하여 체계적인 아카이브를 구축하였다.

5. 영국의 브릭스와 미국의 바르누

브릭스의 영국방송사와 바르누(Barnouw, 1966, 1968, 1970)의 미국방송사는 방송 초창기인 1920년부터 1970년까지 다루었다. 바르누는 극작가 출신으로 콜롬비아 연극영화과 교수로 재직하면서 미국방송사를 저술하였다. 그는 1966년에 1권 『바벨탑, A Tower in Babel』, 1968년에 2권 『황금의 그물망, The Golden Web』, 1970년에 3권 『이미지 제국, The Image Empire』을 출판하여 미국방송역사의 개척자가 되었다. 1권은 방송 초창기부터 1933년까지 RCA 방송과 데이비드 사르노프(David Sarnoff, 1891-1971) 사장[6]을 중심으로 방송개척사를 다루었다. 1920년대의 미국 방송을 무질서한 독립방송국들과 비효율적인 정부 규제의 시기로 바벨탑에 비유하였다. 2권 『황금의 그물망』은 1933년 연방 커뮤니케이션 법부터 1953년 TV 채널의 할당 이전까지 있었던 방송국과 광고주의 연계 상황을 서술하였다. 팰리(William Paley), 사르노프(David Sarnoff) 같은 방송사 사장과 라스커(Albert Lasker) 같은 광고계의 거물을 다루었다. 3권 『이미지 제국』은 1953년

---

6 데이비드 사르노프는 미국 방송의 아버지라 불린다. 사르노프는 1891년 러시아의 우즐리안에서 출생하여 9년 후에 가족과 함께 뉴욕으로 왔다. 아메리칸 마르코니 전신회사에 사무실 보이로 취직하여 1908년에 전신 기사가 되었다. 1912년 4월 14일 워너메이커(Wanamaker) 백화점의 꼭대기에 있는 마르코니 회사의 가게에서 일하고 있다가 '타이타닉호가 거대빙하와 부딪쳐 침몰하고 있다'는 메시지를 수신하였다. 이로부터 72시간 동안 자리를 지키면서 전 세계에 재앙 소식을 전달하였다. 사르노프는 뛰어난 능력으로 마르코니 회사에서 고속 승진을 한다. 1915년 당시에는 라디오가 주로 선박이나 아마추어통신사들에 의해 이용되었는데, 사르노프는 '라디오 뮤직박스' 아이디어를 제시한다. 그는 라디오가 피아노와 축음기처럼 가정의 필수품이 될 것으로 예견하였다. 그는 메모에서 '음악을 가정에 무선으로 가져다주는 것'으로 생각하였다.

부터 TV 시대로 주로 방송과 정치의 관계를 다루었다. 아미-맥카시(Army-McCarthy) 청문회, 에드워드 머로우(Edward Murrow, 1908-1965)[7]의 〈See It Now〉, 케네디와 닉슨의 TV 토론, 케네디의 장례식 등을 다루었다. 바르누는 미국 방송을 정부의 방임과 광고에 기반을 둔 사적 기업으로 특징 지웠다. 영국방송사 연구를 개척한 사람이 브릭스라면, 미국방송역사를 개척한 사람은 바르누이다. 역사학자인 브릭스와 극작가 및 콜롬비아 연극학과 교수였던 바르누 두 사람은 일중독에 빠진 사람들이었다. 90세 이상의 장수를 누리면서 사망하기 직전까지 책을 저술하였다. 브릭스의 영국방송사를 출간한 옥스퍼드 대학 출판사가 권유하여 미국방송사를 저술하게 되었다(Barnouw, 1996, 166). 미국방송사가 출판된 후 〈뉴욕 타임스〉는 '꾸준하게 읽을 만하고, 날카로운 관찰력이 돋보인다'고 하였다. 후학들로부터 '최고의 방송역사가(Broadcasting's Premier Historian)'라는 찬사를 받았다(Stering, 2005, 354).

브릭스의 영국방송사를 바르누 및 스캐널의 역사서와 비교하여 평가하면 다음과 같다. 첫째, 제도사와 사회문화사에 대한 평가는 시대적 상황과 주변 환경을 고려할 필요가 있다. 코너(Corner, 2003, 274-275)는 방송역사를 제도, 제작, 텍스트, 사회문화, 기술의 다섯 가지로 구분하였다. 제도사는 방송을 제도, 산업, 조직의 측면에서 접근하는

---

7 CBS 유럽 특파원으로 전황을 현장에서 전한 전설적인 저널리스트. 심층 뉴스와 다큐멘터리 개척에 큰 족적을 남겼다. 라디오와 TV 뉴스, 다큐멘터리에서 내레이터의 기용, 생생한 현장음과 목소리 그리고 스튜디오에서 제작된 극적인 장면의 사용 등 당시로서는 혁명적인 포맷을 도입했다. 그가 만든 〈Hear It Now〉, 〈See It Now〉 등은 기념비적인 프로그램으로 평가된다〈네이버 지식백과〉.

것이고, 사회문화사는 정치, 공론장, 시민사회, 대중문화처럼 방송의 사회문화적 현상을 다루는 것이다. 하지만, 일부 미디어 역사가(Dahl, 1978, 132-133; Jacka, 2004, 27)들은 제도사를 기업사와 위인전으로 격하하고, 미디어와 공중 그리고 사회의 관계를 총체적으로 조망하는 사회문화사를 높이 평가하는 경향이 있다.[8] 제도사가 방송과 정치 그리고 시청자의 상호관계를 다루는 것이라면, 사회문화사는 프로그램과 사회 그리고 시청자의 상호관계를 다루는 것이다. 우열을 가릴 수 없는 전문 분야의 문제라고 할 수 있다.

브릭스와 바르누가 방송사를 서술하였던 1960년대 초반과 후반은 방송역사와 방법론이 정립되기 이전의 시기이다. 이들이 기초 자료를 수집하여 비판적 해독을 하면서 프로그램의 사회문화사까지 분석하기는 어려운 일이다. 따라서 이들의 작업을 제도사와 위인전으로 평가절하하는 것은 지금의 시각으로 과거를 평가하는 것이다. 밑으로부터의 구두 역사는 1950년대 말에 제대로 개발되지 않았다. 4권에 이르러서야 방송과 사회의 관계가 어느 정도 만족하게 서술되었다(Briggs, 1980, 116-120).

브릭스와 바르누의 방송역사서는 2세대 방송역사가인 스캐널과 카디프, 수잔 더글라스(Susan Douglas), 로버트 맥체스니(Robert

---

8 자카(2004)는 역사 연구를 하면서 자신이 사용하는 범주에 대해 왜 이러한 범주를 사용해야 하는지, 왜 이런 이야기를 꾸며야 하는지에 대한 아무런 반성 없이 역사적 서술 안으로 '뛰어 들어가는' 첫 번째 부류와 역사에 대해 어떤 이론적 분석 틀을 설정할 것인지, 왜 그 분석 틀이 옳다고 하는지, 지난 저작들은 왜 불충분한지를 제시하는 두 번째 부류가 있다고 하면서 바르누의 저작을 첫 번째 부류의 대표적인 예로 꼽고 있다. 이는 '위대한 인물'과 '큰 사건'으로 이루어진 전통적 역사 접근을 무비판으로 추수했기 때문이다.

McChesney) 등의 문화사학자들에 의해 사회문화사로 발전하였다. 더글라스(Douglas, 1987)는 미국 방송의 기술적, 제도적 발전의 유일한 주체로서 상업방송국을 당연시했던 기존 연구의 시각을 거부하였다. 그녀는 라디오 아마추어 무선사들의 미디어 활동을 분석하면서, '방송을 창안하고 발전시킨 참여적 공중'으로 규정하였다. 시민사회의 비영리적, 문화적 전파의 이용을 공익성으로 규정한 것이다. 맥체스니(McChesney, 1993)는 1927년 라디오 법 통과 이후 교육방송가들을 중심으로 한 방송개혁 운동에 초점을 맞추었다. 그는 상업방송 중심 정책에 대한 제도개혁 투쟁을 통하여 시민사회의 공익 개념을 제시하였다.

둘째, 방송사 서술에서 아카이브를 구축하고 활용하는 방식의 차이가 있다. 방송역사가들이 가장 부러워하는 것이 브릭스가 주도적으로 구축한 BBC 아카이브이다. 브릭스는 아카이브를 구축하고 활용하였기 때문에 고품질과 정확한 영국방송사를 서술할 수 있었다. 스캐널(Scannell, 2002)은 브릭스의 전통적인 역사서를 '1차 역사'로 보고, 그 토대 위에서 자신들의 연구와 같이 '2차 역사'가 시도될 수 있다고 하였다. 이들은 방송이 국가를 위해 봉사하는 방식과 정치적, 사회적, 문화적 함의를 서술하였다. 반면 바르누는 방송사의 도움 없이 이차문헌에 의존하여 미국방송사를 서술하였다. 특히 초기 방송은 자료가 없어서 신문과 잡지의 관련 기사에 의존해야 했다.

셋째, 방송 역사서에서 지역분권과 중앙집중 모델은 차이가 있다. 분권형 방송구조인 스웨덴과 독일 같은 북유럽에서 여러 사람이 협력하여 방송역사를 저술하는 경우가 일반적이며, 영미권에서는 한 사람이 방송역사를 서술하는 경우가 많다. 스웨덴은 1993년에 스웨

덴방송역사재단을 설립하여 여러 분야의 전문가들이 모여 단계적으로 방송 역사서를 저술하였다. 방송미디어 역사재단을 통하여 여러 분야의 전문가들이 3단계 프로젝트를 통하여 방송역사서 50권을 저술하였다(Elgemyr, 2013, 367-369). 독일 또한 분야별로 저술되다가 70년대에 방송역사서 3권이 나왔다. 분권형 방송구조는 협력체계가 필수적이지만, 연구의 일관성과 통합성을 해치는 경향이 있다. 반면, 브릭스의 역사서는 방송 일반, 특히 BBC의 정신과 특징을 이해하기 쉽다. 하지만, 브릭스의 연구처럼 종합적이고 서사적인 연구는 제도사 편향적이기 쉽다. 반면, 브루노의 미국방송사는 여러 개의 상업방송이 난립하여 개인이 일관되게 서술하기 어렵다(Dahl, 1978, 132-133).

노르웨이의 미디어 역사가 달(Dahl, 2002, 81-84)은 방송역사서의 규모가 방송구조보다는 국가의 정당성과 관련이 있다고 한다. 노르딕 반도 사람들은 고대 영웅의 이야기를 비롯하여 역사와 미디어 역사를 좋아한다는 것이다. 빈약한 국가의 정당성을 세우기 위해 미디어 역사에 관한 여러 권의 책들을 연달아 출간하였다. 반대로 영국, 미국 같은 강대국은 한 권이나 소수의 방송 역사서를 발행하며, 이마저도 국가보다는 방송사나 개인의 작업이다.

6. 사회적 평가와 한계

브릭스의 역사서술 관점은 중도좌파라는 입장과 자유주의라는 입장이 있다. 역사학계에서는 주로 중도좌파(center left)라는 입장이지만,

미디어학계(Curran, 2009, 1-5)에서는 자유주의 입장이라고 한다. 역사학계(Taylor, 2015; Hewitt, 2015)에서는 브릭스가 지역과 노동자를 위하였지만, 특정 정당에 소속되지 않으면서 노동당과 보수당 모두와 친화력이 있었다. 그는 짧은 시간이나마 무소속 의회 의원이었지만, 발언을 거의 하지 않았다는 점에서 중도좌파로 규정하였다. 미디어학계에서는 BBC의 점진적인 독립성 획득과 국민 계몽 역할을 강조하는 자유주의 입장으로 규정하였다. 특정 입장이나 이론 그리고 학파를 형성하지 않았고, 노동당과 보수당에 가입한 적이 없이 두루 친화력을 가졌다는 점에서 중도좌파와 자유주의 입장은 크게 다르지 않다.

브릭스의 영국방송사는 BBC가 정부로부터 자율성과 독립성을 증대시키는 과정으로 서술되었다. 신생 매체인 BBC는 정부와 신문의 견제를 받았으나, 1928년에 논란의 여지가 있는 사안에 관한 라디오 토론 금지 조치가 해제되었고, 1930년대에 뉴스 제작 취재 단위가 발전하였으며, 2차 대전을 거치면서 BBC의 명성이 올라가고 자율성이 높아졌다. 1956년에는 의회에서 논의하는 사안들을 방송이 2주간 보도 제한하는 '14일 규칙'이 폐지되면서 자율성이 증대되었다고 한다. 특히, 1955년 상업 TV가 시작되면서 BBC가 정부로부터 실질적인 자유를 획득하였다는 것이다. 1956년 수에즈 전쟁에 반대하는 노동당 당수의 방송 내용을 송출하지 말라는 정부의 명령을 어기고 BBC가 방송을 감행하여 방송의 독립성이 입증되었다는 것이다(Briggs, 1980).

또한 브릭스는 미디어가 자유로워지면서 국민의 권력이 강화되었다고 하였다. BBC가 뉴스와 시사 프로그램을 주요 시청 시간대에 편성하고 대중적이고 정보적 성격이 뚜렷한 저널리즘 양식을 개발하여 양극화된 국민 분할을 의식적으로 상쇄하였다고 한다. 2차 대전 기간에는 오락물에 초점을 맞춘 〈부대프로그램, The Forces Programme〉을 도입하고, 노동계급 수용자를 대상으로 하는 〈노동자의 여가 시간〉이나 일하면서 듣는 음악 프로그램, 전복적 코미디, 미국프로그램 등을 통해 대중에게 다가갔다는 것이다. 상업방송이 등장한 이후에 BBC는 대중 채널로 변모하여 엘리트와 대중의 지식격차를 줄였다는 것을 강조하였다(Briggs, 1985; Scannell, 1989).

브릭스의 BBC 역사론은 역사적 기여에도 불구하고, 다소간 문제가 있다. 첫째, 정치적 독립의 상징인 칙허장과 면허협정서는 의회의 정치 간섭은 배제하였지만, 정부의 간접적인 통제를 막지는 못하였다. 경영위원도 명분상으로는 '공익을 위한 신탁자' 역할이지만, 실질적으로는 정부가 친정부적 인물들을 선임하여 BBC를 통제하기 위한 수단이었다. 또한 공영방송 가운데 유례를 찾아보기 힘들 정도로 지역의 자율성을 말살하고 중앙독점을 강요하였다.

둘째, 특정 정당이나 사회집단에 휩쓸리지 않는다는 원칙을 천명한 불편부당성 규범은 정부를 일방적으로 옹호하고, 야당과 노동조합에 비판적인 편파성을 보이기도 하였다. 대표적인 것이 1926년 노동 총파업과 1956년 수에즈 전쟁 보도이다. 브릭스는 리스와 BBC가 노동 총파업에서 중립적이었다고 평가하였다. 하지만 리스는 볼드윈 수상의 파업 비판 메시지를 직접 수정하고, 비밀리에 반노조 입장의 편지를 수상에게 보냈다. BBC에서 정부 입장만 방송하고, 노동계 지도자와 중립적인 캔터베리 대주교의 메시지도 방송하는 것을 거절했다(정용준, 2018).

수에즈 전쟁 또한 BBC가 국가권력의 그늘에서 벗어나 독립적임을 보여준 대표적인 이정표로 소개되었다. BBC는 정부와 갈등을 겪으면서 야당의 의견을 반영하였고, 의회 토론을 금지하는 14일 규칙을 극복하였다는 것이다. 하지만 역사학자 토니 쇼(Tony Shaw)는 수에즈 전쟁에 대한 자유주의 해석에 의문을 제시하였다. 수에즈 전쟁에서 BBC가 일부 저항한 것이 사실이지만, 대부분의 보도는 친정부적이었다는 것이다. 특히, 수에즈 전쟁 초기에 BBC 뉴스는 철저하게 정부 발표에 의존하였다. 하지만 친정부 보도가 BBC의 명성에 흠이 될 수 있다고 판단하고 덜 당파적인 보도로 바꾸었다(Mills, 2016). 이처럼 BBC의 불편부당성 이념은 실질적으로는 정부와 기성 권력을 대변하였다.

셋째, BBC가 국민 권력을 강화하기보다는, 정부와 기성 엘리트의 편에서 국민을 훈시하였다. 브릭스(Briggs, 1985)와 스캐널(Scannell, 1989)은 'BBC의 혼합편성과 지리적 보편성 원칙으로 대중들이 공연이나 축구를 안방에서 즐기는 공적 생활의 평등화'가 가능해졌다고 하였다. 하지만, BBC가 대중의 권력을 강화하기보다는 기성 체제 위주의 편향을 보였다는 증거(The Glasgow media Group, 1976; Hall, 1978; Jones, 2016; Mills, 2016)는 많다. 고전적인 글래스고 대학 미디어그룹(The Glasgow Media Group, 1976)의 〈나쁜 뉴스, Bad News〉 연구 시리즈는 일반 국민과 전문가들이 신뢰하는 'BBC 뉴스가 가치중립적 산물이 아니라, 친정부 권력을 반영한다'고 하여 충격을 주었다. 또한 홀(Hall)은 '선호 해독(preferred reading)'[9] 개념을 통하여 '방송이 계몽의 도구가 될 수 있다는 생각은 환상'이라고 한다. 자율적이고 불편부당하다는 보도 규범은 실제로는 정부와 자본의 기성 권력을 대변하고 시민사회와 노동자를 배제하는 것을 은폐하는 이데올로기 역할을 하였다는 것이다. BBC의 주요 간부들은 내각의 주요 견해를 충실하게 보도하며, 내각과 개인적 친화성을 유지하였다. 이들은 기업과 자유주의, 자유 시장이 공익이라는 보도를 주로 하고 있다. 결국 BBC는 정부로부터 점진적으로 독립하여 국민의 권력을 강화하기보다는 계급, 성과 인종 같은 기존의 지배적인 경제와 정치제도와 과정을 재생산하는 기능을 수행하였다고 한다.

브릭스의 영국방송사는 미디어에 대한 이론과 모델이 개발되지 않았고, 아카이브와 자료 구축이 되지 않았던 시대적 한계가 있었다. 따라서 기록 위주의 기성 제도사나 기업을 일방적으로 예찬하고 특정 인물을 영웅시하는 위인전으로 일방적인 평가를 하는 것은 무리가 있다. BBC 프로젝트가 가지는 한계, 빅토리아 시대를 찬양하는 자유주의 역사가로서의 한계가 있는 것은 분명하다. 하지만, 지금의 미디어 역사학자들도 엄두를 내지 못하는 영국방송사를 평생에 걸쳐서 서술하였다는 것은 높이 평가할 필요가 있다. 후대의 미디어 역사가들이 참고할 수 있는 아카이브를 구축하고, 당시의 관점과 맥락 위주로 역사를 서술한 것은 미디어 학자로서는 배울 점이 많다.

브릭스는 1995년 5권을 끝으로 BBC의 공식 역사가 자리를 물러났다. 존 버트(John Birt) 사장이 '프로듀서 선택제(Producer Choice)'를 채택하여 원가계산을 하면서 BBC 아카이브는 많은 어려움을 겪었다. 아카이브는 변동성 예산이 아니라 필수예산이며, 조직의 장기적인 전략이다. 존 버트 체제에서 역사는 미래를 위한 정보보다는 과

---

9 하나의 텍스트는 잠재적으로 여러 개의 방식으로 해독될 수 있으나, 보통은 그 가운데 하나의 해독이 선호된다. 즉, 코드 작성자(encoder)의 가정에 따라 텍스트를 충실히 그리고 직선적으로 받아들이는 것이다(박명진, 1989).

거의 일부로 여겨졌다. 브릭스의 BBC 프로젝트는 끝이 났고, 아카이브 또한 위험에 처했다. 일각에서는 브릭스가 노동당에 의해 임명된 무소속 하원의원이기 때문에 정치적인 교체 대상이 되었다고 한다. 브릭스의 유력한 후임으로 12명의 역사가 후보가 거론되었다. 이들 중 여성은 한 명도 없고, 5명이 옥스퍼드 대학에 있었다. 브릭스는 후임의 자격 조건으로 '독립적이고, 학구적이며 확고한 신념과 상당한 인내심을 가져야 하며, 시대가 변하여 대학에서 미디어 산업도 활성화되었기 때문에 반드시 역사학자가 될 필요는 없다'고 하였다. 그는 웨스트민스터 대학에 있는 방송역사학자 진 시튼(Sean Seation) 교수를 추천하였다. 그녀는 브릭스의 5권 이후인 영국방송사 6권으로 1974년에서 1987년까지를 다룬 BBC 역사서를 출간하였다. 『빨갱이와 배신자들, Pinkoes and Traitors: The BBC and the nation, 2015』는 브릭스에 대한 헌정사로 시작하여 대처 시절의 BBC 역사를 다루었다(Seaton, 2015a). 이처럼 브릭스는 후계자를 추천하면서도 자신과 가까운 옥스퍼드 대학 출신이나 역사학자보다는 독립적인 후계자를 추천하였다(Seaton, 2015b, 205).

브릭스의 BBC 역사서는 후학들의 미디어 역사서에 많은 영향을 미쳤다. 패디 스캐널과 데이비드 카디프(Paddy Scannell & and David Cardiff)의 『영국방송의 사회사, A Social History of British Broadcasting』, 데이비드 헨디(David Hendy)의 열정적이고 상상력이 풍부한 『방송인의 삶, Life on Air』, 그리고 『노이즈: 소리와 청취의 인류사, Noise: A Human History of Sound and Listening』, 시언 니콜라스(Sian Nicholas)의 『전쟁의 메아리, The Echo of War』, 조 모란(Joe Moran)의 『안락의자 영국, Armchair Britain』 등이 브릭스의 후예이

다. 미국에서도 미셸 힐메스(Michelle Hilmes)의 『라디오의 소리, Radio Voices』, 마이클 셔드슨(Michael Schudson)의 『전문직의 객관성 기원, The Origins of Objectivity in the Professions』과 『선량한 시민, the Good Citizen』이 브릭스에게 많은 영감을 받은 책들이다. 브릭스의 역사적, 경험적, 인도적 연구는 언론에 대한 새로운 접근 방식과 편견이 없는 폭넓은 시각을 열어주었다.

BBC의 역사서는 자원이자 자극제가 되어 곧 새로운 사고가 번성하기 시작했다. 브릭스는 이야기를 풀어내는 데 있어 탁월한 능력을 발휘했다. 예를 들어, 리스는 BBC 초창기 자신은 미지의 세계로 항해하는 중이었기 때문에 '봉인된 명령'은 없었지만 '선장이 지휘하는 것과 같은 방식으로' BBC를 이끌었다고 말했다. 또는 브릭스의 말을 빌리자면, '회사가 설립되고 성장했지만 그 설립과 성장으로 영국 사회와 영국 정부 모두에 어떤 일이 일어났다. 방송은 하나의 제도가 되었고, 사람들의 사고방식과 감정, 그리고 서로의 관계에 영향을 미쳤다. 초기 방송인들에게 방송은 공익을 위한 도구'였다. 대영도서관의 내셔널 라이프 스토리 창립자인 폴 톰슨은 브릭스에 대해 '매우 열정적이었고, 그런 면에서는 정말 멋진 사람'이라고 말했다. 브릭스는 또한 인간적인 눈을 가졌다. 그는 『무선의 황금시대』 서문에서 '이 책은 그 자체로 통일성을 지니고 있다. 이 책은 참가자들이 아직 살아있을 때 출판되었다. 그들은 여전히 제 마음속에 살아 있다'고 조심스럽게 애정을 담아 말하였다(Seaton, 2015b, 205-206).

• 제 7 장 •

미디어의 사회문화사

1. 역사적 관찰의 중심부로 이전한 미디어와 대중문화 연구

브릭스와 윌리엄스는 1940년대에 대학을 졸업하고 사회인을 대상으로 성인교육을 하면서 대중 매체의 중요성을 인식하였다. 노동계급들이 접하기 쉬운 신문이나 라디오, 영화 등을 성인교육의 교재로 사용하였다. 노동계급의 계몽을 위한 수단으로 미디어를 진지하게 고민하였다. 당시의 연구 풍토에서 옥스브리지 출신의 젊은 엘리트들이 대중 매체를 진지한 연구 주제로 하기는 힘들었다. 역사학계나 영문학계의 완고한 보수주의로 인해 대중 매체에 대한 진지한 접근이 터부시되었다. 역사가 대중문화와 관계가 깊지만, 엘리트들은 대중 오락과 관계된 것들과는 어느 정도 거리를 유지하였다. 문화연구를 선도하였던 좌파들도 대중문화를 기피 하였다. 리처드 호가트(Richard Hoggart)는 어린 시절의 상업화된 노동계급문화에 향수를 가지고 있으면서도, 아이스크림 가게나 미국의 락음악을 비난하였다. 윌리엄스도 문화는 '일상적인 것'이라는 주장을 하였지만, 실제 생활에서는 상업 문화에 대해 혐오증을 가지고 있었다. 1959년에 에릭 홉스봄(Eric Hobsbawm)은 재즈에 관한 책[1]을 발간하면서 '프란시스 뉴턴(Francis Newton)'이라는 가짜 이름을 사용했다. 홉스봄은 버크벡 칼리지와 BBC 평론으로는 수입이 부족하여 잡지의 재즈 평론가 자리를 부탁했다. 필명을 사용한 것은 실명으로 기사를 쓰면 학자 경력에 좋을 게 없었기 때문이다. 홉스봄은 낮에는 홉스봄 박사로, 밤의 재즈계에서는 '프랜시스 뉴턴'으로 불린 것이 공공연한 비밀이었다. 대중문화와 미디어 연구는 재미 삼아 다루는 '죄를 짓는 즐거움(academic guilty pleasure)'으로 간주 되었다(Nicholas, 2015, 165-169).

1950년대에 TV의 시대가 시작되면서 미디어의 역할에 주목하였다. 캐나다의 경제사학자인 해럴드 이니스(Harold Innis, 1894-1952)는 '커뮤니케이션의 편견(The Bias of Communication)' 개념을 제시하였다. 이니스는 인류 문명의 흥망과 지식 유형을 미디어와 연결하였다. 그는 『제국과 커뮤니케이션, Empire and Communications, 1950』과 『커뮤니케이션의 편향, The Bias of Communication, 1951』을 통하여 양피지, 점토와 돌은 시간의 영속성을, 종이와 파피루스는 공간을 강조한다고 한다. 시간을 강조하는 매체는 분권화를, 공간을 강조하는 매체는 중앙체계를 선호한다고 주장하였다. 그는 커뮤니케이션 매체가 통치조직과 행정, 제국과 서구 문명에서 결정적 위치를 차지하였다는 것을 강조하였다. 영문학자인 마샬 매클루언(Marshall McLuhan, 1911-1980)은 커뮤니케이션 이론가와 전자 시대의 문명비평가로 한 시대를 풍미하였다. 그는 『구텐베르크 은하계, Gutenberg Galaxy, 1962』, 『미디어의 이해, Understanding Media, 1964』, 『미

---

1 Francis Newton [Eric Hobsbawm], 『The Jazz Scene』 (London, 1959).

디어는 마사지이다, The Medium is the Massage, 1967』를 출판하였다. 그는 세계와 물질을 핫/쿨 미디어로 구분하고, 인류 역사는 쿨 미디어(cool media)인 구술문화에서 핫 미디어(hot media)인 인쇄매체 중심으로, 다시 TV가 등장하면서 쿨 미디어로 회귀하였다고 한다. 뉴미디어인 TV 중심의 시대가 되면서 지구촌(global village) 공동체로 회귀하였다는 것이다. 그는 미디어 기술결정론이라는 비판을 받았으나, 포스트모더니즘과 인터넷이 활성화되면서 다시 조명받았다.

'살아있는 최고의 지성'이라 불리는 독일의 철학자 위르겐 하버마스(Jürgen Habermas)는 『공론장의 구조변동, The structural transformation of the public sphere, 1962』을 통해 신문의 계몽적 역할을 강조하는 미디어 공론장 개념을 제안하였다. 이 논문은 1980년대에 영어권에 알려지면서 미디어 학계에 널리 소개되었다. 하버마스의 공론장 모델은 공영방송뿐만 아니라 인터넷, SNS에 이르기까지 많은 미디어 연구에서 적용되고 있다. 미디어 연구가 하버마스의 공론장 모델에 열광한 것은 공영방송, 방송 저널리즘과 토론프로그램, 글로벌과 인터넷의 민주적 잠재력에 철학적, 이론적 여지를 제공하였기 때문이다(정용준, 2018).

2. 방송역사의 발명가, 아사 브릭스

브릭스는 역사학자이지만, 미디어와 문화에 대해 저술과 논문 작업(Briggs, 1949; 1951; 1955)을 활발하게 하였다. 1945년부터 군대의 교육 방송 프로그램과 BBC에서 방송을 진행하였다. BBC 프로젝트는

19세기 지역공동체와 노동 연구의 연장이자 계몽 활동이었다. 미디어의 역사에 대한 분석 없이 사회문화사에 대한 이해가 불가능하다는 것이다. 그는 1961년에 BBC 역사서 1권을 출간하면서 역사학자들이 가치가 없다고 비판하는 대중 매체를 통하여 역사를 분석하였다. 그는 평생에 걸쳐 사회, 도시, 노동, 커뮤니케이션 역사 분야에 집중하였다. 그는 역사를 전문가들이 아닌 평범한 사람에게 돌려주고자 하였다. 성인교육과 개방대학을 도와주면서 지역단체에 대한 지속적인 강연을 통해 역사를 민중들에게 돌려주었다. 그의 저작들은 전문 학계보다는, 대중에게 친숙한 주제를 채택하였다. 1956년에 사람들에게 친근한 루이스 백화점을 저술하고, 1960년에 〈대중오락물의 기원〉[2]을, 1961년에는 영국방송사 1권을 저술하였다(LeMahieu, 1998, 222-227). 브릭스는 19세기 버밍엄 지역의 신문, 출판과 공중을 연구하였다.[3] 브릭스는 라디오의 발전이 신문 및 영화의 발전과 공존하였으며, 문화의 국유화(nationalization of culture)를 이룩하였다는 것이다. 그는 80대 후반의 나이에도『롱맨 출판사와 그 책의 역사, A History of Longmans and Their Books 1724-1990』를 저술하였다. 롱맨 출판사는 1724년에 시작되어 영국, 북아메리카, 영연방에서 현

---

2 Briggs(1956). Friends of the people: the centenary history of Lewis's (London: Batsford, 1956). Briggs. (1960). Mass entertainment: the origins of a modern industry, 29th Joseph Fisher Lecture in Commerce (Adelaide: Griffin Press, 1960).

3 Briggs(1949). Press and public in early nineteenth century Birmingham (Oxford: Dugdale Society). Briggs (1951). Review of L. S. Marshall, The development of public opinion in Manchester, 1780-1820, British Journal of Sociology 2, (2), 172-4. Briggs(1955). Review of Brian Inglis, The freedom of the press in Ireland, 1784-1841, Irish Historical Studies, 9(36), 472-3. 등 많은 책과 논문이 있다.

존하는 가장 오래된 출판사이다.[4] 이 책은 출판사의 의뢰로 1974년에 시작하여 2008년에 출판되었다. 출판사 창립 250주년을 기념하는 책으로 브릭스가 35년 걸려 완성한 책이다.

그의 커뮤니케이션 관련 글들은 1991년에 편집한 『브릭스의 글 모음집, The Collected Essays of Asa Briggs: Serious Pursuits Communications and Education』에 정리되어 있다. 이 책에는 12편의 글이 수록되어 있다. 커뮤니케이션과 문화, 대중 오락, 커뮤니케이션 혁명, 즐거움을 주는 전화, 초창기 방송에 대한 역사적 회고, 존 베어드(John Baird)의 TV 방송 50주년, BBC 사장 존 리스 탄신 100주년, 북부 잉글랜드 방송 이야기, BBC 국제서비스, 최초의 방송비평가들, 방송기록의 최종 편집 등이 실려 있다. 또한 브릭스 탄생 70주년과 옥스퍼드 대학 학장 퇴임을 기념하여 제자들이 브릭스의 주요 관심사를 도시, 계급과 커뮤니케이션 부문으로 정리하였다.[5] 이 책에서는 브릭스의 커뮤니케이션에 대한 글들을 그의 삶과 연계하여 잘 서

---

4 토마스 롱맨(Thomas Longman)과 후손들이 만든 이 회사는 1711년에 시작한 라이벌출판사 Rivingtone Family보다는 늦었으나, 1890년에 인수하였다. 존 머레이(John Murray)는 1768년에 시작하였고, 맥밀란(Macmillan)은 1843년에, 루트리지(Routledge)는 1878년에 시작하였다. Longman은 〈History Today〉를 위시한 많은 역사 저널을 발간하고 있다. 브릭스는 이 책에서 제국, 무역, 문헌, 기업 전기 등 여러 측면을 다루었다. 브릭스는 1990년까지를 다루었는데, 1994년에 피어슨(Pearson) 그룹으로 인수되었다. 설립자인 토마스 롱맨(Thomas Longman)은 브리스톨 상인인 아버지와 부유한 선박회사의 소유주인 어머니로부터 유산을 물려받았다. 유사한 출판사들을 인수하면서 서적의 수를 배로 늘렸다. 이 당시 출판사는 많은 자본이 필요한 고위험 사업이었다. 설립 50년만에 5,000 여종의 서적을 발간하였고, 책의 수준이 높기로 유명하였다(History Today 2009. 3.).

5 Fraser(1990). Cities, Class and Communication: Essays in honour of Asa Briggs, New York and London: Harvester Wheatsheaf.

술하였다.

브릭스의 BBC 프로젝트는 미디어 역사에서 선구적이다. 브릭스가 집필을 시작한 1957년에 방송역사는 물론이고, 역사학계에서 사회사도 새로운 주제였다. 매스미디어는 역사학자에게 연구 주제가 될만한 가치가 없었다. 매스미디어 연구는 미국 저널리즘 학교를 제외하고는 이루어지지 않았다. 프랑크푸르트학파의 미디어에 대한 비판적 연구는 영어권에 거의 알려지지 않았고, '매스미디어'라는 용어 자체가 낯설었다. 선행 연구가 부족하였고, 인쇄물로 된 부분적 기억과 평론이 전부였다. 뚜렷한 방송역사 이론과 방법론이 정립되지 않았던 시기에 브릭스의 BBC 역사서는 '방송역사를 발명하는 위치'에 있었다(Scannell, 2002, 200-201). 케임브리지 대학 출신의 저명한 역사학자 브릭스가 방송과 문화를 총체적으로 조망하는 방송역사를 서술하면서 매스미디어는 영국 역사의 중요한 학문적 대상이 되었다. 그는 미디어 학자들이 빠져들기 쉬운 '미디어 중심주의'에서 벗어나 미디어와 사회의 관계를 총체적으로 조망하는 '미디어 사회사'를 지향하였다. 그는 BBC가 정치사회 등에 미친 영향을 폭넓게 분석하였다. 브릭스 이후 미디어 역사 연구가 활발하게 전개되면서 '미디어 역사'라는 용어가 널리 사용되었고, 역사적 관찰의 주변부에서 중심부로 이전하였다. 이처럼 브릭스는 방송역사의 위치를 격상시킨 선도적 개척자이다(O'Malley, 2002).

1920-30년대에는 커뮤니케이션 분야의 사회학이나 다른 전공자들이 거의 없었기 때문에 정치학자와 역사학자들이 독점적인 영향력을 행사하였다.[6] 1960년대 후반부터 미디어 연구 분야는 급격하게 팽창되었다. BBC 내부 PD 출신인 스튜어트 후드(Stuart Hood, 1915-2011)

가 『TV에 대한 서베이, A Survey of Television, 1967』, 『매스미디어, The Mass Media, 1972』를, 앤서니 스미스(Anthony Smith)가 『동굴 속의 그림자, The Shadow in the Cave, 1973』를, 사회학자인 톰 번즈(Tom Burns)와 이류 카츠 (Elihu Katz)가 애넌위원회의 연구를 수행하였다. 이들은 대개 1970년대 중반에 애넌 위원회에서 핵심 증인이거나 비판적인 입장이었다(Briggs, 1979, 181).

역사학계는 보수주의 성향으로 미디어 연구를 무시하였다. 저명한 문화사학자인 로버트 단톤(Robert Darnton)[7]은 2000년 미국 역사학회 회장 취임 연설에서 역사학자들에게 커뮤니케이션 역사를 연구할 것을 제안하였다. 그는 아카이브와 명시적인 기록물, 그리고 영웅에 초점을 맞춘 전문가 역사 때문에 미디어는 하찮은 대중 통속물로 전락하였다고 비판하였다.

> 19세기 독일의 랑케식 실증 사관이 도입되면서 전문가와 대중 역사가 차별화되었다. 랑케식 전문가 위주의 역사학은 문헌 기록

---

6 방송으로 전공을 바꾼 대표적인 정치학자이자 역사학자가 어니스트 바커(Ernest Barker, 1874-1960)이다. 그는 1935년 〈방송의 시대, This age of Broadcasting〉 논문을 통해 울스워터 위원회가 너무 자유주의적이라고 생각하였다. 정치학자인 윌리엄 롭슨(William Robson, 1895-1980)도 경영위원회에 대해 도덕적이고 사려 깊은 판단이 필요하다고 생각하였다. 이처럼 방송에 대한 논평을 한 전문가들은 단편적이었으며, 방송구조에 관심을 가진 학자들은 거의 없었다. 1968년에 에브하드 웨델(Eberhard Wedell)이 『방송과 공공정책, Broadcasting and public Policy, 1968』,『방송의 구조, Structure of Broadcasting, 1970』를 통하여 방송에서 소비자 문제를 다루었다.

7 로버트 단톤은 『책의 역사』로 유명한 역사학자이다. 하버드를 졸업하고 옥스퍼드에서 학위를 받았다. 프린스턴 대학의 교수로 미국역사학회 회장을 역임하였다. 문화사, 18세기 프랑스, 책의 역사 분야를 전공하였다.

을 남긴 개인과 제도에 집중한다. 따라서 민족국가와 위대한 인물들의 이야기에 초점이 맞추어진다. 전문역사의 관점에서는 미디어 역사의 독자성을 인정하지 않았다. 미디어 역사 중에 영향력이 높은 엘리자베스 아이젠스타인의 『근대 유럽의 인쇄미디어 혁명, The Printing Revolution in Early Modern Europe, 1979』은 전문역사가들에 의해 정치 혹은 문화사로 인식되며 미디어 역사를 무시하였다 (Darnton, 2000, 1-3).

이글에서 인용된 『근대 유럽의 인쇄미디어 혁명』은 역사학자인 엘리자베스 아이젠슈타인(Elizabeth Eisenstein, 1923-2016)[8]이 서술한 구텐베르크 인쇄술에 관한 연구이다. 그녀는 필사본에서 인쇄술로의 변화로 인한 커뮤니케이션 혁명을 분석하였다. 그녀는 역사학자가 커뮤니케이션 문제를 다루는 경우가 거의 없으며, 있다고 해도 기록 문서를 남긴 사회의 연구에 한정하였다고 하였다. 이는 기록 문서와 읽고 쓰기를 할 줄 아는 소수 엘리트의 행동에 초점이 맞춰져서 일반 사람들을 무시하는 방향으로 움직였다. 즉 '수다스럽게 말이 많은데도 문자를 가지지 못한 사람들'의 역사가 무시되었다는 것이다. 구술문화의 복원을 통해 엘리트주의의 불균형을 해소하자는 것이다. 그녀는 인쇄술은 유럽 전역의 학문사회에서 자료를 수집, 보관, 검색하는 방법을 변화시켰다고 한다. 다만 인쇄술은 '하나의 동인'이며, 변

8 에이젠슈타인은 미국의 역사학자이다. 프랑스 혁명과 19세기 초 프랑스의 역사를 연구했다. 초기 출판 역사에 관한 연구로 널리 알려져 있으며, 필사 문화 시대에서 출판 문화 시대로 진행하면서 일어난 매체의 변화를 다루었다(위키백과).

화의 '유일한' 요인은 아니라는 것이다. 이러한 전제 위에 인쇄술이 르네상스, 종교개혁, 근대 과학의 부흥에 미친 영향을 논하고 있다(Eisenstein, 1979). 브릭스가 1960년대에 주목하였던 미디어 연구를 후배 역사학자들은 2000년대에 들어서야 주목하였다.

3. 브릭스의 총체적 사회문화사

브릭스가 말년에 역사 및 세계에 접근하는 방식을 소개한 자서전 『특별한 관계, Special relationship, 2012』을 낸 적이 있다. 여기에서 그는 타인 및 다른 세상과의 공감을 중요하게 여겼다.

> 나와 관계있는 사람들의 이야기를 진솔하게 제시한다. 19세기 독일 역사가인 빌헬름 딜타이(Wilhelm Dilthey, 1833-1911)가 '타인과의 정신적, 감정적 공유는 타인과는 관계없이 혼자 살피는 것보다 높은 인식에 이르게 된다'고 한 것에 전적으로 공감한다. 나는 역사를 이런 정신으로 접근하였다. 나는 책에서 나에게 많은 영향을 준 사람들과 장소에 초점을 맞추었다. 나는 강한 비주얼 감각을 지니고 있으며, 특정 사람이나 제도를 생각할 때 특정한 장면을 떠올린다. 나에게는 좋은 장소가 있고, 좋은 시간이 있었다. '특별한 관계'라는 제목은 윈스턴 처칠과 프랭클린 루스벨트, 영국과 미국과의 특수한 관계에서 빌려 왔다. 내가 가장 당황스러운 말이 '역사가 보여줄 것이다'라는 것이다. 과거와 비판적 역사 연구는 차별화되어야 한다.

브릭스의 역사 연구 방식은 옥스퍼드 대학 학장 은퇴 겸 70세 기념논문집에 잘 제시되어 있다. 이 책은 그의 제자들이 브릭스의 연구를 도시, 계급, 커뮤니케이션 분야로 정리 한 것이다. 리즈대학 재직 때의 제자였던 데렉 프레이저(Derek Fraser, 1990)가 『도시, 계급과 커뮤니케이션, Cities, Class and Communication: Essays in honor of Asa Briggs』으로 편집하였다. 역사학자 브릭스의 글쓰기 사상 및 신념에 대해 다섯 가지로 정리하였다.

첫째, 총체적 사회사를 지향하였다. 브릭스의 강점은 학문적 깊이보다는 역사적 상상력과 종합화 능력에 있다. 그는 개별 학문에서의 창조적 능력은 떨어진다는 비판을 받기도 하였다. 하지만, 개별 학문을 연결하면서 종합화하는 것에 주력하였다. 워낙 관심 분야가 다양하고 다작이기에 개별 학문의 심층적인 깊이에서는 부족할 수도 있을 것이다. 이는 브릭스의 사회사에서 잘 나타난다. 그는 경제사가 배제된 사회사를 지향하는 조지 트레블리안(George Trevelyan, 1876-1962)[9]의 역사에 반대한다고 하였다. 1940년대 후반에 브릭스가 이 방식을 도입할 당시에 사회사는 의복이나 실내 건축과 같이 학생들이 가볍게 접근하는 주제였다. 사회사가 우표 수집이나 카탈로그 판매 같은 것이라고 오해하였다는 것이다. 그는 사회의 물질적 문화가 의미하는 사회적, 정치적 특징의 관계를 분석하고자 하였다. 그는 40년간

---

9 잉글랜드 워릭셔 출생으로 케임브리지 대학을 졸업하였다. 1927-1940년 케임브리지의 교수로 있었으며, 트리니티칼리지 학장, 더럼대학교 학장 등을 역임하였다. 휘그 사관(史觀)으로 불리는 가장 전통적인 영국사(英國史) 해석의 입장에 섰으며, 영국사 전반의 깊은 학식과 생동감 넘치는 서술로 각광받았다. 저서로 『영국사회사, 1942』외에 가리발디와 이탈리아의 통일을 다룬 『가리발디 3권, 1906-1911』이 있다(네이버 지식백과).

꾸준하게 사회, 경제, 정치 구조의 관계에 바탕을 둔 개념적 프레임을 견지하였다. 정치 관계를 분석하고자 한다면, 먼저 사회와 경제 관계를 명료하게 해야 한다는 것이다.

둘째, 도시 역사를 연구하였다. 그는 버밍엄을 비롯하여 여러 도시들을 비교 분석하였다. 버밍엄의 의뢰로 1952년에 출판한 『버밍엄의 역사, 2권, 1865-1938』은 1권의 저자가 사망하는 바람에 작업하게 되었다. 브릭스의 도시 역사 연구는 독특하다. 버밍엄은 지역사이긴 하지만, 영국 전체 역사에서 중요한 위치를 차지하였다. 버밍엄은 공예가들의 경제적 기반으로 중산층과 노동계급의 사회적 합의가 이루어진 도시였다. 브릭스는 '엥겔스가 맨체스터가 아닌 버밍엄에 살았다면 역사에서 계급에 대한 그의 개념은 매우 달랐을 것'이라고 말했다(McWilliam, 2015, 30). 브릭스는 '견고하고 획일적이며 평화로운 맨체스터는 귀족적 영국이 항상 바라보던 위대한 경제 신조의 본거지였고, 교육받은 영국인들은 약간의 혐오와 경멸을 느끼기 시작했다. 실험적이고 모험적이며 다양한 버밍엄은 오래된 급진주의가 때로는 화려한 사회주의로, 때로는 잔혹한 제국주의로 꽃피울 수 있는 도시'로 비교하였다(Seaton, 2015b, 191).

빅토리아 시대의 3부작과 같이 버밍엄 지역의 도시, 사람과 장소를 맨체스터 지역과 비교하여 이들의 총체적인 특징을 분석하였다. 그는 빅토리아 시대의 공동체에서 연기가 자욱한 어린 시절을 보낸 브릭스는 리즈대학 재직시절 다시 고향으로 돌아와 빅토리아 시대의 주택에 살면서 빅토리아 시대의 전문가가 되었다. 1965년 허먼 오수벨(Herman Ausubel)은 브릭스를 '세계에서 가장 뛰어난 빅토리아주의자(the outstanding Victorianist in the world)'라고 하였다(Hewitt, 2015, 47).

브릭스는 헤럴드 퍼킨(Harold Perkin, 1926-2004)과 함께 사회사학회를 창립하였다. 퍼킨은 『현대 영국 사회의 기원, 1780-1880, The Origins of Modern English Society, 1780-1880, 1969』을 저술한 사회사학자로 브릭스와 함께 1976년에 사회사학회를 창립하였다. 퍼킨은 철도, 자동차와 같은 운송수단의 사회사 전문역사가로 명성을 떨쳤다. 이들은 에드워드 톰슨의 『영국 노동자 계급의 형성, The Making of the English Working Class, 1963』에 자극받았다. 두 사람은 톰슨의 사회사에 동감하였지만, 사회주의 성향과는 반대였다(Pamela, 2016, 7). 또한 제임스 디오스 (James Dyos, 1921-1978)로 하여금 도시 역사를 연구하게 하였다. 그는 레스터대학의 역사학과에서 도시 역사 교수로 재직하면서 빅토리아 협회의 회장이 되었다. 브릭스는 지식을 독점하지 않고, 학생 및 동료들과 연구 성과를 공유하여 이들이 자신의 관점으로 깊이 연구할 수 있게끔 길을 안내하였다.

셋째, 노동사를 연구하였다. 그는 노동사 연구학회(Society for the Study of Labour history)를 설립하였다. 그는 노동사 분야의 저명한 역사학자 조지 콜의 제자는 아니지만, 존 새빌과 함께 기념논문집 『노동사 에세이, Essays in Labour History, 1960』를 편집했다. 그는 좌파 노동 역사그룹인 에드워드 톰슨 및 에릭 홉스봄과도 공동연구를 하였지만, 좌파들의 계급 관점이 총체적인 역사를 분석하는 것에 한계가 있다고 판단하였다. 다만 노동계급의 재교육 기관인 노동자 교육협회(WEA)의 활동에 일생을 바쳤다. 브릭스는 『차티스트 연구, Chartist Studies, 1959』를 발표하였다. 1840년대에 차티즘은 전국적인 노동자 운동이 되었지만, 지역마다 다른 양상을 보였다고 주장하였다. 브릭스는 노동사 연구에서 네 가지 요소를 강조하였다. ① 삶의 방식과 관련된 사회사를 제안하였다. 평범한 사람들의 일상생활과 경험이 사회사에서 중요하다는 것이다. ② 그는 중산층을 포함한 노동을 삶의 다른 요소와 관련시키는 접근방식을 강조했다. 그는 너무 편협한 노동사에 대해 경고하면서 계급 관계가 중요하다고 덧붙였다. 그는 '역사는 지배자, 왕과 수도사만이 아니라 투표하는 사람, 물건을 사는 고객, 일을 하는 노동자와 자동차와 철도를 타는 승객에 관한 것'이라는 점을 강조했다. ③ 노동사학자는 노사관계의 역사뿐만 아니라 노동의 본질, 전망, 태도와 같은 지식의 공백을 메워야 한다. 그들은 관련된 사람들의 삶의 배경에 관심을 가져야 한다는 것이다. ④ 노동운동에 관한 이론을 조사하고 수정할 것을 주문하였다. 요약하자면, 브릭스는 계급 구조와 사회사를 고려하여 노동사에 대한 다원주의적 접근을 주장했다(Bongiorno, 2014, 95-96).

넷째, 커뮤니케이션 역사를 연구하였다. 그는 초창기에 신문의 역사 분야를 개척하였고, 다섯 권의 BBC 역사서와 함께 ITV 역사(The Franchise Affair, 1986)도 저술하였다. 위성과 케이블TV가 시작되면서 새로운 상업 채널의 품질이 떨어질 수 있다고 경고하였다. 그는 『The Collected Essays of Asa Briggs: Serious Pursuits Communications and Education, 1991』으로 출판하였다. 여기에는 커뮤니케이션과 문화, 대중오락물의 기원, 커뮤니케이션 혁명 등 13편의 글이 있다. 그는 평생에 걸쳐 영국방송사에 집중하였지만, 신문, 인쇄, 출판, 상업방송, 여론과 같이 커뮤니케이션 전반에 걸쳐 글을 쓰면서 커뮤니케이션과 경제 및 사회의 관계를 분석하였다. 특히 1800년대 후반에 일어난 증기기관, 전신의 발달로 인한 커뮤니케이션 혁명에 주목하였다.

다섯째, 그는 역사를 전문가들이 아닌 평범한 사람에게 돌려주고자 하였다. 노동자 교육협회와 개방대학을 도와주고, 지역단체들에 대한 지속적인 강연을 통해 역사를 민중들에게 돌려주었다. 『인민의 친구: 루이스 백화점, Friends of the People: The Centenary History of Lewis's, 1956』[10]와 『빅토리아 시대의 와인주식회사, Victoria Wine Company』은 아카데미 학회가 아니라 대중서로 불필요한 각주를 생략하였다. 브릭스는 특정 학파를 추종하지 않았고, 특정 개념을 거부하였다. 각기 다른 역사적 상황에서 지도교수의 해석을 반복하는 경향들을 싫어하였다. 오히려 학생들에게 새로운 역사적 방법과 길을 고무하였다. 그는 젊은 연구자들에게 지도교수들에게 많은 영향을 받지 말라고 충고하였다. 브릭스의 학문적 관심사가 다양하여 특정한 역사적 잣대와 학파로는 추구하기 힘들었다.

브릭스는 빅토리아 시대의 역사 전문가로 알려져 있다. 하지만 그의 연구는 19세기에 한정되지 않는다. 역사학계에서 일종의 금기인 20세기 동시대를 연구하였고, 연구 대상도 서부 유럽을 벗어나 러시아, 미국, 아시아로 확장하였다. 사회, 도시, 노동, 미디어로 연구 분야도 확대하였다. 오죽하면 역사학계 일부에서 '브릭스의 관심사가 너무나 광범하여 깊이가 없다'고 할 정도였다. 하지만 그의 총체적 사회사의 관점에서 보면 역사분석은 정치경제뿐만 아니라 사회문화사의 분석이 결합한다. 19세기뿐만 아니라 20세기도 결부되어, 과거, 현재, 미래를 유기적으로 연계해야 한다. 서구에서 벗어나 북미와 러

---

10 루이스 백화점에서 브릭스는 부의 생산자가 소비자가 되면 어떻게 바뀌는지를 분석하였다. 국민의 일상적 경험의 구성 요소로서 소매업과 쇼핑의 중요성을 이야기하였다. 광고와 마케팅과 같은 소비의 역사를 다루었다(McWilliam, 2015, 35).

시아, 아시아 등을 함께 연구되어야 서구중심주의와 오리엔탈리즘을 극복할 수 있다고 하였다. 역사 연구는 엘리트와 전문가들이 아닌 일상적인 평범한 노동자들과 시민을 위한 것이며, 학생들에게 열린 지도교수와 전문가들의 견해를 추종하지 말 것을 주문하였다.

그는 정치와 경제 위주의 역사를 사회사로 확장하면서 '사물의 상호연결성(interconnectedness of things)'을 주장하였다. 사물의 상호연결성은 브릭스의 핵심적인 통찰력을 설명하는 개념이다. 그는 사회적 관찰자로서 일상생활의 경험과 책과 논문을 결합하였다. 그는 도시와 지역사를 연구하면서 '책으로부터 얻은 지식 못지않게 어린 시절 자랐던 카일리와 요크셔 지역의 풍경과 도시 타운으로부터 많이 배웠다는 것'을 강조하였다. 그는 마르크스주의를 비롯하여 특정한 이론과 방법론에 매몰되는 것을 경계하였다. 그는 '사회사는 구조와 변화의 과정 모두에 관심을 두지만, 이를 탐구하는 가장 좋은 방법은 경험에 초점을 맞추는 것이다. 가시적인 역사 이론이 없어도 경제와 사회의 관계가 변화의 중요한 동인'이라는 것이다. 그는 지역 역사에 대한 설명에서 일반화가 가능하다는 확신이 들기 전까지는 특수성과 경험에 충실하였다.

그는 현대생활에서 제도의 역할을 강조하였지만, 사회변화의 모호함과 복잡함에 대해 충분히 인식하였다. 따라서 지역 역사에 대해 일반화는 신중해야 하며, 특수성에 충실해야 한다고 생각하였다. 대중물에 대한 인식도 마찬가지이다. 당시 역사학은 대중음악이나 방송 등을 서술하는 것을 부끄러워하는 경향이 있었다. 브릭스는 당시로서는 혁신적인 방송뉴스, 광고, 왕실의 기념품이 사회를 작동하는 것을 이해하는 것에 중요한 단서라고 하였다. 이처럼 브릭스 이후로 대중오락물이 역사 연구의 중요한 대상이 되었고, 경제를 포함한 문화연구를 통해 물질적 기반과 연계된 이미지와 표현의 문화연구가 확장되었다. 이처럼 그는 사물의 연계성을 강조했다. 브릭스는 사물을 더 넓은 맥락과 연결하고 학제 간의 접근을 활용하는 방식을 주장하였지만, 프랑스 기호학자들처럼 환원주의적 이론화에는 반대하였다. 그는 특정 이론화를 거치지 않더라도 비평의 아이디어를 통해 창조성을 구축할 수 있다는 것이다. 이처럼 사물의 연결성에 초점을 맞춘 사회사에 대한 총체적 접근 방식을 채택하였다(McWilliam, 2014, 23-26).

4. 브릭스와 윌리엄스의 커뮤니케이션론

브릭스와 윌리엄스는 미디어를 연대기나 제도로 서술하는 관행을 탈피하여 사회 및 문화와의 관계를 총체적으로 서술하는 미디어 사회문화사를 제안하였다. 1950년대 말에서 1960년대 초반의 시기(1956-1962)에 역사학자와 영문학자인 이들이 역사와 문화연구에서 커뮤니케이션에 초점을 맞추었다. 브릭스는 이를 '영국 커뮤니케이션 연구의 첫 개화기(the first flowering of communication studies in Britain)'라고 하였다(Thompson 2015, 148). 당시는 노동자의 경제적 여건이 개선되고 정치적 민주화가 이루어지면서 문화의 민주화가 시대적 당면 과제였다. 경기 활성화로 TV 수상기의 보급이 급격하게 확장되면서 TV는 보통 사람들의 문화적 생활에 막대한 영향을 미쳤다. 특히 미국은 컬러TV의 도입으로 패션, 스포츠 등 생활 전반이 획기적으로 변화하였다. 하지만 지식인들은 뉴미디어인 TV의 도입에 대해 '바보상자'를 만든다는 이유로 대중문화에 부정적이었다. 노동계급 출신의 두 지식인은 야간에 주로 이루어지는 성인교육을 통하여 대중 매체의 중요성을 인식하였고, TV를 노동계급의 교양을 향상하고 민주화하는 도구로 간주하였다.

두 사람은 자유주의와 급진주의라는 대비된 시각을 가지고 있었지만, 커뮤니케이션에 대한 관점은 공통점이 많다. 첫째, 두 사람은 정치경제사를 탈피하여 미디어의 사회문화사를 지향하였다. 브릭스는 역사학자이지만 경제학을 동시에 공부하여 미디어의 발달에서 경제적 연결고리를 추구하였다. 예를 들어 미디어의 발달 과정을 분석하면서 기술뿐만 아니라 사회경제적 연결고리를 추구하였다. 그는 사물의 연관관계를 구체적으로 제시하면서 사회적 의미를 규정하였다. 브릭스는 뉴미디어의 발명이 가져오는 사회적 변화를 총체적으로 분석하였다. 이는 1966년 리즈대학에서 행한 '커뮤니케이션 혁명' 강연에서 잘 나타난다.

> 노동자 교육협회의 창설자 맨스브리지는 단순한 사실 전달 이상의 쟁점들을 제기하였다. 그는 용감한 상상력을 요구하였다. '지식은 교육이 아니라 모든 것을 새롭게 만드는 세상의 심장을 타오르게 만드는 연료'라고 하였다. 새로운 매체의 등장은 사람들을 여행하고 타인에게 말하고 사진을 찍게 한다. 단순히 TV를 통해서 성인교육을 하는 파급 효과뿐만 아니라, 교육 기술과 교육, 학습과 교수방식에 대한 근원적 문제를 제기한다. 나는 산업혁명기부터 지금까지 커뮤니케이션 수단에 관심을 가진다. 증기기관과 인쇄기가 했던 역할은 첫째, 학습의 진보(the advancement of learning)를 가져왔다. 미

디어가 없었으면 학습의 속도는 훨씬 느렸을 것이다. 둘째, 즐거움도 가져왔다. 미디어는 오락과 교훈의 도구(a medium of entertainment and instruction)이다. 오락은 좋은 것도 있고, 나쁜 것도 있다. 셋째, 소수의 사람만이 읽고 쓰는 것이 가능했는데, 보통 사람들도 가능하게 되었다. 넷째, 인쇄 시대에도 다른 형태의 커뮤니케이션도 지속되었다. 서적의 학습과 함께 전통문화도 지속되었고, 인쇄 전통과 함께 구두 전통도 지속되었다. 민속문화는 전통적이고 지역적이다. 다섯째, 산업사회로 이전하면서 다른 사람들을 더욱더 잘 이해하게 되었다. 여섯째, 인쇄 시대에는 통제의 문제, 즉 독점, 면허와 검열이 핵심 쟁점이 되었다. 일곱 번째, 증기기관이 발명되면서 인쇄, 경제, 사회, 문화적인 발전이 이루어졌다. 증기 인쇄기가 1814년에 도입되었는데, 글을 읽고 쓰는 능력이 향상되고, 문고판 서적의 혁명이 일어났다(Briggs, 1991, 62-76).

브릭스는 미디어를 통한 성인교육의 학습 방법이 효율적이라고 하였다. 뉴미디어의 이용으로 인한 엘리트에서 보통 사람으로의 지식 및 오락의 확대, 사람의 이해증진과 통제의 강화, 그리고 사회경제적인 발전 등을 총체적으로 서술하였다. 윌리엄스도 정치경제의 부산물이 아니라 정치경제와 불가피하게 얽혀있는 커뮤니케이션을 파악하는 커뮤니케이션 유물론을 추구하였다. 브릭스는 윌리엄스의 작업에 대해 '커뮤니케이션의 측면에서 총체적으로 사고하는 새로운 방법을 추구하였다(detected whole new ways of thinking in terms of communications)'고 평가하였다(O'Malley, 2002, 159).

둘째, 좌우파의 대중사회론을 비판하였다. 대중사회론은 정치경제라는 사회적 수요와 의사 결정 때문에 미디어의 기술적, 사회적 잠재력을 파악하지 못하였다는 것이다. 브릭스와 윌리엄스는 대중 혹은 대중문화라는 말을 기피 하였다. 브릭스는 매스 커뮤니케이션과 대중문화가 출현하기 이전에 '대중 시장(mass market)'이 먼저 출현하였다고 한다. 그는 사람들을 '대중'으로 보는 것은 그들을 알지 못하거나, 시장 공식에 따라 사람을 보는 것이라고 비판하였다. 오히려 다중전달이 더 정확한 용어라고 하였다. 윌리엄스도 매스는 사람들을 오합지졸의 무리로 표현하는 것이며, 매스미디어는 이러한 무리의 기능을 표현하는 것이다. 이는 민주주의를 위협하는 요인이 된다. 공통문화는 커뮤니케이션을 기초로 할 때 획득되며, 이는 송출에 대해 다른 인식을 해야 한다. 송출의 출처는 다양하며, 다양한 출처가 공동채널에 연결될 수 있다는 사실을 확신하는 사고방식을 가질 때에 가능하다. 매체 생산에 동등하게 참여하는 기회가 주어져야만 보다 민주적인 문화가 이루어질 수 있다고 한다. 매스미디어 모델의 제한적 상상력을 거부함으로써 윌리엄스는 매체와 대안적 미래의 관계를 생각할 수 있는 지평을 열어 놓았다.

셋째, 미디어의 기술결정론을 비판하였다. 윌리엄스(Williams, 1974)는 매클루언(McLuhan, 1962, 1964)의 기술결정론을 비판하였다. 기술결정론은 사회적, 정치적, 경제적 의도를 발명의 임의적 자율성이나 관념적인 인간의 본질로 규정한다는 것이다. 지구촌(Global Village)은 사회적 관계와 제도적 실제의 권력적 역학관계보다는, 매체에 내재하는 형식적 성질의 표출이라고 하였다. 매클루언은 매체를 사회과정보다는 정신적인 과정의 표출로 파악하여 비역사적이며 형식주의라고 비판하였다. 윌리엄스는 매체의 효과가 사용하는 사람과 관계없다면, 정치적, 문화적 논쟁을 할 필요가 없으며, 기술 자체의 논리대로 내버려 두어야 한다는 것이다. 그는 정치경제 세력에 의해 커뮤니케이션이 결정되는 것이 아니라, 매체가 사회변화를 유도할 수 있다고 하였다. 사회변화의 실천은 인간과 인간의 제도가 기술의 사용을 상상하고 구체화하는 방식에 달려있다는 것이다.

윌리엄스는『마르크스주의와 문학, Marxism and Literature, 1977』에서 정통 마르크스주의에 대항하여 문화와 커뮤니케이션을 정치경제 관계의 부산물로 취급하는 관점을 공격한다. 그는 문화 자체가 물질적 성향이 있다는 것을 밝혀 문화 및 커뮤니케이션 유물론(cultural materialism)으로 개념화하였다. 커뮤니케이션은 그 자체로 실재를 끊임없이 형성하고 변화시키는 주된 방식이라고 하였다. 매체가 역사적 물질 과정의 일부이기에 실질적인 사회변화를 유도할 수 있다고 하였다. 문화와 매체의 기능을 규정하는 것은 역사적 상황에 있는 사회적 집단들의 결정이다.

넷째, 브릭스와 윌리엄스는 커뮤니케이션과 수송을 구별하였다. 브릭스는 피터 버크(Peter Burke)와 함께『미디어의 사회사, A Social History of Media, 2002』를 저술하였다. 버크는 브릭스가 서식스 대학의 사회과학대 학장으로 있던 시절에 유럽학부의 젊은 교수로 만났다. 브릭스와는 16년의 나이 차가 나지만, 브릭스의 생각에 동감하면서 같이 저술하였다. 이후 그는 케임브리지 대학으로 옮겨 문화사 분야의 석학이 되었다. 이 책에서 그들은 커뮤니케이션과 수송 기술의 발달을 다루었다. 그는 철도에 이어 자전거, 자동차와 비행기가 나오면서 수송의 역사를, 전신(Telegraphs)에 이어 전화(Telephony), 라디오, TV 등이 미디어의 발달 역사를 이루었다. 그는 수송과 미디어가 커뮤니케이션 역사라고 하였다. 그는 19세기 후반부터 대중오락물의 혁명이 있었다고 한다. 〈The Birth of Broadcasting〉에서 라디오와 TV가 커뮤니케이션 혁명의 쌍두마차라고 하였다. 방송사 1권은 '커뮤니케이션 혁명'이라는 말이 나오기 이전이었지만, 5권이 나온 1995년에는 당연한 것으로 여겨졌다. 그는 커뮤니케이션 혁명의 부정적 효과에 대해서는 비판적이었다. 커뮤니케이션의 혁명으로 사람들의 교환이 늘어나면 상호의존성과 관여가 늘어나게 된다고 하였다. 새로운 능력은 새로운 책임감을 증가시키고, 우리들의 사이를 더욱 가깝게 한다. 개인을 '대중'으로 비인간화시키는 관점은 거부하였다.

브릭스는 1896년이 대중 오락의 역사에서 중요한 시기로 보았다. 제1회 모터쇼가 열리고, 마르코니가 영국에 와서 회사를 차렸다. 또한 영화의 정기 상영이 시작되고, 〈Daily Mail〉이 창간된 해이다. 이처럼 19세기 후반과 20세기 초반은 커뮤니케이션 혁명에서 중심적인 시기이다. 영국의 커뮤니케이션 혁명은 사회문화에 의해 구조화되었다. 미국과는 다르게 영국은 다원화된 사회이다. 전쟁 등의 영향으로 산업의 국유화가 이루어졌고, 빅토리아 시대의 영광과 군주제의 전통이 보편적으로 국민문화가 되었다. 다라서 라디오와 TV 등은 영국 생활의 국유화에 중심 역할을 하였다.

윌리엄스는 1950-60년대 영국의 사회문화적 변화를 모색하면서 커뮤니케이션 모델을 모색하였다. 그(Williams, 1962)는 커뮤니케이션을 '아이디어, 정보와 태도가 전달되고 수용되는 제도와 형식들(the institutions and forms in which ideas, information, and attitudes are transmitted and received)'로 정의하였다. 그는 평범한 사람들에 의한 수평적 커뮤니케이션이 가능하기 위해서는 특정 집단에 의한 검열이나 통제가 없어야 한다고 하였다. 커뮤니케이션 수단에 대해 국가가 개입하고, 전통적인 형태의 공공 소유 방식으로 유지하는 것은 잘못되었다고 하였다. 이를 위한 대안으로는 민주주의에 어울리는 커뮤니케이션 형태는 교육적, 참여적 민주주의 형태와 어울리는 공공 체제의 사상을 통해서 실현된다. 모든 커뮤니케이션 수단은 생산에 관심 있는 사람들에 의한 사회적 신탁(trust by the society)으로 이루어져야 한다. 사회적 신탁과 미디어를 이용하는 사람들에게 임대해주는 방식이 필요하다고 하였다.

다섯째, 두 사람은 커뮤니케이션에 대해 상반된 시각을 가졌다. 브릭스(Briggs, & Burke, 2005)는 미국식 대중 매체 효과이론인 라스웰의 SMCRE 커뮤니케이션 모델에 많은 영향을 받았다. 라스웰의 모델은 수용자(whom)를 주목하게 하며, 커뮤니케이션의 요소들에 대해서 모두 중요성을 부여하며 취급한다고 하였다. 반면, 윌리엄스는 라스웰의 모델에 대해 비판적이었다. 라스웰의 커뮤니케이션 모델은 주로 정치적 메시지에 초점을 맞추고 있어서 당시의 미디어 쟁점과 제도를 무시하였다는 비판을 받았다(Williams, 1982).

여섯째, 브릭스는 라디오를 고집하고, TV 출연을 거부하였지만, 윌리엄스는 TV에 대해 적극적이었다. 그는 라디오 방송을 통하여 노동계급을 계몽하는 역할에는 적극적이었지만, TV로 이전하지는 않았다. 이는 엘리트 지식인들이 가지고 있는 바보상자인 TV 거부증의 일환인 것으로 보인다. 당시 엘리트 지식인들은 신문이나 서적을 계몽의 도구로, 라디오나 TV를 대중적 통속화의 도구로 보는 경향 때문에 방송 출연을 꺼리는 경향이 있었다. 대중 매체의 중요성을 강조하였던 브릭스도 라디오에서 TV 시대로 이전하였던 1950년대에도 뉴미디어인 TV를 꺼리고 라디오를 고집하는 지식인이었다(Taylor, 2015).

윌리엄스는 반엘리트주의를 견지해 '좌파 리비스'로 불리기도 하였다. 리비스가 갖고 있던 매스미디어의 상업화에 대한 증오를 따르지 않았다. 그는 '대중은 존재하지 않는다. 사람들을 대중으로 보는 방법'만 있을 뿐이라고 단언했다. 주류 지식인들이 텔레비전을 경멸하였지만, 윌리엄스는 TV 시청을 즐겼으며 텔레비전 비평을 쓰기까지 하였다. 그는 속세를 무시하고 독선과 신비주의에 빠져드는 문학 연구자들을 '17세기의 정치 팸플릿은 학술적 관심의 가치가 있지만, 지금의 정당정치는 그런 가치가 없다'고 비판하였다.

5. 사회적 평가와 한계

브릭스와 윌리엄스는 전문가 위주의 정치 경제사에서 평범한 사람들의 사회문화사로 관심을 옮겨갔다. 브릭스는 역사학자이지만, 경제학과 미디어를 종합적으로 연계하여 시대 및 방송의 전체적인 모습을 조명하는 것에 주력하였다.

브릭스는 대학 시절부터 여러 학문 분야를 총체적으로 이해하고자 하였다. 문학 작가를 꿈꾸면서도 역사학을 선택하였고, 수학과 물리학을 좋아하여 군대의 암호해독팀에 들어갔고, 역사학과 경제학 학위를 동시에 받았다. 19세기 빅토리아 시대의 역사가이지만, 20세기를 넘나들었다. 서구역사뿐만 아니라 아시아, 러시아, 미국 역사도 연구하였다. 연구 분야도 도시, 노동, 지역뿐만 아니라 방송, 출판과 백화점, 건강 보건, 성인교육 등을 두루 연구하였다. 역사학자들로부터 넓은 연구 범위에 비해 깊이가 없다는 비판을 받기도 하였지만, 이는 시기 어린 질투에 가깝다.

그의 연구는 빅토리아 시대의 3부작인 빅토리아 시대의 사람, 도시, 사물들에서 잘 나타난다. 오랜 세월에 걸쳐 빅토리아 전성기의 모습을 사람, 도시, 장소 및 사물들을 통해서 총체적으로 분석하였다. 즉 사람과 도시, 그리고 사물들의 관계를 통해 특정 시대를 묘사하였다. 작업 또한 많은 독서와 사람들과의 인터뷰, 그리고 현장 조사를 통해 차분하게 분석하였다. 특히 다섯 권의 영국방송사는 오랜 세월 동안 축적된 자료와 방법론을 통하여 방송의 시대적 특징을 총체적으로 구성하였다. 아카이브와 내재적 인터뷰를 통하여 방송 제도 및 사람들의 역학관계를 잘 그려내었다. 작업을 하는 도중에 시행착오도 있었지만, 이를 점진적으로 극복하면서 영국방송을 총체적으로 파악하고자 하였다. 역사학자의 장점 위에 사회과학적 지식을 결합하여 반세기 동안의 BBC를 긴 호흡으로 그려냈다. 방송 프로그램을 통한 수용자들의 모습을 충분하게 그려내지는 못했지만, 당시 정치인, 경영인, 제작자 등과의 인터뷰나 자료 분석을 통해 방송을 통해서 본 20세기 영국의 역사를 서술하고자 하였다. 특히 연구실에서 혼자서 하는 작업보다는 사람들의 협력을 받으면서 특정 방송사, 특정 시대, 특정 도시를 움직인 근본적인 동력을 파악하고, 사회에 미친 영향을 분석하고자 하였다.

반대로 윌리엄스는 시대적 맥락에 맞는 꼼꼼한 텍스트 분석으로 영문학적 전통 위에 사회구조를 관계지으면서 방송의 모습을 그려냈다. 특히 『텔레비전』에서는 영국식 공영제도와 미국식 상업제도가 제도적 형태의 차이에도 불구하고 자본과 정부의 유착이고 지역 공동체와 시민사회가 배제되었다는 것을 분석하였다. 호가트가 노동자 계급의 생활을 진솔하게 서술하였다면, 윌리엄스는 자본과 미디어의 결합을 비교 분석하는 작업을 하였다. 윌리엄스 작업의 특징을 잘 드러내는 것은 『키워드, Keywords, 1983』이다. 그는 단어들의 의미를 정리하면서 시대별로 단어가 사용된 맥락을 정교하게 분석하였다. 전문가들이 인용하기를 꺼리는 소설과 시 등을 인용하면서 단어의 생성과 사용 등을 정교하게 분석하였다. 단어의 시대적 의미를 학계에서 잘못 사용하고 있는 지점까지 정교하게 분석하였다.

윌리엄스의 미디어 사회문화사에 대해 문제 제기도 있다. 문학비평의 방식을 미디어 연구에 활용하면서 사회문화사를 제시하지만, 실제로는 내용이 빈약하다는 것이다(Willams, 1974 재인용). 처음 두 장에서 미디어 역사를 사회사로 파악하는 새로운 방법을 제시하고 있지만, 실제적인 역사 연구는 위대한 인물들이 특별한 기술을 발명하여 획기적인 역사의 전기를 마련하였다는 식의 보편적 나열 방식에 그치고 있다. 윌리엄스가 그의 이론적 패러다임을 포괄할 만한 비평적 방법론을 정립하지 못하였다는 인상을 받는다. 그는 실증주의 모델을 반박하지만, 사실 그대로의 나열에 의존하여 간접적인 방식으로 방송사를 서술하였다. 새로운 미디어 기술을 둘러싸고 사회적 갈등이 일어나는 방식을 언급하지 않았다. 사회문화사는 정부와 자본이 국민의 일상적인 미디어 이용을 둘러싸고 일어나는 수용과 갈등을 의미하는데, 이에 대한 구체적 서술이 없다.

미디어 사회문화사는 수정주의 미디어 역사가인 수잔 더글라스(Susan Douglas, 1987), 캐롤린 마빈(Carolyn Marvin, 1988), 캐서린 코버트

(Catherine Covert, 1984), 로버트 맥체스니(Robert McChesney, 1993) 등의 문화사학자들이 이런 문제들을 진전시켰다. 수정주의 역사가들은 탈규제 시장주의 이데올로기의 지배적 흐름 속에서 민주적 사회발전을 위한 커뮤니케이션 시스템으로서 방송의 공공성에 대한 그들의 저항을 새롭게 조명함으로써 상업방송을 기존의 공익성 연구의 패러다임을 전환하였다. 더글라스(Douglas, 1987)는 미국 방송의 기술적, 제도적 발전의 유일한 주체로서 상업방송국을 당연시했던 기존 연구의 시각을 거부하였다. 그녀는 라디오 아마추어 무선사들의 전신 교역 활동의 사회문화적 의미와 정부 규제에 대한 조직적 저항 활동의 정치적 의미를 분석하면서, 그들을 방송이라는 의미를 '창안하고 발전시킨 참여적 공중'으로 개념화하였다. 이러한 시각은 시민사회의 비영리적, 문화적 전파의 이용을 상업방송에 대비한 공익성으로 규정한 것으로 해석할 수 있다. 미국의 미디어 정치경제학자인 로버트 맥체스니(McChesney, 1994)는 1927년 라디오 법 통과 이후 1928년과 1935년 사이에 있었던 교육방송가들을 중심으로 한 방송 개혁운동에 초점을 맞추었다. 그는 정부와 라디오 기업에 의해 규정된 공익 기준과 상업방송 중심 정책에 대항한 제도개혁 투쟁을 기록함으로써 비영리, 비상업 방송전파의 이용을 위한 시민사회의 공익 개념을 제시하고 그 역사적 의미를 복원하였다.

브릭스와 윌리엄스는 1950-60년대에 미디어와 문화연구를 하였다(Nerone, 2003, 93-96). 1960년대부터 대중문화와 미디어 연구가 버밍엄대학의 연구소를 중심으로 전개되면서 이에 대한 비판도 가중되었다. 윌리엄스는 80년대에 문화연구가 급진적인 기원을 상실하였다고 비판하였다. 문화주의 연구 경향이 몰역사적이고 수용자에 집중한다는 것이다. 미디어 역사 연구가 주변적이고 가끔 방문한다는 의미에서 '미디어 연구에서 방치된 조상(neglected grandparent of media studies)' 같다고 하였다. 심지어는 그 방문조차도 잠깐 이루어지고, 그조차 주저된다고 하였다(Curran, 1991). 미디어 역사의 상대적 저발전은 미디어 연구의 학제 형성과도 관계가 있다. 초창기 영국의 미디어 연구는 기능 사회학, 서구 마르크스주의 및 문화비평과 연관되면서 역사 그 자체와 제대로 관계를 맺지 못하였다. 이 불평등성은 1964년에 설립된 버밍엄 대학의 현대문화연구소(Center for Contemporary Cultural Studies, CCCS)에 의해 가속화되었다. 초창기 연구들은 중요하고 흥미로운 것이 있으나, 대체로는 이론, 텍스트 분석와 수용자 연구 다시 말해 매개된 재현의 이데올로기적 효과에 집중되었다. 결과적으로 미디어 연구들이 몰역사적이었으며, 역사적 물질성 그 자체에 초점을 맞추지 못하였다(Bailey, 2009).

• 제 8 장 •

제도적 지식인과 고독한 '내부 망명가'

1. '긍정과 비판' 사이

브릭스와 윌리엄스는 노동계급 출신으로 성인교육과 미디어를 통하여 노동계급의 삶을 향상하고자 노력하였다. 하지만, 미디어, 특히 BBC를 바라보는 시각은 매우 다르다. 브릭스는 BBC와 기성 체제를 옹호하는 자유주의로, 윌리엄스는 BBC와 기성 체제를 비판하는 급진주의 시각으로 대표되는 지식인들이다. 브릭스(Briggs, 1985)는 'BBC가 점진적으로 정치적 독립성을 획득하고, 뉴스와 시사 프로그램, 그리고 대중적이고 정보적 성격인 저널리즘 양식을 개발하여 국민을 통합하였다'고 한다. 또한 브릭스와 입장이 유사한 스캐널(Scannell, 1989)은 'BBC의 혼합편성과 지리적 보편성 원칙으로 인해 대중들이 공연이나 축구를 안방에서 즐기는 공적 생활의 평등화'가 가능해졌다고 하였다. 또한 브릭스는 유연한 자유주의 입장을 견지하면서 특정 학파를 추종하지 않았고, 특정 이념이나 고정관념을 거부하였다. 학생들에게도 새로운 역사적 방법과 길을 격려하였고, 지도교수의 해석을 반복하는 경향들을 싫어하였다. 그는 젊은 연구자들에게 지도교수에게 지나치게 많은 영향을 받지 말라고 충고하였다. BBC 역사서를 서술하면서도 공식적인 증거에 입각한 자료만 서술하고 해석이나 주장은 절제하여 후대의 학자들이 자신과는 다른 해석을 할 수 있도록 열린 글쓰기를 하였다.

브릭스의 자유주의 성향은 BBC뿐만 아니다. 학문적 관심사도 다양하여 특정한 역사적 잣대와 학파로는 그의 학문적, 실천적 활동을 이해하기 힘들다. 브릭스는 평생 성인교육 활동과 대학 개혁운동, 노동과 지역 및 도시, 그리고 미디어 역사를 연구하였다. 물론 보건과 간호 활동, 유명인들의 아카이브, 학회의 국제화에도 적극적으로 관여하였다. 중점적인 활동은 성인교육과 대학개혁, BBC 역사 연구로 압축할 수 있다. 그는 좌파는 아니지만, 평범한 지역 사람들이 잘 살 수 있는 길을 성인교육과 대학개혁 그리고 공영방송 BBC를 통해 제시하였다(Fraser, 1990, 5-9). 대학에 있으면서도 해외여행을 즐겼고, 당시로서는 금단의 인물인 중국 공산당의 지도자들과도 적극적으로 교류하였다. 좌파의 노동역사그룹과 함께 연구하면서 우파의 정치지도자 및 보수주의 역사학자들과도 적극적으로 교류하였다. 하지만, 결코 특정 이념과 학파에 매몰되지 않고 자신에게 주어진 역할과 임무를 즐겁게 수행하였다. 서식스 대학의 부총장 시절 학생 데모로 인해 많은 어려움을 겪으면서도 대학개혁과 보조금을 따오는 성과를 보이기도 하였다. 역경에 비관하기보다는 이를 극복하고 실천하는 낙천적인 성격의 소유자였다.

브릭스는 주변 사람들과 좋은 관계를 유지하며, 서로 도움을 받았다. 사람 좋다고 소문난 브릭스도 평생 친구인 에드워드 톰슨과 서운한 사이가 되기도 하였다. 브릭스는 리즈대학 재직시절 14명의 대학원생을 지도하였다. 지도 학생 중에는 절친인 에드워드 톰슨의 부인인 도로시 톰슨(Dorothy Thompson, 1923-2011)도 있었다. 그녀는 케임브리지 거튼 칼리지(Girton College)에 2위로 졸업할 정도로 우수하였다. 1948년에 에드워드 톰슨과 재혼하여 리즈대학이 있는 핼리팩스로 이사하여 남편과 함께 성인교육과 평화운동을 하였다. 브릭스는 성인교육학부에서 대학 동기인 에드워드 톰슨에게 강의 기회를 제공하였다. 톰슨은 리즈대학의 성인교육을 위한 야간학교에서 역사와 문학을 강의하였다. 브릭스는 톰슨과 이념이 다르지만, 노동 역사 연구 멤버로 함께 활동하면서 그의 사회사에 동감을 표시하였다.

브릭스는 차티스트 연구(Chartist Studies)를 편집하면서 톰슨에게 의뢰한 핼리팩스 차티즘(Halifax Chartism)에 대한 장을 포함하지 못하였다. 분량이 너무 많았고, 편집 과정에서 너무 늦게 제출되어 브릭스가 편집한 『차티즘 연구, Chartist Studies, 1959』에 실리지 못하였다. 또한 톰슨만이 리즈대학의 역사학과에서 가르칠 기회를 얻지 못하였다. 브릭스가 호주에 안식년을 가면서 톰슨이 강의를 맡기로 하였지만, 무산되었다(Chase, 2014, 218). 리즈대학은 사회주의자인 톰슨을 교수로 채용하는 것을 허락하지 않았고, 1965년에 신설된 워릭(Warwick) 대학교의 정교수가 되었다. 1968년 그는 대학원에 사회사 과목을 설치하고, 사회사 연구소를 설립하였다. 그는 대학을 떠나 동서유럽의 통합운동과 반핵운동에 정진하였다(안해균, 2003).

윌리엄스는 초창기에는 BBC를 변혁의 전초기지로 높이 평가하다가, 후반기에는 엘리트 매체로 전복되었다고 비판하였다. 윌리엄스(Williams, 1962, 1983)는 초창기 저작에서는 대중 매체를 통하여 노동자들의 사회적 계몽이 이루어진 이른바 '기나긴 혁명(long revolution)'이 이루어졌다고 하였다. 윌리엄스는 BBC를 기나긴 혁명의 전초기지로 삼아 다큐 제작, 비평 활동 등을 적극적으로 하였다. 그는 민주적 미디어 체제를 제시했다. 민주적(democratic) 미디어 체계는 쌍방향성과 생산자 중심의 미디어 모델이다. 그는 자유를 보장하는 데에 필요한 제도는 공공서비스이어야 하지만, 가부장주의나 권위주의에 이용되어서는 안 된다고 하였다. 그는 네 번째 채널을 지역에 근거를 둔 공영방송에 할당하여 BBC와 경쟁체제를 수립하고 지역의 프로그램 제작자들을 활성화하는 방안을 제안하였다. BBC는 공공서비스 방송의 훌륭한 전형일 수 있지만, 대규모 조직이어서 제작자들이 행정조직에 종속될 수 있으므로 지역방송을 발전시키면 제작자 중심으로 공공서비스 방송을 통제할 수 있다고 하였다.

하지만 후반기에는 대중의 힘이 장기간에 걸쳐 패배하였다는 비관적인 마르크스주의 관점을 채택하였다. 급진적 언론이 상업언론에 편입되었고, 공공서비스 방송이 엘리트적 전복과 노동운동 지도부의 실패로 인해 대중적 급진주의 계열의 유산이 탕진된 과정에 대한 묘사 등이 그것이다. 이처럼 윌리엄스의 대안은 민주적 미디어 체제이지만, 스팍스(Sparks, 84-85)는 민주적 미디어 체제에서 미디어의 사회적 소유와 국가 소유를 명확하게 구분하지 않았다고 하였다. 국가는 억압의 도구이기 때문에 국가 소유인 민주적 미디어 체제를 생각할 수 없다. 따라서 민주적 미디어 체제의 일부분으로 BBC와 같은 상대적으로 자유로운 조직 모델을 받아들이기 힘들다. 민주적 미디어 체제는 민주적 사회에서만 가능하고 국가의 도구일 필요가 없다는 것이다.

윌리엄스는 BBC 및 공공적 문화 분야에 대해 비판적 지지를 하였다. 그는 배우 노조와 작가 길드 등이 의지할 수 있는 예술평의회를 민주화하는 제안에 대해 찬성하였다. 윌리엄스는 생산자의 권력을 강화하는 것에 지지하였고, 이는 1970년대 좌파 사이에서 유행하였던 넓은 의미에서 노동자 자주 관리와 연결된다. 윌리엄스는 성인교육 강사 출신이었다. 1960년대 말 윌슨 정부에서 개방대학과 같은 노동계급 교육기관이 설립된 것을 높게 평가하였지만, 원격 교육으로 교육하는 것에 대해 실망하였다. 또한 개방대학을 위한 방송 프로그램에 대해서도 칭찬하였지만, 개방대학의 커리큘럼에 대해서는 민중 교육과 거리가 멀다고 비판하였다. 또한 윌리엄스는 광고 재원의 미디어와 BBC의 가부장주의를 비판하고 애넌 보고서에 대해서는 조건부로 지지하였다. 애넌보고서는 문화와 사회에 대한 구시대적 보수적 관점을 지니고 있었다. 비록 대처 시대에 왜곡되었지만, 외주형 방송출판인 채널4의 구상에 대해 동의하였다. 1982년에 케이블TV에 대한 헌트 리포트(Hunt Committee, 1982)에 대한 윌리엄스의 견해가 무엇인지를 지식인들이 관심을 가질 만큼 문화적, 지적 영향력이 컸다. 하지만, 노동당이 자신을 존중하고 활용하지 않는 것에 대하여 불평하였다(McGuigan, 1995, 111-113).

윌리엄스는 비판적 사회주의자로 살았다. 가장 치열한 지점은 우파보다도 사회주의와 노동당 내부에서의 투쟁이었다. 우파의 엘리트주의와 착취만이 아니라 레닌주의의 수동적이고 조작적인 대중관을 비판하였다(Williams, 1958, 297-300). 그는 '자본주의적 사고가 승리하고 좌파가 실패하였다' 하였다. 윌리엄스는 『2000년대를 향하여, Towards 2000』에서 플랜 엑스(Plan X)를 언급하였다. 좌파가 일반적 이익에 대한 대안에 실패하여 국제 경제 질서는 플랜 엑스로 향하고 있다고 보았다. 신자유주의라는 플랜 엑스는 엘리트들의 합리성에 의한 것이며, 정치, 미디어, 군사, 마케팅, 재정 등의 전 분야에 걸쳐 작동한다.

윌리엄스는 희망을 위한 자원을 모아야 한다고 말한다. 이를 해결할 수 있는 쉬운 답은 없지만, 현실적인 해결책을 찾아야 한다고 보았다(Williams, 1983, 245). 그에게 있어 기나긴 혁명은 민주주의를 실현하는 것이다. 이는 점진주의를 의미하지 않으며, 혁명의 준비 과정은 심사숙고의 대상이다. 윌리엄스는 디지털 커뮤니케이션의 발달이 인민의 자기 통치를 위한 특별한 능력을 보여줄 수 있다고 하면서, 새로운 기술의 가능성에 대해 기대를 보였다. 이처럼 윌리엄스의 글은 단순히 학술적 작업의 산물이 아니라, 유기적 지식인으로서 당대 영국 사회의 문제에 대한 선언이자 현실 참여이기도 하였다.

2. 시기와 질투

브릭스는 BBC를 위시한 공적 기관으로부터 자금과 인력을 지원받았지만, 윌리엄스는 평생 외부 기관의 지원을 받고 연구한 적이 없다. 브릭스는 '증기기관 학자(steam-engine scholar)'라고 할 정도로 다양한 분야에 관여하여 수많은 베스트 셀러를 출판하였지만, 경제적인 이득은 별반 얻지 못하였다. 브릭스의 작업은 정부나 기관의 의뢰로 이루어진 것이 많다. 현대 버밍엄 도시 역사, BBC 50년 역사, 루이스 백화점, 롱맨 출판사, 마크 앤 스펜스 백화점은 물론이고, 옥스퍼드 주니어 백과사전, 브리태니커 백과사전 등이 그것이다. BBC 역사서도 BBC의 의뢰로 40년에 걸쳐 작성하였다. 브릭스는 준비가 되어 있었으며, 과감하게 기회를 잡았다. 그가 처음 맡았던 버밍엄 도시의 역사도 1권의 저자가 사망하는 바람에 2권을 맡게 되었다. 이미 그는 버밍엄 도시에 대한 논문들을 출판한 뒤였다. BBC 프로젝트도 미디어 관련 책과 논문을 저술한 뒤였다. 브릭스는 본인의 확신과 연구계획에 따라 외부의 의뢰를 받았으며, 막대한 수입을 얻을 기회가 있었지만, 연구의 독립성을 중요하게 생각하였다. 그는 출판사로부터 인세를 받지 않고, 집필을 의뢰한 기관으로부터 상대적으로 적은 보수를 받았다(McIlroy, 2012, 269).

> 윌리엄스는 1974년 케임브리지 대학 영문과에서 드라마 전공 교수로 재직하면서 부인의 도움만을 받고 제도권 바깥에서 작업하였다. 그는 커뮤니케이션 연구를 위한 재단이나 연구기관의 재정지원을 받거나. 제도권 경험적 연구를 수행하지 않았다. 커뮤니케이션 연구학자들이 주로 연구하는 미디어 효과, 정치적 아젠다 세팅, 컨텐츠 영역에 거의 관심을 두지 않았다. 그는 외부 기관으로부터 커뮤니케이션 연구를 위한 자금을 전혀 받지 않았으며, 자금에 의존하는 경험적 연구에 전혀 손을 대지 않았다. 홀로 영국의 미디어 및 문화연구의 독특한 전통을 세웠으며 탁월한 해석자로 머물렀다. 그는 미디어 및 문화연구를 하는 사람들의 지적인 좌표가 될 것이 틀림없다. 그는 커뮤니케이션 연구가 '매스 커뮤니케이션 연구'로 불리면서 일그러지고 말았다고 말한다. 커뮤니케이션에 관한 가장 광범하고 지속적인 연구는 돈이 많은 광고계에서 이루어지고 있고, 학자들은 연구하면서 돈타령이나 하기에 바쁘다(Garnham, 1988, 124-130).

윌리엄스는 일체 외부의 프로젝트를 수행하지 않았고, 독자적으로 연구를 하였다. 간햄(Garnham, 1988)은 윌리엄스 추모 논문에서 '외부 기관, 특히 광고주들로부터의 지원에 의존하여 미디어 효과, 정치적 의제 설정, 내용 연구 등에 집중하는 경향을 질타하고, 외부 기관으로부터 연구 자금을 받지 않으면서 영국의 미디어 및 문화연구의 독특한 전통의 기초를 세웠다'고 평가하였다. 하지만 독립적 연구가 제약을 가져다준 것도 사실이다. 윌리엄스는 영문학 출신으로 문학 텍스트를 문맥에 맞게 꼼꼼하게 독해하는 과정을 BBC 연구에 적용하였다. 문예 비평 방식의 미디어 연구는 핵심 개념의 기원 및 사용 맥락을 충분하게 고려하는 장점이 있다. 하지만, 정치경제 분석이 배제되고 사실 그대로의 나열에 의존하여 간접적인 방식으로 방송사를 서술하였다는 지적을 받기도 하였다(McGuigan, 1995). 이는 BBC의 자금과 인력 지원 그리고 내부 문서에 접근하지 못한 한계로 보인다. BBC 아카이브 및 자료에 대한 충분한 접근과 방송 정책 규제자들과 초창기 경영진들에 대한 인터뷰, 그리고 역사적 문건에 대한 보조 인력들의 충분한 검토가 있었다면, BBC 역사에 대한 풍부한 해석이 가능하였을 것이다.

윌리엄스는 어릴 때부터 1950년대까지 가난하게 살았다. 그의 저서가 대중적 인기를 끌고, 케임브리지 대학에서 교수가 되면서 어느 정도 여유가 생겼다. 하지만, 일부의 비판은 비난에 가깝다. 동료 교수 조지 왓슨(George Watson, 1927-2013)은 윌리엄스를 부와 명성만을 탐하는 사람으로 묘사하였다.

윌리엄스가 케임브리지 대학에 재직하면서 영국과 고향인 웨일스

중부에 있는 두 채의 시골집을 자랑하고, 집에는 벽부터 바닥까지 깔린 카펫, 수영장, 컬러 TV 등이 있다고 하였다. 그는 학자로서 부자가 되고 싶다는 것을 감추지 않았다. 심지어 미국 동부 대학의 부유한 직책을 공개적으로 거절했다. 급여와 무료 비서 지원을 요구한 것이다. 그는 학생 논문을 읽거나 표시하기 위해 허리를 굽힌 적이 거의 없었다. 인기를 얻고, 심지어 성인이 되고자 하였다.

윌리엄스의 사후에 쓴 회고록으로는 너무나 지나친 표현이고, 사실 왜곡이다. 그가 소유한 집은 직장인 케임브리지에서 4마일 떨어진 평범한 침실 4개짜리 가족 주택이었다.

화이트 코티지는 마을에서 3~4마일 떨어진 곳에 지어진 길고 평범한 침실 4개짜리 집이다. 이 집은 동쪽으로 펜스까지 이어지는 평평하고 바람이 부는 경작지에 서 있습니다. 1961년 당시에는 습기가 없고 돌로 된 바닥이 땅과 바로 맞닿아 있으며 수위가 높았다. 윌리엄스 부부는 외출할 때면 거실의 카펫을 걷어 올리고 아래층 화장실 벽에 물이 고여 있었고, 어둡고 좁은 부엌은 다섯 식구가 겨우 들어갈 정도로 낡고 오래된 가스레인지가 안쪽 벽에 붙은 골동품 난로 옆에 놓여 있었다. 윌리엄스 부부는 이러한 불편함에는 전혀 신경 쓰지 않았다. 그들은 가정적인 미학도 없었고, 부엌을 넓힐 계획도 없었으며, 건조할 필요도 없었다. 그들은 1983년에 떠날 때까지 깊은 갈비뼈와 두꺼운 파이프가 달린 원양어선 보일러 같은 고대의 철제 라디에이터를 그대로 사용했다. 그들은 습하고 어둡고 추운 것을 무시했다(Inglis, 2014, 176).

집에는 수영장도, 컬러TV도 없었다. 늘 습기가 차고, 물이 고여 불편하기 짝이 없었다. 또 다른 집은 고향인 웨일스 헤리퍼드셔(Herefordshire) 지역에 있는 오두막집이다(Inglis, 1995, 5-7).

> 1968년 어느 날, 윌리엄스의 어머니는 제빵사가 길 위 10마일 떨어진 크래스웰에 있는 오래된 오두막집에 대해 알려줬다고 하였다. 그곳에 대대로 살던 할머니 한 분이 미쳐서 정신병원에 입원해 있다는 것이다. 지붕이 무너진 상태였죠. 가족들은 그 집이 병원 소유인 줄 알았다. 윌리엄스는 그 폐허를 1,000파운드에 샀다. 마지막 순간에 늙은 미치광이의 친척 농부로부터 100파운드의 돈을 더 달라는 전화를 받고, 주었다. 그는 또 다른 피난처를 얻었다. 달링과 윌리엄스는 현지에서 판매되는 중고 가구, 계단에 있는 낡은 웨일스풍 프린트, 거실 위 3피트 높이의 작은 발코니에 엑스트라 베드가 들어갈 수 있는 기괴한 배치, 값싼 화장실 등으로 꾸몄다(Inglis, 2014, 213)

아들인 에데린 윌리엄스(Ederyn Williams)가 15살이었을 때, 윌리엄스의 가정생활을 다음과 같이 표현하였다. 아들의 이야기이긴 하지만, 부자가 되거나 그 어떤 물욕도 보이지 않는 평범한 서민의 생활이었다.

> 윌리엄스는 제가 만난 사람 중 지위 의식이 가장 낮은 사람입니다. 그는 자동차나 자동차의 외관에 전혀 관심이 없었습니다. 그냥 가야만 했죠. 그가 마지막으로 소유했던 차는 제가 아직도 운전하

고 있는 10년 된 오스틴 마에스트로였다. 그는 자신의 삶을 극도로 단순하게 유지하는 데 전념했습니다. 그는 겸손했습니다. 다른 사람에게 자신의 의견을 강요하지 않았고, 남에게 잘 보이기 위해 어떤 행동도 하지 않았습니다. 1967년 은혼식 때 우리는 가든 하우스 호텔 저녁 식사를 하러 나갔어요. 물론 『문화와 사회』 이후에 돈이 좀 더 많았을 때는 좋았죠. 우리는 매년 음식, 콘플레이크 상자, 통조림, 차 봉지, 지붕 위의 텐트로 가득 찬 캠핑을 떠났어요. 9년 동안 캠핑을 다녔습니다. 오렌지, 토스카나, 스테이크와 감자칩으로 끼니를 때웠고, 캠프장 곳곳에 흩어져 앉아 햇볕을 쬐며 책을 읽었죠(Inglis, 2014, 176-177).

또한 윌리엄스는 학생 강의에 소홀하거나, 명망가로서 우쭐하는 행동을 하지 않았다. 윌리엄스의 제자였다가, 그를 비판하여 한때 소원한 적이 있는 테리 이글턴(Eagleton. & Beaumont, 2009, 80-91)의 회고가 이를 입증한다.

그가 연구실로 부르더니 지저스 칼리지 펠로직을 제안했어요. 당시 공석이 있었고, 윌리엄스는 자신이 담당하는 학부생들을 제가 가르치면 좋겠다고 결정한 것이죠. 윌리엄스는 이때 재계약을 앞두고 있었다. 저는 21살의 나이에 대학 강의를 시작했습니다. 어느날 꽤 화가 나 보이는 소수의 학생 대표단이 제게 찾아와서는 윌리엄스가 강의하도록 요구하기도 했어요. 윌리엄스는 학부생 강의를 꺼리는 것을 변호하면서 자신이 얼마나 형편없는 교수인지 안다면 그들이 간절하지 않을 거라고 했어요. 윌리엄스가 학생 개인 지도를 단체

> 지도로 바꾸겠다고 결정한 것을 두고 스티븐 히스가 윌리엄스를 공격했어요. 스티븐은 얼굴을 마주 보며 공부하기를 기대했지요. 윌리엄스는 개인 지도 방식의 학문적 상황에서 제 기량을 발휘하지 못했죠. 그는 강사 혹은 세미나 지도자, 공적 인물로 활동할 때 훨씬 뛰어났죠. 그는 제게 첫 기회를 주었고, 개인적 어려움을 겪을 때에 놀랄 정도의 인내심을 가지고 지켜봐 주었어요. 그의 언어 사용은 느리고 신중하며 조금은 답답했지만, 인간의 목소리로 사람에게 말하는 스타일이었죠. 그의 강의는 매력적인 공연이었어요. 저를 자신의 작은 집에 몇 번 초대하기도 했죠. 집 앞의 선술집에 데려가서는 생맥주를 시켜주고 우리가 곧 쓰러지기라도 할 것처럼 걱정스럽게 지켜보곤 했어요. 내가 펠로우로서 식당의 교수 전용 좌석인 하이 테이블에서 충분한 시간을 보내지 못하거나, 교수들의 모임인 와인 위원회에서 주눅이 들면 많이 안타까워하였다.

윌리엄스가 신진교수 시절 학부의 일대일 튜터 강의에 잘 적응하지 못한 것은 사실이지만, 결코 학생들에게 소홀하지는 않았다. 스타 교수로서의 거만함보다는 자신의 약점이나 실수를 인정하고 인간적인 접근을 하였다. 윌리엄스를 비난한 왓슨은 아돌프 히틀러가 마르크스주의자이므로 사회주의가 대량 학살을 하였다고 주장하는 대표적 극우 인사이다. 이런 점을 고려하더라도 동료 교수의 사망 회고록에 극단적인 비난을 하였다는 것을 믿기 힘들 정도이다. 1980년대의 영국이 대처의 신자유주의 광풍에 휩싸였던 시기이고, 이들이 노동당과 사회주의의 정신적 지주인 윌리엄스를 미워하였던 것은 당연한지도 모른다.

3. 가깝고도 먼 사이, 브릭스와 윌리엄스

브릭스와 윌리엄스는 미디어를 연대기나 제도로 서술하는 관행을 탈피하여 사회 및 문화와의 관계를 총체적으로 서술하는 미디어 사회문화사로 확장하였다. 흥미로운 것은 1950년대 말에서 1960년대 초반의 시기에 역사학자와 영문학자인 이들이 역사와 문화연구에서 미디어에 초점을 맞추었다는 사실이다. 노동자의 경제적 여건이 개선되고 정치적 민주화가 이루어지면서 문화의 민주화가 관심사가 되었다. 경기 활성화로 TV 수상기의 보급이 급격하게 확장되면서 TV는 보통 사람들의 문화적 생활에 막대한 영향을 미쳤다. 특히 미국은 컬러TV의 도입으로 패션, 스포츠 등 생활 전반이 획기적으로 변화하였다. 지식인들은 TV의 도입에 대해 '바보상자'를 만든다는 이유로 대중문화에 부정적이었지만, 노동계급 출신의 두 지식인은 성인교육을 통하여 대중 매체의 중요성을 인식하였고, TV를 노동계급의 교양을 향상하는 문화 민주화 도구로 간주하였다.

두 사람은 케임브리지 대학동문이고 미디어의 사회문화사를 지향하였지만, 개인적 친분은 별반 없었던 것으로 보인다. 브릭스와 윌리엄스는 에드워드 톰슨, 리처드 호가트, 에릭 홉스봄 등과 사적, 공적으로 친하였지만, 두 사람의 전기나 저작에서 직접적인 친분을 나타내는 흔적은 찾을 수가 없었다. 두 사람은 1950년 옥스퍼드 대학이 주최한 성인교육 강좌에 참석하였다. 윌리엄스는 세미나의 책임자였고, 브릭스는 〈1850-70년 잉글랜드의 종교〉 강연자였다. 서로 알고 있었지만, 개인적인 친분 여부는 알려진 바 없다(Mcllroy. & Westwood. 1993, 166).

브릭스는 빅토리아 시대의 문화를 총체적으로 이해하려는 윌리엄스의 시도에 공감하며 『문화와 사회』를 '알찬 책'이라고 칭찬했다. 브릭스는 강연에서 윌리엄스에 대해 '커뮤니케이션과 미디어 문화사를 총체적으로 접근한 사람'이라는 호의적인 평가를 하였다.

> 그는 권력과 우리 자신에 대해 커뮤니케이션의 측면에서 총체적으로 새롭게 사고하는 방법을 추구하였다. 우리는 정치, 경제 용어로 우리의 생활을 서술하는 것에 익숙하다. '커뮤니케이션을 강조하는 것은 인간과 사회가 권력, 자산과 생산관계에 한정되지 않는다. 경험을 서술하고, 학습하고, 설득하고 교환하는 관계도 근원적'이라고 하였다(Briggs, 1991, 62-76).

브릭스는 윌리엄스의 『기나긴 혁명』을 인용하면서 종교와 기술이 함축된 커뮤니케이션 혁명의 한 측면으로 문명의 확대(the spread of literacy)로 보았다. 하지만 윌리엄스의 사회문화사가 커뮤니케이션의 변화가 인식되는 혹은 그에 대한 반응을 전면적으로 보지는 못하였다고 한다. 윌리엄스가 음악과 예술에 상대적으로 소홀하였고, 사회과학, 특히 이론과의 결합에 관심을 두었다고 한다. 문학 및 문화연구에서 윌리엄스가 감정 방식에 대한 개념과 사고를 특권화하는 경향이 있다고 비판하였다. 브릭스는 '윌리엄스의 접근이 지리적, 경제적, 연대기적으로 협소하며, 문화를 경제 및 사회와 구별되는 실체로서가 아니라 나란히 배치하였다'고 지적하였다. 윌리엄스 또한 브릭스의 빅토리아 시리즈가 '마치 10권의 분기별 빅토리아 연구서를 쌓아 놓은 것 같다'고 하였다. 학문의 위대한 종합은 달성할 수 없으므로 바람직하지 않다'고 하여 브릭스식 학제 간 융합이 실패하였다고 하였다(Hewitt, 2014, 55-61).

브릭스와 윌리엄스에게 지적으로 자극을 준 사람이 에릭 홉스봄과 에드워드 톰슨이다. 물론 브릭스와 윌리엄스는 이미 유명해진 뒤였다. 이들은 옥스브리지의 기득권층 출신이 아니라 비국교도 노동자 또는 자유주의자 가정에 공립학교 출신이었다. 홉스봄은 1962년에 『혁명의 시대, The Age of Revolution』로, 톰슨은 1963년에 『영국 노동계급의 형성』으로 스타 반열에 올랐다. 당시에 역사학자들은 폭넓은 대중을 위한 저서를 쓰지 않았다. 홉스봄은 시대의 변화를 반영하여 대중서인 『혁명의 시대』를 출판하였다. 그는 기존의 버크벡 칼리지의 야간 강의 자료를 활용하여 책으로 만들었다. 홉스봄의 책에 대해 톰슨은 '심오하면서도 독창적인 무언가를 간결하게 말하는 당신의 능력은 내가 익혀야 하는 능력'이라고 극찬하였지만, 브릭스는 '홉스봄 박사는 프랑스 혁명과 산업혁명이 어떻게 연관되었는지 전혀 말하지 않았다"고 지적하였다(Evans, 2019, 511-519).

1960년대가 변화와 개혁의 시대이기도 하였지만, 영국 사회의 변화에 대한 열망이 강한 20대의 젊은이에게 공산주의는 활기가 있고 가슴을 뛰게 하였다. 유럽문화사의 전문가인 도널드 서순(Donald Sasson)은 톰슨이 버크벡 대학교(Birkbeck, University of London) 교수 시절의 학생이었다. 서순은 학생 시절 다음과 같이 기억하였다.

> 1960년대에 유니버시티 칼리지 런던에서 나는 영국 경제사를 수강하였다. 담당 강사는 우리에게 경고했다. 홉스봄은 훌륭한 역사가이지만, 조심하세요. 그는 마르크스주의자입니다. 톰슨 역시 훌

> 륭한 역사가이지만, 조심하세요. 그도 마르크스주의자입니다. 강의가 끝나고 우리 중 상당수는 마치 음란 서적을 사려는 10대처럼 흥분한 심정으로 홉스봄과 톰슨의 책을 사러 길 건너편의 서점으로 우르르 몰려갔다. 나는 옥스퍼드의 한 교수로부터 톰슨의 책이 영국사의 발전을 아마 20년 정도 늦추었다는 말을 들은 기억이 있다(Evans, 2019, 549).

유럽과 영국은 2차대전에서 전체주의의 공포를 이겨내고, 매카시즘의 반공주의 분위기에 휩싸였다. 대학 교수와 BBC 입사는 당연히 정보기관의 성향 검사를 거치면서 사상 검증을 받았다. 홉스봄과 톰슨은 사회주의자로 경제사와 문화사의 대가이다. 홉스봄은 윌리엄스와 케임브리지에서 대학을 함께 다니면서 공산당 활동도 함께 하였다. 두 사람은 군대를 다녀온 뒤 복학생으로 케임브리지에 다니면서 공산당에 입당하여 사회주의자 클럽에서 활동하였다. 당시 사회주의자였던 홉스봄과 톰슨은 '빨갱이'라는 이유로 대학의 교수 자리를 잡지 못하였다. 톰슨은 브릭스가 리즈대학의 성인 학부에 강사 자리를 알선하였다. 브릭스는 톰슨과 함께 지역노동자 역사그룹에서 함께 공부하면서 톰슨의 저작 『영국 노동계급의 형성』에 많은 도움을 주었다. 또한 브릭스는 서식스대학의 부총장으로 있으면서 홉스봄에게 경제사의 교수 자리를 제안하였지만, 런던에 있고 싶다는 이유로 거절당하였다. 이처럼 브릭스는 이념이 다르지만, 노동 역사그룹에서 같이 연구하고 끝까지 생계를 도와주기 위해서 노력하였다. 홉스봄은 모교인 케임브리지에 가고자 하였지만, 훌륭한 업적에도 불구하고 끝끝내 거절당하였다. 나중에 케임브리지는 홉스봄에게 명예 교수 자리를 수여하였다.

브릭스를 위시한 젊은 엘리트들이 젊은 시절에 출세한 것은 시대적 영향 때문이다. 1950-60년대는 뛰어난 젊은이들이 영국의 공적인 생활에 영향을 미쳤다. 호가트, 톰슨과 윌리엄스는 40살이 되기 전에 그들의 고전적인 역작을 출판하였다. 휴 트레버-로퍼(Hugh Trevor-Rope)[1]는 1957년 43세의 나이로 옥스퍼드 대학의 최연소 현대사 교수가 되었다. 물론, 브릭스는 리즈대학의 정교수로 39세의 나이에 되었다. 이후 서식스 대학에서 학장과 부총장을 역임하였지만, 옥스퍼드 대학의 학장은 55세의 나이에 되었다. 윌리엄스는 케임브리지 대학에 조교수로 39세의 나이에 왔으나, 53세의 나이에 정교수가 되었다. 또한 윌슨 수상은 170년 만에 최연소 수상(48세)이었다. 이들은 청년기 시절에 2차대전을 경험하였고, 국가는 전후 궁핍한 생활에서 벗어나 중산계급의 고용이 팽창하였다. TV 등 뉴미디어가 발달하면서 젊은 남성들이 고위직에 진출하였다. 브릭스를 비롯한 청년 엘리트들이 성공한 것은 본인들의 자질뿐만 아니라, 경제적 풍요 속에서 진보와 변화를 갈망하는 시대적 경향이 큰 몫을 하였다(Taylor, 2015, 5).

---

1 1955년 홉스봄은 휴 트레버-로퍼와 논쟁을 벌였다. 트레버-로퍼는 부르크하르트의 저술에 대한 서평을 썼다. '그는 부르크하르트는 가장 심오한 역사가들 중의 하나이다. 마르크스보다 더 심오한 역사가'라고 하였다. 홉스봄은 마르크스를 폄하하였다고 비판하였다. 홉스봄은 1960년에 트레버-로퍼에게 미국 비자신청을 지지하는 편지를 부탁하였고, 이 편지로 인해 비자를 받았다. 스탠퍼드 대학에서 강연할 예정이었다. MI5는 이 소식을 듣고 불쾌하게 여겼다(Evans, 2019, 493-495).

4. 진흙탕 속에서 피어난 꽃

브릭스와 윌리엄스의 지적 배경과 공통점 그리고 BBC를 보는 시각의 차이를 살펴보았다. 브릭스와 윌리엄스는 1921년생으로 요크셔와 웨일스의 가난한 집안에서 태어나 '장학금 소년'으로 케임브리지 엘리트 코스를 이수하였다. 두 사람은 당시의 엘리트들이 그러하였던 것처럼 모두 문학 작가(소설가, 시인, 연극작가)가 되고자 하였지만, 방향을 선회하였다. 브릭스가 역사학을 기반으로, 윌리엄스는 영문학을 기반으로 방송과 문화연구를 하였다. 두 사람은 지역 출신을 강조하고 노동계급을 옹호하여 성인교육을 주창하였지만, 학문적, 실천적 활동은 대조적이었다.

첫째, 브릭스는 긍정적 자유주의자로, 윌리엄스는 비판적 사회주의자로 지역과 노동계급을 위해 노력하였다. 브릭스는 가난한 노동계급 출신이지만, 가족과 공동체에 대한 애정을 가졌다. 그는 대학교수로 상아탑에 머무르지 않고 지역노동계급의 향상을 위해 노력한 실천가이자, 인류사회의 진보를 위해 노력하였다. 그는 특정 정당과 학파나 입장에 휩쓸리지 않으면서 교수법과 커리큘럼 개정 같은 대학개혁에 매진하면서 모두와 친하게 지냈다. 그는 옥스퍼드, 케임브리지, 런던정경대학(LSE) 대학에서 연구원을 제의받고, 요크셔 지역의 총선 출마와 중앙부처에서도 정치 입문 제의를 동시에 받을 정도로 친화성이 뛰어났다.

반면 윌리엄스는 웨일스 특유의 문화적 저항감을 가지고 노동당 활동에 열성적인 아버지의 영향을 받아 평생 사회주의자로서의 신념을 견지하였다. 윌리엄스 역시 지역공동체에 대한 애정이 강했지만,

그에게 공동체는 황금시대에 존재하였던 과거지사도 아니고, 이상적인 미래에 형성될 유토피아도 아니었다. 그는 지역공동체의 활성화를 위해 '억압적 제도의 변경이나 주변에서 살아가는 자들' 사이의 연대가 필요하다고 하였다. 대학에서도 브릭스는 잘 적응하였지만, 윌리엄스는 대도시 출신들과 이질성을 느꼈다. 윌리엄스는 자신들이 경험했던 이질감의 의미를 성찰하면서 대도시(metropolitan) 연구자들이 내세우는 학문연구와 문학 전통의 보편성이 파편적이라고 하였다(강준만, 2017, 255-265).

공교롭게도 자유주의 성향의 브릭스만 빨리 대학교수가 되었고, 소위 '잘 나가는 역사학자'가 되었다. 하지만, 사회주의 성향의 옥스브리지 대학 동료들인 윌리엄스, 톰슨, 홉스봄, 힐 등은 '빨갱이' 딱지로 인해 뛰어난 연구 실적에도 불구하고, 대학 교수가 늦게 되거나 주변부 대학의 교수로 머물렀다. 윌리엄스는 1960년에 케임브리지 대학에서 강의하였으나, 1974년에야 정교수가 되었다. 톰슨 또한 리즈대학에 교수가 되고자 하였으나, 심사위원회에서 '색깔'로 인해 거절당하고 1965년에 워릭대학에서 정교수가 되었다. 톰슨은 이미 1963년에 『영국노동계급의 형성』으로 유명해졌다. 홉스봄 또한 모교인 케임브리지 대학에서 강의하였으나, 정교수는 끝내 거부당하였다. 마르크스주의 역사가였던 힐 또한 모교인 옥스퍼드 대학에서 정교수가 되지 못하였다. 킬 대학의 역사학과에서도 공산당원이라는 이유로 거절 당했다.

둘째, 브릭스는 폭넓은 인간관계를 바탕으로 긍정적인 생활을 하였지만, 윌리엄스는 고독하게 비판적 연구를 수행하였다. 브릭스는 블레츨리 파크팀에서 독일군의 암호체계를 해독하는 비밀임무를 하면서 이곳을 '제2의 대학'이라고 할 만큼 자유롭고 즐거웠다. 하지만 윌리엄스는 2차 대전에 참전하면서 미국의 반공적 히스테리와 스탈린주의의 경직성 모두에 대해 비판적이었다. 그는 1950년 한국전쟁에서 양심적 병역거부자로 징집요구를 거부하였다. 이후 그는 약 10년 동안 대외적 교류 없이 외부와 고립된 채 개인적 저술 작업을 하는 '내부적 망명(internal exile)'을 하였다(이윤미, 2016). 모든 이들과 친하게 지냈던 브릭스와는 달리 윌리엄스는 오랫동안 봉사하였던 성인교육에 실망하여 대학교수로 자리를 옮겼고, 공산당과도 결별하면서 개인적인 저술 작업을 하였다. 특히 브릭스가 BBC와 대학, 정부의 많은 프로젝트를 주도하면서 연구 자금과 인력의 도움을 받았지만, 윌리엄스는 연구기관이나 정부의 지원을 받지 않고 혼자서 비판적인 연구를 수행하였다.

두 사람의 대인관계는 사제 관계에서 잘 나타난다. 브릭스는 옥스퍼드 대학 강사 시절에 미디어 재벌 루퍼트 머독을, 윌리엄스는 케임브리지 대학의 강사 시절 구조주의자 테리 이글턴을 제자로 두었다. 브릭스는 강사 시절 머독과 함께 중동 여행을 함께 다녔고, 후일 세계적인 미디어 재벌이 되어서도 지속적인 교류를 하였다. 심지어 그의 옥스퍼드 대학 동료는 머독의 극우적인 성향을 비판하였음에도 불구하고, 이념적 성향과 관계없이 한번 맺은 인연은 이어갔다. 반면, 윌리엄스의 제자였던 테리 이글턴은 윌리엄스를 낭만적 대중주의로 비판하였다. 후일 윌리엄스가 사망한 이후에 스승에 대한 자신의 신랄한 비판을 반성하기도 하였지만, 두 사람의 사적인 교류는 끊기고 말았다(강준만, 2017, 278-280).

셋째, 두 지식인은 미디어를 문화 민주화의 핵심 도구로 간주하였음에도 불구하고, 삶은 너무나 달랐다. 브릭스는 국가, 대학과 방송사의 제도적인 틀에서 성인교육, 대학개혁 운동을 하였지만, 윌리엄스는 제도적 지원을 거부하고 고독한 연구를 하였다. 윌리엄스는 좌파들과 영국인들 사이에서 영향력이 상당하였음에도 불구하고, 노동당과 BBC 경영진들은 그를 부담스럽게 생각했다. 윌리엄스는 말년에 노동당이 자신에게 귀를 기울이지 않는 것에 대해 불평하였다. 반면 브릭스는 BBC의 경영진은 물론이고, 이들과 사이가 좋지 않았던 초대 사장 존 리스와도 친하게 지내면서 많은 연구 자금, 전문 인력과 연구 자료를 획득하여 기념비적인 BBC 역사서 5권을 완성하였다. 수상과 장관을 지낸 고향 및 대학의 친구들과도 좋은 사이를 유지하여 본인이 근무하였던 리즈, 서식스, 옥스퍼드 대학에 아카이브 센터를 유치하고 개방대학을 개설하여 총장이 되었다. 이러한 출신 및 지적 배경의 차이로 인해 두 사람은 BBC를 긍정적으로 인식하는 자유주의와 비판적으로 평가하는 급진주의라는 다른 길을 걷게 되었다.

넷째, 브릭스는 경계를 극복하면서, 윌리엄스는 경계에서 시대적 지성이 되었다. 브릭스는 잉글랜드 북부의 가난한 노동자 집안 출신이지만, 케임브리지에서도 변두리의 상실감을 느끼지 않았다. 고향에 대해 자부심을 느끼면서 케임브리지의 엘리트들과 잘 어울렸다. 에드워드 톰슨, 에릭 홉스봄 같은 마르크스주의자들뿐만 아니라, 리처드 호가트 등의 우파 엘리트들과도 적극적으로 어울리고 함께 고민하였다. 마르크스주의를 신봉하지는 않지만, 경제가 역사와 사회과학의 토대라고 믿으면서 역사학과 경제학 학위를 동시에 받았다. 공산주의 활동보다는 대학의 커리큘럼과 교수법을 개정하는 학내 개혁 운동에는 열성적이었다(McIlroy, 2012, 214). 반면 윌리엄스는 케임브리지에서 웨일스 변두리 출신과의 문화적 차이를 느끼면서 도시와 시골, 잉글랜드와 웨일스, 자본과 노동의 양가적 감정을 소설과 논문으로 출판하였다. 대학에서는 공산당 활동으로 공부를 소홀히 하였고, 군대 제대 후에 취직하였던 성인교육도 생계를 위한 것이었다. 런던이나 옥스퍼드와는 멀리 떨어진 시골 지역에서 성인교육으로 고생하였으나, 공부와 작품활동에 열중할 수 있었다. 이후로도 브릭스는 대학교수, 각종 정부위원회 등 소위 '꽃길'을 걸으면서 고향과 노동자를 위한 제도적 방안을 마련하였다. 노동자 교육협회 회장, 개방대학의 설립, 대학 보조금 위원회 활동 등을 통해 실질적인 도움을 주고자 하였다. 윌리엄스는 뒤늦게 대학교수가 되었으며, 신좌파의 정신적 지주가 되었지만, 노동당으로부터는 외면받았다. 부인의 도움만을 받은 채 평생 작품활동과 평화운동, 미디어 개혁운동의 후원자가 되었다.

브릭스가 인생을 '꽃길'만을, 윌리엄스가 '진흙탕 길'만을 걷지는 않았다. 브릭스의 화려한 인생에도 많은 비판과 오해를 받기도 하였다. 브릭스가 BBC 프로젝트를 하면서 받았던 역사학계 일부의 비판과 질투는 지나쳤다.

역사가의 자세에 대한 비판도 있다. 예를 들어 존 그리그(John Grigg)는 〈Spectator〉에서 '역사가로서 브릭스는 드라마를 전달하고, 밝은 면과 어두운 면을 그리며, 인간의 미묘함과 아이러니를 서술하는 능력이 모자란다'고 하였다. 그는 너무 많은 출판을 빨리하고 글 스타일이 단문이 아님에도 불구하고, 소화하는 능력이 떨어진다. 브릭스의 서식스대학 동료는 '브릭스는 남의 연구를 모방하고 동화되면서 창작 능력이 부족하다. 그의 서평은 언제나 좋은 이야기나 찬사로 가득한데, 천성 때문이기도 하지만, 제대로 된 비판을 할 정도로 연구가 깊지 못하기 때문이기도 하다.'는 심하다고 싶을 정도의 비난도 있었다. 하지만 비판 못지않게 찬사 또한 많으며, 시간이 이들의 진실성을 말해줄 것이다(Smith, 1990, 16-17).

브릭스의 글은 단조롭고, 분석적 통찰력이 부족하며, 설명보다는 경험에 더 관심이 많고, 자주 인용되는 인용문에 지나치게 의존하며, 한 책이 다른 책에서 너무 자주 그리고 명백하게 복제되었다고 비판받았다. 19세기를 다룬 그의 책이 시골보다 도시에서 더 행복하고, 귀족보다 중산층에 더 강하며, 기성 종교에 대한 비순응에 더 관심이 많고, 사생활보다 공적인 것에 더 관심이 많다고 한다. 열렬한 추종자들도 그가 방대한 BBC의 역사에 너무 많은 시간과 에너지를 쏟은 것을 때때로 후회해야 한다고 하였다.

하지만, 브릭스는 빅토리아 시대 영국을 만든 사람만큼이나 우리 시대의 빅토리아 시대 영국을 만든 사람이다. 브릭스가 글을 쓰기 시작했을 때, 빅토리아 시대 역사가 진지한 학문적 주제로서 거의 존재하지 않았다. 1945년 이후 빅토리아 시대 연구가 붐을 이루었고, 브릭스 자신은 빅토리아 시대 연구의 틀을 만들고 창조하는 데 노력을 기울였다. 그는 빅토리아 사람들이 쓴 모든 글을 읽었으며, 사람과 장소, 건물과 유물, 제도와 조직에 대한 놀라운 감각을 가지고, 미국, 프랑스, 독일, 호주와의 현대적 비교를 하였다. 그는 주류 정치사와 경제사를 다루고 전기에도 도전했으며, 예술과 건축, 시와 문학, 문화와 이념에 매우 민감하고 사회, 노동, 도시, 기업, 의학사에서도 많은 이들의 본보기가 되는 선구자였다. 그는 새로운 틀에 갇히거나 더 넓은 역사적 지평을 놓친 적이 없다. 오히려 그의 가장 인상적인 재능은 사회구조와 정치 활동, 동시대 이슈와 동시대 작가, 맨체스터와 버밍엄, 멜버른과 런던을 연결하는 능력이다. 브릭스는 비교와 적절하게 선택된 사례를 통해 빅토리아 시대 삶의 범위와 풍요로움에 대한 독보적인 파노라마를 구축했다.

브릭스의 글에 진정한 현장감과 매력을 부여한 것은 특정 주제와 관계없이, 현재와 과거가 항상 어우러져 있다는 것이다. 빅토리아 시대는 잃어버린 세계라기보다는 여전히 살아 있는 세계로 남아있다. 브릭스의 역사는 1780년대와 1980년대를 구분하는 두 세기에 걸쳐 광범위하게 펼쳐져 있다. 애틀리부터 윌슨까지 영국인의 삶을 지배했던 복지국가 합의 정치의 중도 좌파적인 정신이 그의 저술 중 일부의 최전선에 있었을 뿐만 아니라, 통일된 배경과 기본 가치 구조를 제공했다. 거의 40년 동안 브릭스는 당대와 당대에 가장 '관련성 있는' 역사학자였다(Cannadine, 1985).

브릭스와 윌리엄스가 BBC를 평가한 시기는 주로 BBC 초창기부터 1970년대 중반까지이다. 브릭스의 BBC 역사서 5권이 1974년까지이고, 미국에서 윌리엄스가 주로 저술한 〈Television〉 역시 1970년대 중반에 출간되었다. 초창기 BBC는 가부장주의 원리로 운영되었지만, 2차 대전과 1960년대를 거치면서 대중과 친숙해지게 되었다. 특히 1960-70년대에 BBC는 대중과 함께하는 대중 매체로 자리하면서 대중의 의식을 일깨우는 변혁의 도구였다. 적은 월급에도 불구하고 옥스브리지 출신의 지식인들이 BBC에 취직하거나 직간접적으로 연계

되었다. 윌리엄스는 1960년대에 '기나긴 혁명'의 도구로 BBC를 인식하다가 1980년대에는 노동당과 BBC에 대한 비판으로 선회하였다.

브릭스의 BBC 연구는 엄밀한 증거와 원전주의를 통한 당시의 정확한 맥락에 대한 이해, 체계적인 아카이브 구축, 주장보다는 사실에 대한 충실한 기술 우선주의 등은 한국의 미디어 역사학자들로서도 많은 배울 점이 있다고 생각된다. 물론, 미국과 영국의 방송역사 외에는 체계적인 아카이브가 구축되지 않아서 많은 어려움이 있다는 자카(Jacka, 2004)의 불평은 단지 호주만의 일은 아니다. 이런 어려움을 고려하더라도 연대기와 제도사를 비판하고 민중 구술사 등을 주장하는 것은 다시 한번 생각해 볼 여지가 있다, 일본, 미국, 영국 등지에 있는 한국 방송 사료를 모았던 선배 미디어학자들의 노력 또한 높이 평가받아야 한다. 또한 윌리엄스의 공공서비스 독점과 공공서비스 경쟁은 우리의 공영방송 개혁에 많은 함의를 준다. 윌리엄스를 응용하면 국가보다는 사회적 신탁, 지역분권 공영방송 개혁도 얼마든지 가능하다는 것을 말해준다. 이처럼 브릭스와 윌리엄스를 이념의 잣대로만 평가하기보다는 이들의 노력과 방향성이 가진 교훈을 되새길 필요가 있다.

5. 삶의 경계를 극복하고 자유로웠던 지성

케임브리지 출신에 옥스퍼드 연구원, 리즈대학과 서식스 대학, 그리고 옥스퍼드 대학 학장과 개방대학 총장까지 한 브릭스는 외면적으로만 보면 제도적 지식인처럼 인식된다. 하지만 그도 많은 어려움에 봉착하고 인간적인 갈등을 겪었다. 리즈대학에서는 역사학과 및 다른 학과 교수들과 학과 중심주의를 둘러싸고 갈등을 빚었으며 동료 교수들로부터 '외부에서 잘 나가는 스타 교수'로 취급받았다. 또한 서식스 대학에서는 부총장을 하면서 1960년대 말 학생 시위로 인해 많은 어려움을 겪었다. 프랑스에서 1968년 5월 학생들과 노동자들이 봉기를 일으켰고, 미국을 중심으로 베트남 반전운동이 한창이던 소위 '격변의 시기'였다.

> 나는 부총장으로서 많은 어려움을 겪었다. 특히 학생들이 고성방가에 고의로 도발하는 것을 싫어하였다. 서식스 대학은 외국인 학생들이 많았고, 저널리스트들도 많아서 데모가 어떠한 방식으로 보도될 것인가 하는 것에 대해 알고 있었다. 지역사회에서는 대학 보조금을 중단하거나, '공산주의의 온상'이라고 하였다. 일부 시의회 의원은 마음의 병을 치료하기 위한 정신과 의사팀이 필요하다고도 하였다. 부총장이 되어 관사로 이사하기로 하였다. 미 대사관의 직원이자 서식스 학생이 나에게 붉은 페인트를 던졌다. 나는 그가 누구인지 몰랐는데, 대학에서는 무슨 일이 있었냐고 긴급하게 전화가 왔다. 집에 있던 가구도 치우고 전화기만 남았는데, 나는 조용히 듣기만 하였다. 경찰이 사건에 개입하여 두 학생이 페인트를 던졌다는 사실을 밝혔다. 학생회와 관련자 두 명을 정학 처리하는 것에 합의하였다. 한 명은 미국인으로 중세사를 전공하는 학생이고, 나머지는 한 명은 처벌에 대해 동의하지 않았다(Briggs, 2011, 101-107).

브릭스는 90세를 회고하면서 마음에 담았던 이야기를 털어놓았다.

본인의 감정을 억제하고 학교를 위해 덤덤하게 처신하였지만, 지인들로부터 걱정과 조롱의 말을 들어야 했다. 당시에는 부총장으로 터무니없는 학생들의 요구에도 응해야 했지만, 특히 주변 사람들의 '걱정을 빙자한 조롱'은 견디기 힘들었다고 토로하였다. 유럽과 미국의 60년대와 한국의 70, 80년대를 겪어 본 사람들은 당시 교수들이나 총장이 겪어야 할 어려움을 짐작할 수 있을 것이다. 군사정부에 협력한 사람들은 '어용교수'라고 불리었고, 조용히 연구에 몰두하는 사람은 '현실에 침묵하는 비겁한 지식인'이라는 소리를 들어야 했다. 하지만 학교 보직 때문에 어쩔 수 없이 학생을 통제하지만, 어용교수라는 소리를 들으면서도 학생들의 목숨과 안위를 위해 노력하는 교수들도 적지 않았다. 사람을 이분법으로 구분하는 것은 위험하고 힘든 일이다.

브릭스는 1976년에 남작의 작위를 받았고, 1980년대 말에 미국 컬럼비아 대학의 미디어 연구센터에 초빙연구원이 되었다. 그는 90대에 이차대전 시절 독일군 암호해독을 하던 블레츨리 파크 팀을 다룬 『비밀스러운 날들, Secret Days, 2011』과 자신과 평생 연을 맺었던 사람들을 다룬 『특별한 관계, Special Relationships, 2012』를 쓰기도 하였다. 그는 2016년에 향년 94세에 사망하였다.

역사 저널 〈Today's History〉는 브릭스의 90세 생일을 축하하는 인터뷰 기사를 실으면서 그를 '열린 지성(a very open intelligence)'으로 표현하였다. 친근하고 긍정적이며 개방적인 성격을 드러내는 적절한 표현이다. 브릭스는 서식스대학에 재직하면서 이 저널의 편집 자문위원으로 활동하였다(Lay, 2011, 10-11). 리즈대학의 역사학 저널은 추도사에서 '유명한 공적 인물이자 환대받는 학자였고, 위대하고 선한 인물 중의 하나'로 극찬하였다(University of Leeds, 2016). 영국의 국립초

상화 미술관에 6점의 브릭스 초상화가 걸려 있다.

아무리 사람 좋은 브릭스라 하여도 세상의 비판적 시선은 피해 나가기 힘들다. 브릭스의 사후 〈Guardian〉에는 저명한 기자인 나이젤 존스(Nigel Jones, 1951~)의 추모 기사가 실렸다.

> 브릭스는 사회주의적 동정심에도 불구하고, 기득권층에 합류했다. 학문적 직위와 함께 오는 많은 영예 그리고 대저택에 거주하는 호사를 누렸다. 개인적 허영심도 있지만, 권력자들과 어울리는 것을 즐겼다'고 하였다(Nigel Jones. 〈Guardian〉. 2016년 3월 15일).

두 사람은 역사 저널 〈Today's History〉의 편집위원 인연으로 호의적인 관계임에도, 브릭스의 삶에 대해 다소간 특이하게 논평하였다. 사회주의적 동정심과 기득권층이라는 모순적인 삶을 살았다는 것이다. 심지어 호화주택과 엘리트적 생활 태도로 비난받은 적이 있다. 브릭스는 70세에 옥스퍼드 대학 학장을 은퇴하고, 스코틀랜드의 타이닝엄 하우스(Tyninghame House)로 이사를 하였다. 이 저택은 해딩턴(Haddington) 백작이 소유하였던 집으로, 1991년에는 이미 아파트로 재건축되었다(Briggs, 2012, 63-64). 브릭스는 수상 등 소위 '잘 나가는 사람들'은 물론이고, 성인교육을 받는 노동자들, 소위 '좌파 빨갱이'들과도 잘 어울렸다. 그는 기념품들을 모으는 것을 즐겼다. 브릭스의 애장품 가운데는 마오쩌둥 도자기 컬렉션도 있는데, 사람들은 '살인마'의 도자기를 소장하는 이유를 묻기도 하였다. 그는 '학교보다 공항을 좋아한다'는 말을 들을 정도로 공적인 출장은 물론이고, 사적인 해외여행도 즐겼다. 그의 자서전 등을 보면, 해외 출장은 대부분 학교나 관계 프로젝트를 수행하러 갔다. 출장에서도 그는 특강, 세미나, 컨설팅 등으로 엄청나게 바쁜 일정을 소화하였다. 권력을 즐기거나 사치를 누린 흔적은 어디에도 없었다.

필자가 보는 브릭스는 엘리트와 평범한 사람, 사회주의와 자본주의의 이분법으로 재단 할 수 없다는 것이다. 그는 케임브리지를 나오고, 옥스퍼드 대학 학장과 개방대학 총장을 역임한 엘리트이지만, 노동계급 출신임을 잊지 않고 노동사와 사회문화사에 매진하였다. 대학에 몸담았지만, 성인교육과 정부의 교육 및 보건 위원회에 적극 관여하여 노동계급을 위한 삶을 살았다. 역사학과 교수이지만, 중세 이전의 고리타분한 과거에 머무르지 않고, 경제학, 사회학과의 통섭을 통하여 현대의 시대적 삶을 진단하고 치유하고자 하였다. 브릭스의 학문적, 삶의 궤적이 혹자는 자유주의로, 혹자는 중도좌파로 보지만, 특정 이론과 학파에 구속되지 않았다. 한마디로 브릭스는 삶의 경계를 극복하고 자유롭게 살았다.

참고문헌

강준만(2017). 『커뮤니케이션 사상가들』. 서울: 인물과 사상사.

강태완(2000). 레이먼드 윌리엄스의 문화사회학에 대한 이해, 『커뮤니케이션 연구』 제15집, 1-19.

김양순(2008). 레이먼드 윌리엄스의 저항적 힘과 이질적 정신: 언어 이론과 문학비평을 중심으로, 『비평과 이론』 13(2), 155-184.

남궁협(2022). 언론학 지식인의 성찰: 함석헌의 '씨알 사상'을 중심으로, 한국방송학회 2022 『봄철 정기학술대회 발표 논문』.

남신동·신충호(2007). 원격 개방 대학의 학업 평가제도 형성에 관한 역사사회학적 고찰 : 한국방송통신대학교와 영국개방대학을 중심으로, 『평생 학습 사회』3(2), 27-53.

남태우(2022). 다뉴브 강은 신발 잃은 유대인을 기억하고 있을까?. 〈부산일보〉 2022년 4월 2일.

노명환(2012). 역사 연구와 기록관리 상호관계의 패러다임 변화를 통해 본 역사주의와 포스트모더니즘: 랑케의 역사주의와 실증사학에 대한 본질주의(Essentialism)와 구성주의(Constructivism) 시각의 검토와 함께. 『역사 문화연구』 41권, 145-172.

문화방송 편성국 연구팀(1996). 『영국의 방송구조와 정책』, 문화방송.

박명진(1989, 편). 『비판 커뮤니케이션과 문화 이론』, 서울: 나남.
안해균(2004). E. P. 톰슨의 사회사 방법론, 『한성 사학』 제16집. 53-81.
원동필(2017). 영국 1세대 신좌파와 좌파 문화주의(1956~1963), 『마르크스주의 연구』, 14(1), 통권 45호, 204-232.
유시민(2018). 『역사의 역사』. 서울: 돌베게.
유인종(1996). 영국 고등교육의 발전 과정에 관한 연구, 『교육 문제 연구』 제8집. 1-24.
이승렬(2007). 다시 문화연구를 생각한다: 레이먼드 윌리엄스와 '공통의 문화', 『안과 밖』 22(0), 36-56.
이윤미(2016). 레이먼드 윌리엄스의 노동계급 교육사상- 공적 페다고지의 관점에서, 『교육사상 연구』 30(1), 207-230.
정용준(2013). 존 리스의 공영방송 이념에 대한 비판적 검토. 『한국 방송 학보』, 27(2), 305-332.
정용준(2014). 공영방송의 지역주의 이념에 대한 비판적 검토, 『사회과학연구』 38(3), 61-188.
정용준(2018). 『미디어 공론장과 BBC 100년의 신화』, 서울: 패러다임 북.
정용준(2019). BBC 역사를 보는 두 가지 시선: 아사 브리그스와 레이몬드 윌리엄스를 중심으로, 『방송문화연구』 31(2), 41-68.
정용준(2020a). BBC 100년 역사의 두 거인, 존 리스와 휴 그린 비교분석, 『방송통신 연구』2020(가을호), 94-113.
정용준(2020b). 『방송 100년사의 개척자들』, 서울: 패러다임북.
홍성일·이수엽·박근서(2017). 이동적 사사화 개념의 재활성화를 위하여: 텔레비전, 워크맨, 포켓몬고, 『미디어, 젠더와 문화』, 32(2).
윤영필(2011). 전후 영국노동계급소설과 교육, 계급적 정체성: 데이비드 스토리의 패스모어, 레이먼드 윌리엄스의 접경지역, 제2세대. 『현대 영미 소설』, 18(1).

이창근(2015). BBC 자율성의 제도적 기원: 공사(public corporation)조직의 역사적 형성을 중심으로, 『방송 문화 연구』27(2), 123-158.

정영주·홍종윤(2018). 공영방송 제도의 위기와 재정립: 신제도주의 관점에서 바라본 공영방송으로서의 MBC, 『언론정보연구』 55(1), 230-291.

정준희(2018). 시민사회의 확장을 통한 정치적 후견주의의 제어: 민주적 공고화 맥락에서의 한국 공영방송 거버넌스 개혁. 『언론정보연구』 55(1), 56-118.

Bailey, Michael.(2007). Rethinking Public Service Broadcasting: The Historical Limits to Publicness, Richard Butsch (ed.) 『Media and Public Spheres』, New York: Palgrave Macmillan.

Bailey, Michael.(2009). 『Narrating Media History』, London and New York: Routledge.

Baker, Edwin.(2007). 『Media Concentration and Democracy』, 남궁협(2010). 『미디어 집중과 민주주의』, 서울: 커뮤니케이션북스.

Bakewell, Joan. & Garnham, Nicholas.(1970). 『The New Priesthood: British Television Today』, London: Allen Lane The Penguin Press.

Barnouw, Erik.(1966). 『A Towel in Babel: A History of Broadcasting in the United States, Vol 1. - to 1933』, New York: Oxford University Press.

Barnouw, Erik.(1968). 『The golden web: A History of Broadcasting in the United States, Vol. 2』, New York: Oxford University Press.

Barnouw, Erik.(1970). 『The Image Empire: A History of Broadcasting in the United States, Vol. 3』, New York: Oxford University Press.

Barnouw, Erik.(1990). 『Tube of Plenty: The Evolution of American Television』 , New York: Oxford University Press.

Barnouw, Erik.(1996). 『Media marathon: A Twentieth- Century Memoir』,

Durham and London: Duke University Press.

Bensman, Marvin.(2000). 『The Beginning of Broadcast Regulation in the Twentieth Century, Jefferson』, North Carolina and London: McFarland & Company.

Bongiorno, Frank.(2014). Asa Briggs and the Remaking of Australian Historiography, Taylor, Miles.(2015. ed.) 『The Age of Asa: Lord Briggs, Public Life and History in Britain since 1945』, London: Palgrave Macmillan.

Bourdon, Jerome.(2011). 김설아(역, 2014). 『유럽 텔레비전 문화사: 공영방송에서 리얼리티 쇼까지 1950-2010』, 서울: 커뮤니케이션북스.

Boyle, Andrew.(1972). 『Only the wind will listen: Reith of BBC』, London: Hutchinson.

Brennen, Bonnie.(1993). Newsworkers in Fiction: Raymond Williams and Alternative Communication History, 『Journal of Communication Inquiry』 17(1), 95-107.

Briggs, Asa.(1949). 『Press and public in early nineteenth century Birmingham』, Oxford: Dugdale Society.

Briggs, Asa.(1951). Review of L. S. Marshall, The development of public opinion in Manchester, 1780-1820, 『British Journal of Sociology』 2(2), 172-4.

Briggs, Asa.(1954). 『Victorian people: a reassessment of person and themes, 1851-67』, London: Odhams Press.

Briggs, Asa.(1955). Review of Brian Inglis, The freedom of the press in Ireland, 1784-1841, 『Irish Historical Studies』, 9(36), 472-3.

Briggs, Asa.(1956). 『Friends of the people: the centenary history of Lewis's』, London: Batsford.

Briggs, Asa.(1959). 『The age of improvement』, London: Longmans.

Briggs, Asa.(1960). 『Mass entertainment: the origins of a modern industry 29th Joseph Fisher Lecture in Commerce』. Adelaide: Griffin Press.

Briggs, Asa.(1961). 『The History of Broadcasting in the United Kingdom. Vol. 1, The Birth of Broadcasting』. London: Oxford University Press.

Briggs, Asa.(1963). 『Victorian Cities』. London: Odhams Press.

Briggs, Asa.(1965). 『The History of Broadcasting in the United Kingdom vol Ⅱ: The golden Age of Wireless』. Oxford: Oxford University Press.

Briggs, Asa.(1970). 『The History of Broadcasting in the United Kingdom vol Ⅲ: The War of Words』. Oxford: Oxford University Press.

Briggs, Asa.(1979a). 『The History of Broadcasting in the United Kingdom vol Ⅳ: Sound and Vision』. Oxford: Oxford University Press.

Briggs, Asa.(1979b). 『Governing on the BBC』. London: BBC.

Briggs, Asa.(1980). Problems and possibilities in the writing of broadcasting history. 『Media, Culture & Society』 1(2), 5-13.

Briggs, Asa.(1983). 『A social history of England』. London: Weidenfeld & Nicolson.

Briggs, Asa.(1985). 『The BBC: The first fifty years』. Oxford: Oxford University Press.

Briggs, Asa.(1988). 『Victorian Things』. London: B. T. Batsford.

Briggs, Asa.(1991). 『The Collected Essays of Asa Briggs: Serious Pursuits Communications and Education』. London: Harvester Wheatsheaf.

Briggs, Asa.(1995). 『The History of Broadcasting in the United Kingdom Vol Ⅴ: Competition』. London: Oxford University Press.

Briggs, Asa.(2012). 『Special relationships: People and Places』. Frontline

Books.

Briggs, Asa. & Burke, Peter.(2005). 『A Social History of the Media』. London: Polity Press.

Briggs, Asa. & Cobley, Paul.(1998). 『The Media: An Introduction』. Harlow: Longman.

Briggs, Asa. & Spicer, Joanna.(1986). 『The franchise affair: creating fortunes and failures in Independent Television』. London: Century.

Burns, Tom.(1977). 『The BBC: Pubic Institution and Private World』. London: Macmillan.

Burton, Paulu.(1956). 『British Broadcasting: Radio and Television in the United Kingdom』. Minneapolis: University of Minnesota Press.

Camporesi, Valeria.(1994). The BBC and American Broadcasting, 1922-55, 『Media, Culture and Society』, 16, 625-39.

Cannadine, David.(1985). The Macaulay of the Welfare State. 『London Review of Books』. 7(10). June. 1985.

Carroll. William. & Hackett. Robert.(2006). Democratic media activism through the lens of social movement theory, 『Media, Culture & Society』, 28(1), 83-104.

Chase Malcolm.(2015). Back to Yorkshire: 'Asia' Briggs at Leeds, 1955-1961. Taylor, Miles. (2015. ed.) 『The Age of Asa: Lord Briggs, Public Life and History in Britain since 1945』, New York: Palgrave Macmillan. 213-224.

Coase, Ronald.(1950). 『British Broadcasting: a study in monopoly』. London: Longman.

Coase, Ronald.(1947) The Origin of the Monopoly of Broadcasting in Great Britain, Economica, 『New Series』, 14(55) (Aug. 1947), Blackwell

Publishing, 189-210.

Coatman, John.(1951). The Constitutional Position of the BBC, 『Public Administration』 29(2), 160-172.

Collins, Richard.(2002). 『Media and Identity in Contemporary Europe: Consequences of Global Convergence』, Bristol: intellect.

Collins, Richard. & Murroni, Christina.(1996). 『New Media, New Politics: Media and Communications Strategies for the Future』, Cambridge: Polity Press.

Collins, Richard.(1996). Briggs, Asa. 1961/1995. The History of Broadcasting in the United Kingdom. Vol. 1, The Birth of Broadcasting. Oxford, UK: Oxford University Press. book review. 『American Historical Review』. December, 1996.

Corner, John.(2003). Finding Data, Reading Patterns, Telling Stories: Issues in the Historiography of Television. 『Media, Culture and Society』, 25. 273-280.

Cragoe, Matthew.(2015). Asa Briggs and the University of Sussex, 1961-1976. 225-247. Taylor, Miles. (2015. ed.) 『The Age of Asa: Lord Briggs, Public Life and History in Britain since 1945』, London: Palgrave Macmillan.

Curran, James.(2011). 『Media and Democracy』, NY: Routledge. 이봉현 역(2014). 『제임스 커런의 미디어와 민주주의』, 서울: 한울 아카데미.

Curran, James.(2009). Narratives of media history revisited. Bailey, Michael. 2009. 『Narrating Media History』. London and New York: Routledge.

Curran, James.(2004). The Rise of Westminster Schools, Calabres. Andrew. and Sparks. Colin.(eds. 2004). 『Towards the political economy of culture』. Oxford: Lohman & Littlefield Publishers.

Curran, James & Seaton, Jean.(1985), 5th. 『Power Without Responsibility: The Press and Broadcasting in Britain』. London and New York: Methuen.

Dahl, Hans.(1978). The art of writing broadcasting history. 『International Communication Gazette』. 24(2).

Dahl, Hans.(2002). The challenges of media history, 『Nordicom』. 23(1-2). 81-84.

Darlow, Michael.(2004). 『Independents Struggle: The Programme Makers who took on the TV Establishment』, London: Quartet Books.

Darnton, Robert.(2000). An early information society: News and the media in eighteenth-century Paris. 『American Historical Review』, 105, 1-29.

Douglas, Susan.(1987). 『Inventing American broadcasting, 1899~1922』. Baltimore: Johns Hopkins Univ. Press.

Eagleton, Terry.(1976). 『Criticism and Ideology: A Study in Marxist Literary Theory』, London: New Left Books.

Eagleton. Terry & Beaumont. Matthew.(2009). 『The task of the critic: Terry Eagleton in dialogue』. 문강준형(역. 2015). 『비평가의 임무: 테리 이글턴과의 대화』. 서울: 민음사.

Eckersley, Peter.(1941). 『The Power behind the Microphone』, London: Jonathan Cape.

Eisenstein, Elizabeth.(2005). 『The Printing Revolution in Early Modern Europe』, 전영표 역(2008). 『근대 유럽의 인쇄미디어 혁명』, 서울: 커뮤니케이션북스.

Elgemyr, Göran.(2013). The Swedish foundation of broadcast media history an overview. Monika Djerf-Pierre & Mats Ekström(2013). 『A history of Swedish broadcasting』. Göteborg: Nordicom. 367-369.

Evans. Richard(2019). 『Eric Hobsbawm: A life in history』. 박원용·이재만 (역, 2022). 『에릭 홉스봄 평전』, 서울: 책과 함께.

Fraser, Derek.(1990). 『Cities, Class and Communication: Essays in honor of Asa Briggs』. New York and London: Harvester Wheatsheaf.

Freedman, Des.(2003). 『Television policy of the Labor Party』 1951-2001, London: Frank Class.

Fuchs, Christian.(2017). Raymond William's communicative materialism, 『European Journal of Cultural Studies』 20(6), 744-762.

Garnham, Nicholas.(1988). Raymond Williams, 1921-1988: A Cultural Analyst, A Distinctive Tradition. 『Journal of Communication』. 38(4). (Autumn, 1988). 123-131.

Garnham, Nicholas.(2005). A Personal intellectual memoir, 『Media, Culture and Society』, 27(4), 469-493.

Garnham, Nicholas.(1988). Raymond Williams, 1921-1988: A Cultural Analyst, A Distinctive Tradition, 『Journal of Communication』, 38(4). 123-131.

Garnham, Nicholas.(1995). Comments on John Keane's "structural transformations of the public sphere.", 『The Communication Review』 1(1), 1-22.

Garnham, Nicholas.(1986). The Media and Public Sphere, Peter Golding, Graham Murdock and Philip Schlesinger (eds. 1986). 『Communicating Politics: Mass communications and the political process』, Leicester University Press. 37-53.

Garnham, Nicholas.(1983). Public Service versus the Market, 『Screen』, 24(1), 6-27.

Garnham, Nicholas.(1973). 『Structures of Television』, London: the British Film Institute.

Garnham, Nicholas., & Fuchs, Christian.(2014). Revisiting the Political Economy of Communication, 『triple C』 12(1), 102-141.

Hajkowski, Thomas.(2005). 『The BBC and National Identity in Britain, 1922-54』, Northwestern University (PH. D. Dissertation).

Haley, William.(1976). John Reith: A Man for One Season, 『American Scholar』. 45(4). 561-564.

Hall, Stuart.(1988). 임영호 역 (2007, 2009). 『대처리즘의 문화정치』, 서울: 한나래.

Hall, Stuart. etc.(1978). 『Policing the Crisis: Mugging, The State, and Law and Order』. London: Macmillan.

Hewitt, Martin(2015). A Little Bit of a Victorian? Asa Briggs and Victorian Studies, Taylor, Miles. (2015. ed.) 『The Age of Asa: Lord Briggs, Public Life and History in Britain since 1945』, London: Palgrave Macmillan.

Hoggart, Richard.(1957). 『The Uses of Literacy』, 이규탁 (2016, 역), 『교양의 효용』, 서울: 오월의 봄.

Hood, Stuart.(1989). Yesterday's Man Reith, 『The Listener』, 13, July 1989.

HMSO.(1923). 『The Broadcasting Committee report』. Cmd. 1951, London: HMSO.

HMSO.(1926). 『Report of The Broadcasting Committee 1925』. Cmd. 2599, London: HMSO.

HMSO.(1935). 『Report of the Broadcasting Committee 1935』. London: HMSO.

HMSO.(1951). 『Report of the Broadcasting Committee 1949』. Cmd. 8116.

HMSO.

HMSO.(1962). 『Report of the Committee on Broadcasting』. London, Cmnd; 1753.

HMSO.(1977). 『Report of the Committee on the Future of Broadcasting』. Cmnd; 6753, London: HMSO.

HMSO.(1986). 『Report of the Committee on Financing the BBC』. Cmnd. 9824, London: HMSO.

Innis, Harold.(1950). 『Empire and Communications』. 김문정 (2008, 역), 『제국과 커뮤니케이션』, 서울: 커뮤니케이션북스.

Innis, Harold.(1951). 『The Bias of Communication』, Toronto: University of Toronto Press. 이호규 (2018, 역). 『커뮤니케이션 편향』. 서울: 커뮤니케이션북스.

Inglis. Fred.(1995). 『Raymond Williams』, London: Routledge.

Jacka, Liz.(2004). Doing the history of television in Australia: Problems and challenge, Continuum, 『Journal of Media & Cultural Studies』. 18(1), 27-41.

Jones, Owen.(2016). 『The Establishment: And How They Get Away With It』. Taylor & Francis: London.

Jones, Paul.(2016). Williams, Raymond, Klaus Jensen & Robert Craig. Et al. (2016). 『The International Encyclopedia of Communication Theory and Philosophy』, John Wiley & Sons.

Kaltenborn, Hans.(1935). An American View of European Broadcasting, 『The ANNALS of the American Academy of Political and Social Science』, New York: Sage.

Kavanagh, Jacqueline.(1999). The BBC's Written Archives as a Source for Media History. 『Media History』. 5(1).

Keane. John.(2013). 『Democracy and Media Decadence』, Cambridge: Cambridge University Press.

Keane. John. (1995). Structural transformation of the public sphere. 『The Communication Review』, 1(1), 23-25.

Keane, John.(1991). 『The Media and Democracy』, London: Polity Press. 주동황·정용준·최영묵 역 (1995). 『언론과 민주주의』 서울: 나남.

Laing, Stuart.(1991). Raymond Williams and the cultural analysis of television, 『Media, Culture and Society』. 13, 153-169.

Lay, Paul.(2011). A very open intelligence, 『Today's History』, Jan 2011.

Leapman, Michael.(1987). 『The last days of the Beeb』. 정순일 (역. 1991). 『TV 왕국의 흥망』. 서울: 나남.

Leishman, Marista.(2008). 『Reith of the BBC- My father』, Edinburgh: Saint Andrew Press.

LeMahieu, Dan.(1998). Review 〈The History of Broadcasting in the United Kingdom Vol Ⅴ: Competition〉. 『Journal of British Studies』. 37(2).

Marico, Hara. & Tetsuya, Shobo.(2011). 안창현 (2016, 역). 『공영방송의 모델, BBC를 읽다』, 서울: 한울 아카데미.

McChesney, Robert.(1993). 『Telecommunications, Mass Media and Democracy: The Battle for the control of U. S. Broadcasting, 1928-1935』, New York: Oxford University Press.

McGuigan, Jim.(2013). 『Raymond Williams on Culture and Society』. 임영호 (2023. 역). 『문화와 사회를 읽는 키워드: 레이먼드 윌리엄스 선집』. 서울: 컬처룩.

McGuigan, Jim.(1999). Reviews: Hannu Nieminen(1996), Communication and Democracy: Habermas, Williams and the British Case. 『Key Words 2: A Journal of Cultural Materialism』, 130-132.

McGuigan, Jim.(1995). A Slow Reach Again for Control- Raymond Williams and the Vicissitudes of Cultural Policy. 『European Journal of Cultural policy』. 2(1). 105-115.

McIlroy, John.(2012). Asa Briggs and the Emergence of Labor History in Post-War Britain, 『Labor History Review』, 77(2). 211- 242.

Mcllroy, John. & Westwood, Sallie.(1993). 『Border Country: Raymond Williams in Adult Education』. Leicester: National Institute of Adult Continuing Education.

McIntyre, Ian.(1993). 『The expense of glory: A life of John Reith』, London: Harper Collins.

McLuhan, Marshall.(1962). 『Gutenberg Galaxy』, 임상원 (2001, 역). 『구텐베르크 은하계: 활자인간의 형성』, 서울: 커뮤니케이션북스.

McLuhan, Marshall.(1964). 『Understanding Media』, 박정규 (1997). 『미디어의 이해』, 서울: 커뮤니케이션북스.

McLuhan, Marshall.(1967). 『The Medium is the Massage』, 김진홍 (2001). 『미디어는 맛사지다』. 서울: 커뮤니케이션북스.

McWilliam, Rohan.(2015). The Interconnectedness of Things: Asa Briggs and Social History. Taylor, Miles. (2015. ed.) 『The Age of Asa: Lord Briggs, Public Life and History in Britain since 1945』, London: Palgrave Macmillan.

Medhurst, Jamie. (2008). 'Minorities with a Message': The Beverage Report on Broadcasting (1949-1951) and Wales, 『Twentieth Century History』. 19(2), 217-233.

Medlicott, William.(1972). Reviewed Work(s): The History of Broadcasting in the United Kingdom. Volume III. The War of Words by Asa Briggs, 『The English Historical Review』, 87(342). 147-150.

Mills, Tom.(2016). 『The BBC: Myth of a Public Service』. Verso: London & New York.

Negrine, Ralph.(1989). 『Politics and The Mass Media in Britain』. London: Routledge.

Nerone, John.(2003). Approaches to media History. Valdivia, Angharad.(2003). 『A Companion to Media Studies』. Oxford: Blackwell Publishing.

Nicholas, Siân.(2015). Broadcasting carries On! Asa Briggs and the History of the Wartime BBC. Taylor, Miles. 2015(ed.). 『The Age of Asa: Lord Briggs, Public Life and History in Britain since 1945』, London: Palgrave Macmillan.

Nieminen, Hannu.(1997) 『Communication and Democracy: Habermas, Williams and the British Case』. Finland: Academia Scientiarum Fennica.

O'Connor, Alan.(1989). 『Raymond Williams on Television: Selected Writings』, Routledge: London & New York.

O'Malley, Tom.(2002). Media History and Media Studies: aspects of the development of the study of media study in the UK 1945-2000. 『Media History』 8(2), 155-173.

Pamela, Cox.(2016). Social History 40 Years on. 『History Today』 May 2016.

Paulu, Burton.(1981). 『Television and Radio in the United Kingdom』. London: Macmillan Press.

Peacock Committee.(1986). 『Report of the Committee on Financing the BBC』, Cmnd. 9824, London: HMSO.

Pickard. Victor.(2016). Waves of struggle: The history and future of

American media reform. Freedman. D. Jonathan A. Obar, Cheryl Martens and Robert W. McChesney (2016). 『Strategies for Media reform: international perspectives』, New York: Fordham university press.

Pilkington Committee.(1962). 『Report of the Committee on Broadcasting』, London, Cmnd; 1753.

Procter, James.(2004). 손유경 역(2006). 『지금 스튜어트 홀』, 서울: 앨피.

Prosser, David.(2018). Marconi propose: Why it's time to rethink the birth of the BBC, 『Media History』, 2018.

Ramsden, John.(2002). 『Mann of the Century: Winston Churchill and his legend since 1945』, 이종인 (역. 2004) 『처칠: 세기의 영웅』, 서울: 을유 문화사.

Sabry, Tarik.(2006). An Interview with Professor Paddy Scannell, 『Westminster Papers in Communication and Culture』, 4(2). 323, Oxford.

Sager. Peter.(2003). 『Oxford & Cambridge』. 박규호 역 (2005). 『옥스퍼드 & 케임브리지』, 서울: 갑인 공방.

Sassoon, Donald.(2006). 『The Culture of The Europeans』, 오숙은 외 (역. 2012). 『유럽문화사 Ⅳ: 1920-1960』, 서울: 뿌리와 이파리.

Scannell, Paddy.(1979). 『Media, Culture and Society』(1). 391-402.

Scannell, Paddy.(1984). The BBC and foreign affairs: 1935-1939. 『Media, Culture and Society』6, 3-26.

Scannell, Paddy.(1989). Public Service broadcasting and modern public life. 『Media, Culture & Society』. 11, 135-166.

Scannell, Paddy.(2002). History, Media and Communication, Jenson. Klaus. (ed.), 『A handbook of Media and Communication Research』.

London: Routledge. 191-205.

Scannell, Paddy. & Cardiff, David.(1991). 『A Social History of British broadcasting: vol. one 1922-1939, Serving the Nation』. Oxford: B. Blackwell.

Schlesinger, Philip.(1978). 『Putting Reality Together』, London: Constable.

Seaton, Jean.(1985). Broadcasting and the theory of public service, Jams Curran & Jean Seaton (1981/1997, eds). 『Power without Responsibility』 London: Metheun.

Seaton, J.(2015a). 『Pinkoes and Traitors: The BBC and the nation, 1974-1987』, London: Profile Books.

Seaton, Jean.(2015b). Asa and the Epochs: The BBC, the Historian, the Institution and the Archive. Taylor Miles. 2015. 『The Age of Asa Lord Briggs, Public Life and History in Britain since 1945』. London: Palgrave Macmillan.

Smith, Anthony.(1979). Britain: The Mysteries of a Modus Vivendi, Anthony Smith (ed. 1979). 『Television and Political Life』, London: Macmillan Press.

Smith, Godfrey.(1990). Asa Briggs: A Personal Profile. Fraser, Derek.(1990). 『Cities, Class and Communication: Essays in honor of Asa Briggs』. New York and London: Harvester Wheatsheaf.

Sparks, Colin.(1993). Raymond Williams and the Theory of Democratic Communication. Splical, Slavo & Wasko, Janet.(1993). 『Communication and Democracy』. New Jersey: Ablex Publishing Corporation.

Sparks, Colin.(1995). The future of public service Broadcasting in Britain, 『Critical Studies in Mass Communication』, 12(3), 325-341.

Sparks, Colin.(1998). 『Communism, Capitalism and the Mass Media』, London: Sage.

Spicer. Andrew.(2023). A Profound legacy: Vincent Porter obituary, 『Journal of British Cinema and Television』 20(1). 119-128.

Spiegel, Lynn.(1992). Introduction, Williams, R. (1974/1992). 『Television: Technology and Cultural Form』. 박효숙 역(1996). 『텔레비전론』, 현대미학사.

Sterling, Christopher.(2005). Erik Barnouw(1908-2001): Broadcasting's Premier Historian, 『Journal of Broadcasting & Electronic Media』, September, 2005. 354-361.

Stevenson, Nick.(2002).『Understanding Media Cultures』, London and new York: Sage.

Taylor, Miles.(2015). Introduction: Asa Briggs and Public Life in Britain since 1945, Taylor, Miles. (2015. ed.) 『The Age of Asa: Lord Briggs, Public Life and History in Britain since 1945』, London: Palgrave Macmillan.

Thane, Pat.(2017). Biographical Memoirs of Fellows of the British Academy, XVI, 529 – 555. 『The British Academy』 2017.

The Glasgow media Group.(1976). 『Bad News, Theory and Society』, 3(1976).

The Labor Party.(1974). 『The People and the Media: The Report of a Labour Party Study Group on the Relationships Between the People, the Press and Broadcasting』. London: The Labour Party.

Thompson, James.(2015). From the Daily Mail to the BBC: Communications in Britain, c. 1896-1922, Taylor, M. (2015. ed.) 『The Age of Asa: Lord Briggs, Public Life and History in Britain since

1945』, London: Palgrave Macmillan.

Tracey, Michael.(1983). A Variety of Lives: A biography of Sir Hugh Greene, London: The Bodley Head.

Tunstall Jeremy.(1983). 『The media in Britain』, London: Constable and Company.

University of Leeds.(2016). Asa Briggs and northern History, 『Northern History』 2016. 9.

Wagner, Hans-Ulrich.(2015). Repatriated Germans and 'British Spirit': The transfer of public service broadcasting to northern post-war Germany (1945-1950). 『Media History』. 21(4). 443-458.

Waymark, Peter.(2006). 『Television and the Cultural Revolution: the BBC under Hugh Carleton Greene』, Thesis presented for the degree of PhD, Department of History, Open University.

Wedell, Eberhard.(1968). 『Broadcasting and Public policy』, London: Michael Joseph.

Weightman, Gavin.(2003). 『Signor Marconi's Magic Box: How an amateur inventor defied scientists and began the radio revolution』, 강창현 역 (2005). 『마르코니의 매직박스』, 서울: 양문.

Williams, Kevin.(2010). 『Get Me a Murder a Day!: A history of Media and Communication in Britain』, London: Bloomsbury Academic.

Williams, Raymond.(1962). 『Communications』, Harmondsworth: Penguin Books.

Williams, Raymond.(1973). 『The Country and the City』, 이현석 (2013, 역). 『시골과 도시』, 파주: 나남.

Williams, Raymond.(1974). 『Television: Technology and Cultural Form』. 박효숙 역(1996). 『텔레비전론』, 현대미학사.

Williams, Raymond.(1977). 『Marxism and Literature』, 박만준 (2013, 역). 『마르크스주의와 문학』, 서울: 지식을 만드는 문학.

Williams, Raymond.(1976/1983). Keywords: A vocabulary of culture and society, 김성기·유리 (2010, 역). 〈키워드〉, 서울: 민음사.

Williams, Raymond.(1978). Means of Communication as Means of Production, Raymond Williams (1980, ed.) 『Problems in Materialism and Culture』, London: Verso Edition and NLB.

Williams, Raymond.(1983). 『Towards 2000』, London: Hogarth Press.

〈중앙선데이〉 "헨리 5세 명연설, 아쟁쿠르 전투 대승 이끌다" 〈중앙일보〉 2012년 5월 13일.

김누리 "세상 읽기: 독일의 68세대와 한국의 86세대" 〈한겨레신문〉 2019년 5월 5일.

Jones, Nigel.(2016). Asa Briggs obituary, 〈Guardian〉. 15. March. 2016.

• 부록 1 •

〈아사 브릭스 저작 1921-2016〉[1]

1945년

- (with David Thomson and E. Meyer), Patterns of peacemaking (London: K. Paul, Trench and Trubner & Co., 1945; new edn. 1998).

1946년

- Public health and public opinion in the age of Chadwick, a Chadwick public lecture delivered in the Livingstone Hall, Broadway, Westminster on Tuesday, 5th November, 1946 (London: Chadwick Trust, 1946).

1948년

- (with Harry Bancroft and Eric Treacy), One hundred years 1848-1948: the parish of Keighley 1848-1948 (Keighley: Rydal Press, 1948).
- 'Thomas Attwood and the economic background to the Birmingham Political Union', Cambridge Historical Journal, 9(2), (1948), 190-216.
- 'Middlemarch and the doctors', Cambridge Journal, 1(12), (1948),

1 아사 브릭스의 저작은 영국 런던대학의 Institue of Historical Research(IHR)에서 정리한 자료를 바탕으로 기타의 저작물을 보완하였다. 저작은 저서, 편집서, 논문, 글모음집, 공개 강연, 서문과 추천사, 서평의 순서로 정리하였다.

749-62.

1949년

- Press and public in early nineteenth century Birmingham (Oxford: Dugdale Society, 1949).
- 'Samuel Smiles and the gospel of work', Cambridge Journal, 2(9), (1949), 552-61.

1950년

- 'Social structure and politics in Birmingham and Lyons, 1825-48', British Journal of Sociology, 1(1), (1950), 67-80.
- 'Industry and politics in 19th century Keighley', Bradford Antiquary, 7(35), (1950), 305-17.
- 'Ebenezer Elliot, the corn law rhymer', Cambridge Journal, 3(11), (1950), 686-95.
- 'Sir Robert Peel: the man of practical mind', Manchester Guardian, 1 July 1950, 6.
- 'Historical Landscape', review of G. M. Young, Last Essays, Manchester Guardian, 8 August 1950, 3.
- 'The journal of Mrs Arbuthnot, 1820-32', review of Francis Bamford and the Duke of Wellington (eds.), The journal of Mrs Arbuthnot, 1820-32, Manchester Guardian, 11 November 1950, 6.
- 'A capitalist's conscience', review of Earl Bessborough (ed.), Lady Charlotte Guest: extracts from her journal, 1833-52, Manchester Guardian, 28 November 1850, 6.
- Review of D. H. Macgregor, Economic thought and policy, Economic History Review n.s. 3(1), (1950), 149.

1951년

- 1851 (London: George Philip & Son for the Historical Association, 1951; reprinted in W. N. Medlicott (ed.) From Metternich to Hitler: aspects of British and foreign history, 1814-1939 Historical Association essays (London: Routledge and Kegan Paul, 1963), 47-71.
- 'British Prime Ministers, VII: Sir Robert Peel', History Today, 1(11), (1951), 25-31.
- 'Toryism', review of Myron F. Brightfield, John Wilson Croker, Manchester Guardian, 13 March 1951, 4.
- Review of L. S. Marshall, The development of public opinion in Manchester, 1780-1820, British Journal of Sociology 2,(2), (1951), 172-4.
- Review of W. H. Chaloner, The social and economic development of Crewe, 1780-1923, Economic Journal, 61(242), (1951), 407-409.
- 'Huskisson and his age', review of C. R. Fay, Huskisson and his age, Manchester Guardian, 31 July. 1951, 4.
- Review of W. H. Chaloner, The social and economic development of Crewe, 1780-1923, British Journal of Sociology 2(3), (1951), 269-270.
- 'Liberal and labour', review of W. H. G. Armytage, A. J. Mundella, 1825-97: the liberal background to the labour movement, Manchester Guardian, 30 November 1951, 4.

1952년

- History of Birmingham, volume II: borough and city, 1865-1938 (London: Oxford University Press, 1952).
- 'Trollope, Bagehot and the Constitution', Cambridge Journal, 5, (1951-2), 327-38.

- 'Saggi sul Cartismo', Occidente, 8, (1952), 393-403.
- 'The background of the parliamentary reform movement in three English cities, 1830-2', Cambridge Historical Journal, 10(3), (1952), 293-317.
- Review of L. V. Grinsell et al, Studies in the history of Swindon, Public Administration, 30(1), (1952), 101-2.
- Review of K. W. Luckhurst, The story of exhibitions, Economic History Review n.s., 5(1), (1952), 163.
- Review of A. J. Youngson Brown, The American economy, 1860-1940, Economic History Review n.s., 5(1), (1952), 165.
- 'Politics in the Gold Coast: the C. P. P in office', Manchester Guardian, 20 February 1952, p. 6.
- 'Peel's second self', review of A. B. Erickson, The political career of Sir James Graham, Manchester Guardian, 21 March 1952, 4.
- 'Charles Napier', review of Rosamond Lawrence, Charles Napier, friend and fighter, 1782-1853, Manchester Guardian, 27 May 1952, 4.
- 'England, 1895-1914', Review of E. Halévy, Imperialism and the rise of labour, Economic History Review n.s., 5(2), (1952), 281-2.
- Review of M. M. Schofield, Outlines of an economic history of Lancaster, 1800 to 1860, Economic History Review, n.s., 5(2), (1952), 286.
- Review of Kenneth Smith, The Malthusian controversy, C. P. Blacker, Eugenics: Galton and after, British Journal of Sociology, 3(2), (1952), 194-5.
- 'Pioneer of bureaucracy', review of S. E. Finer, The life and times of Edwin Chadwick, History Today, 2(9), (1952), 647-8.
- 'Liberator', review of Salvador de Madariga, Bolivar, New Statesman and Nation, 19 July 1952, 76.
- 'A new look at the G.O.M.', review of J. L. Hammond and M. R. D. Foot,

Gladstone and liberalism, New Statesman and Nation, 16 August 1952, 191.

- 'Black monarch', review of Earl Leslie Grigg and Clifford H. Pater (eds.), Henry Christopher and Thomas Clarkson, a correspondence, Manchester Guardian, 22 October 1952, 4.
- 'Political cartoons', review of G. M. Trevelyan, The seven years of William IV, Manchester Guardian, 28 October 1952, 4.
- 'Party and constitution: the historical perspectives', review of Lewis Namier, Monarchy and the party system, Manchester Guardian, 8 November 1952, 4.
- 'Pioneer', review of A. V. Judges, Pioneers of English education, Manchester Guardian, 28 November 1952, 9.
- 'The sanitary idea', review of R. A. Lewis, Edwin Chadwick and the public health movement, 1832-54, Manchester Guardian, 2 December 1952, 4.
- 'Mr. Taylor rides again', review of A. J. P. Taylor, Rumours of wars, New Statesman and Nation, 6 December 1952, 698.
- Review of P. Ford, and G. Ford A breviate of parliamentary papers, 1917-1939, Economic Journal, 62(248), (1952), 886-8.

1953년

- 'Saggi sul Cartismo', Occidente, 9(5), (1953), 327-34.
- 1953 Review of Margaret Simey, Charitable effort in Liverpool, Public Administration, 31(1), (1953), 87-8.
- 'The real Tom Brown', review of Edward C. Mack and W. H. G. Armytage, Thomas Hughes,
- Manchester Guardian, 10 February 1953, 4.

- 'Among the cycles', review of A. D. Gayer, W. W. Rostow and A. I. Schwartz, The growth and fluctuation of the British economy, 1790-1850, New Statesman and Nation, 7 March 1953, 271-2.
- 'The challenge of the modern city', Manchester Guardian, 27 March 1953, 14.
- 'Power with humility', review of J. G. Randall, Lincoln the President: midstream, New Statesman and Nation, 4 April 1953, 403.
- '1832 and after', review of Norman Gash, Politics in the age of Peel, Manchester Guardian, 30 April 1953, 6.
- Review of P. H. Casselman, The co-operative movement and some of its problems, G. D. H. Cole, Attempts at general union, Sociological Review, 1(2), 110-12.
- 'Impenitent Victorian', review of Algernon Cecil, Queen Victoria and her Prime Ministers, History Today, 3(3), (1953), 210-2.
- 'Beautiful dreamer', review of André Maurois, Cecil Rhodes, New Statesman and Nation, 6 June 1953, 678.
- 'The half-reformed constitution', review of Norman Gash, Politics in the age of Peel, History Today, 3(7), (1953), 510-2.
- 'A silent revolution', Listener, 50, (6 August 1953), 213-14.
- 'Saggi sul Cartismo', Occidente, 9, (1953), 3-12, 81-7, 223-31, 327-34.
- 'Radicalism revisited', review of S. Maccoby, English radicalism 1886-1914, History Today, 3(10), (1953), 719-20.
- 'A great human', review of D. C. Somervell, Stanley Baldwin: an examination of Mr G. M. Young's biography, New Statesman and Nation, 10 October 1953, 426-8.
- 'The road from Bangalore' [on Churchill as a historian], New Statesman and Nation, 28 November 1953, 677-8.

- Review of D. V. Glass, Introduction to Malthus, British Journal of Sociology, 4(4), (1953), 367-8.
- Review of Norman Gash, Politics in the age of Peel, English Historical Review, 69(272), (1954), 457-60.

1954년

- Victorian people: a reassessment of person and themes, 1851-67 (London: Odhams Press, 1954; Pelican pbk. edn., 1968; translated into Italian (1978)).
- Workers' education for international understanding: a study sponsored by the International
- Federation of Workers' Educational Associations (Paris: UNESCO, 1954).
- 'The social background' in Allan Flanders and Hugh Clegg (eds.), The system of industrial relations in Great Britain (Oxford: Basil Blackwell, 1954) 1-41.
- 'Intellectuali e politica nel regno unito', Occidente, 10(1), (1954), 18-27.
- 'Oxford reformed: the centenary of the Act of 1854', Oxford Magazine, 17 June 1954, 398-400.
- 'The WEA and the Ashby report: a first impression', Highway, 46, (1954), 3-6.
- 'Crimean Centenary', Virginia Quarterly Review, 30(4), (1954), 542-55.
- Review of Bernard Manning, The Protestant dissenting deputies, English Historical Review, 69(270), (1954), 111-13.
- Review of F. C. Lane and J. C. Riemersma, Enterprise and secular change: readings in economic history, Economic Journal, 64(254), (1954), 396-8.

- Review of M. Georges Friedmann, Villes et campagnes, civilisation urbaine et civilisation rurale en France, British Journal of Sociology, 5(2), (1954), 167-9.
- Review of A. Temple Patterson, Radical Leicester. A history of Leicester, 1780-1850, Economic History Review, n.s., 7(2), (1954), 253-4.
- 'Population for the uninitiated', review of Ian Bowen, Population, New Statesman and Nation, 17 July 1954, 81-2.
- 'Thoughts and dreams', review of Henry Pelling, (ed.), The challenge of socialism, Manchester Guardian, 27 July 1954, 4.
- Review of F. A. Hayek, Capitalism and the historians, Journal of Economic History, 14(3), (1954), 290-1.
- 'The road from serfdom ?', review of F. A. Hayek (ed.), Capitalism and the historians, New Statesman and Nation, 7 August 1954, 163.
- 'Self-portrait', review of W. K. Hancock, Country and calling, Manchester Guardian, 19 October 1954, 4.
- 'Before the ball was over', review of A. J. P. Taylor, The struggle for mastery in Europe, New Statesman and Nation, 6 November 1954, 586-8.
- 'The mantle of Maurice', review of J. F. C. Harrison, A history of the working men's college, 1854-1954, Manchester Guardian, 19 November 1954, 6.
- 'The vital revolution', review of J. A. Banks, Prosperity and parenthood, New Statesman and Nation, 22 May 1954, 674-5.

1955년

- 'Sugli elementi costitutivi del Cartismo', Occidente, 11(2), (1955), 211-20

- 'Il Cartismo e la rivoluzione del 1848', Occidente, 11(4), (1955), 311-17.
- 'Cerberus and the sphinx' [on the Oxford honours school of Philosophy, Politics and Economics], Twentieth Century, 157, NO? (1955), 577-92.
- 'Social history' in Winifred Davin (ed.), Oxford Junior Encyclopaedia, vol. xi. The home (London: Oxford University Press, 1955).
- Review of H. Clay (ed.), The inter-war years, Political Studies, 3(2), (1955), 169.
- 'Football and culture', review of Morris Marples, A history of football, Encounter, 4(1), (January, 1955), 69-70.
- Review of Charles Webster, The foreign policy of Palmerston, 1830-41, History, 40 (1955), 140-1.
- 'An unfulfilled life', review of David Cecil, Lord M, History Today, 5(1), (1955), 62.
- Review of Charles Wilson, The history of Unilever: a study in economic growth and social change, New Statesman and Nation, 1 January 1955, 19-20.
- 'On the waterfront', review of Edmund W. Gilbert, Brighton: old ocean's bauble, Bryan Little, The city and county of Bristol: a study in Atlantic civilization, and J. F. Rees, The story of Milford, New Statesman and Nation, 15 January 1955, 78.
- 'Wool and iron', review of Gert von Klass, Krupps: the story of an industrial empire, New Statesman and Nation, 29 January 1955, 150.
- 'Air view of the city', review of William A. Robson (ed.), Great cities of the world: their government, politics and planning, New Statesman and Nation, 19 February 1955, 254-6.
- 'Joseph Hume: guardian of the public purse', Manchester Guardian, 21

February 1955, 6.
- 'Marxists', review of John Saville (ed.), Democracy and the labour movement: essays in honor of Dona Torr, Manchester Guardian, 22 February 1955, p. 4.
- 'March of intellect', review of R. K. Webb, The British working-class reader, New Statesman and Nation, 5 March 1955, 332.
- 'Fellowship', review of S. K. Ratcliffe, The story of South Place, Manchester Guardian, 25 March 1955, 10.
- 'Back to the land', review of R. Douglas Brown, The battle of Critchel Down, New Statesman and Nation, 26 March 1955, 447-8.
- 'A forgotten reform', review of Kathleen Jones, Lunacy, law and conscience, 1744-1845, Manchester Guardian, 26 April 1955, 4.
- 'The little emperor', review of J. M. Thompson, Louis Napoleon and the 2nd empire, History Today, 5(2), (1955), 137-8
- 'Encyclopedia Japonica', review of William C. Lockwood, The economic development of Japan: growth and structural change, 1868-1938, New Statesman and Nation, 7 May 1955, 653-4.
- 'Science and religion', review of Oscar Riddle, The unleashing of evolutionary thought, Contemporary Review, 188 (July, 1955), 208.
- 'Power and purpose', review of W. H. G. Armytage, Civic universities, Lady Morris, Voluntary organisations and social progress, Manchester Guardian, 15 July 1955, 6.
- 'The history of strikes', Listener, 54, (14 July 1955), 57-9.
- 'The mood of 1855', Manchester Guardian, 1 July 1955, 6.
- 'On surveying a bureaucrat', review of John Craig, A history of red tape, R. K. Kelsall, Higher civil servants in Britain, New Statesman and Nation, 16 July 1955, 74.

- 'Fate cannot harm me', review of Hjalmar Schacht, My first seventy-six years, New Statesman and Nation, 3 September 1955, 274.
- 'Ourselves', review of K. B. Smellie, The British way of life, Manchester Guardian, 25 October 1955, 6
- 'Managerial manifesto', review of Peter Drucker, The practice of management, New Statesman and Nation, 29 October 1955, 548.
- Review of Brian Inglis, The freedom of the press in Ireland, 1784-1841, Irish Historical Studies, 9(36), (1955), 472-3.
- Review of Philip Magnus, Gladstone, a biography, Irish Historical Studies, 9(36), (1955), 482-3.
- Review of T. C. Barker and J. R. Harris, A Merseyside town in the industrial revolution, St Helens, 1750-1900, Economic History Review, n.s., 7(3), (1955), 386-7.
- Review of W. A. Robson, Great cities of the world, British Journal of Sociology, 6(4), (1955), 374-5.
- Review of John Saville (ed.), Democracy and the labour movement, Universities Quarterly, 9(4), (1955), 404-5.
- Review of Richard K. P. Pankhurst, William Thompson (1775-1833), Economica, n.s., 22(85), (1955), 93-4.
- 'The whole fabric', review of J. H. Plumb, Studies in social history, New Statesman and Nation, 10 December 1955, 806-7.

1956년

- Friends of the people: the centenary history of Lewis's (London: Batsford, 1956).
- 'Middle class consciousness in English politics', Past & Present, 9, (1956), 65-74.

- 'History and its neighbours', Occidente, 12(4), (1956), 309-16.
- 'History and its neighbours', Universities Quarterly, 11(1), (1956), 55-63.
- Review of Charles Loch Mowat, Britain between the wars, Economic History Review, n.s., 9(1), (1956), 152-4.
- 'Cousinhood', review of Paul Bloomfield, Uncommon people, New Statesman and Nation, 7 January 1956, 20.
- 'All the elite and demi-monde', review of Robert L. Heilbroner, The great economists, New Statesman and Nation, 14 January 1956, 47-8.
- 'Signpost to the welfare state' [reassessment of Charles Booth's Life and labour of the people of London], New Statesman and Nation, 4 February 1956, 127.
- 'Charting the voyage', review of A. A. Ragow, The Labour government and British industry, 1945-51, New Statesman and Nation, 18 February 1956, 177.
- 'Time and the rope', review of Ernest Gowers, A life for a life, Gerald Gardiner, Capital punishment as a deterrent and the alterative, Observer, 26 February 1956, 10.
- 'The things of the past', review of G. M. Trevelyan, Illustrated history of England, New Statesman and Nation, 10 March 1956, 220-1.
- 'What is a prime minister?', review of Byrum E. Carter, The office of Prime Minister, New Statesman and Nation, 31 March 1956, 316.
- 'Liberal economics', Listener, 55, (14 June 1956), 798-800.
- Review of J. F. C. Harrison, James Hole and social reform in Leeds, English Historical Review, 71(280) (1956), 499-500.
- 'The canal-maker', review of Charles Beatty, Ferdinand de Lesseps, Manchester Guardian, 17 August 1956, 3.

- 'Socialism and society', review of C. A. R. Crosland, The future of socialism, Observer, 30 September 1956, 8.
- 'Pre-psephology', review of H. G. Nicholas (ed.), To the hustings: election scenes from English fiction, New Statesman and Nation, 13 October 1956, 460.
- 'Tre, hec and edzac', review of E. M. Hugh-Jones (ed.), Automation in theory and practice, Magnus Pyke, Automation: its purpose and future, New Statesman and Nation, 8 December 1956, 761.

1957년

- Where we came in: the industrial revolution reconsidered (London: BBC, 1957).
- 'Business history' (essay in bibliography and criticism), Economic History Review, n.s, 9(3), (1957), 486-98.
- 'Human relations in their historical perspectives', A. Morris (ed.) Human relations in industry (Manchester: North Western District Joint Advisory Council for the Electricity Supply Industry, 1957), 9-26.
- 'Mass culture', review of Richard Hoggart, The uses of literacy, Social Service Quarterly, 31(1), (1957), 6-9.
- Review of Élie Halévy, Thomas Hodgkin, History, 42, (1957), 154-5.
- Review of Henry Pelling, America and the British left, History, 42, (1957), 257-8.
- Review of G. S. Gibb and E. H. Knowlton, The resurgent years: history of Standard Oil Company (New Jersey) 1911-1927. Vol. II, Economic History Review, n.s., 10(1), (1957), 170.
- 'Cobden and Bright', History Today, 7(8), (1957), 495-503.
- Review of Emrys Hughes, Keir Hardie and Dona Torr, Tom Mann and

His Times, Victorian Studies, 1(1), (1957), 83-5.

- 'Automation moves east', review of S. Lilley, Automation and social progress, New Statesman and Nation, 9 February 1957, 177-8.
- 'Victorian records', review of G. M. Young and W. D. Handcock (eds.), English historical documents, vol. XII (Part 1), 1833-1874, New Statesman and Nation, 2 March 1957, 286.
- 'Conservatism from above', review of W. D. Jones, Lord Derby and Victorian conservatism, New Statesman and Nation, 9 March 1957, 315-16.
- 'Liverpolitans arise !', review of George Chandler, Liverpool, New Statesman and Nation, 23 March 1957, 386-7.
- 'The splendid comedian', review of Conor Cruise O'Brien, Parnell and his party, 1880-90, New Statesman and Nation, 27 April 1957, 546-7.
- 'The willow and the oak', review of R. J. White, Waterloo to Peterloo, New Statesman and Nation, 18 May 1957, 699-700.
- Review of J. S. Eells, The touchstones of Matthew Arnold, Science & Society, 21(2), (1957), 187-9.
- 'Underground history', review of Norman Pounds and William N. Parker, Coal and steel in western Europe, New Statesman, 19 October 1957, 508-9.
- 'Showdown', review of Julian Symons, The general strike, New Statesman, 23 November 1957, 699.

1958년

- Adult education and mass culture William F. Harvey Memorial Lecture (Nottingham: University of Nottingham, 1958).
- 'The study of industrial revolutions', Ceylon Journal of Historical and

Social Studies, 1, (1958), 127-137.

- 'Private and social themes in Shirley', Transactions of the Brontë Society, 13(3), (1958), 203-219.
- 'David Urquhart and the West Riding Foreign Affairs Committees', Bradford Antiquary, 8(39), (1958), 197-207.
- 'Education for a changing society: the role of the WEA', Adult Education, 31(1), 6-13.
- 'Introduction' to Samuel Smiles, Self-help: with illustrations of conduct and perseverance (London: John Murray 1958), 7-31.
- Review of Norman McCord, The anti-corn law league, 1838-1846, Durham University Journal, 51(1), (1958), 140-2.
- 'Redbrick and old lace', National and English Review, 150(903), (May, 1958), 183-5.
- Review of R. G. Cowherd, The politics of English dissent, English Historical Review, 73(286), (Jan., 1958), 168-9.
- 'The Leicester school', review of H. P. R. Finberg (ed.), Gloucestershire studies, W. G. Hoskins, The Midland peasant, and W. G. Hoskins, Leicestershire, New Statesman, 15 February 1958, 206-7.
- 'Eureka', review of John Jewkes, David Sawers and Richard Stillerman, The sources of invention, New Statesman, 1 March 1958, 276-7.
- 'Beyond Suez', review of Saad Ed Din Fawd, The labour movement in the Sudan, 1946-55, New Statesman, 8 March 1958, 309.
- 'England's massacre', review of Donald Read, Peterloo, Listener, 59, (13 March 1958), 465-6.
- 'Metropolis and province', review of E. W Martin, Where London ends: English provincial life after 1750, Observer, 16 March 1958, 17.
- 'The chimney of the world', review of Friedrich Engels, The condition of

the working class in England, New Statesman, 22 March 1958, 379-80.

- 'History without passion', review of D. B. Horn and Mary Ransome (eds.), English Historical
- Documents, vol. X, 1714-1783, New Statesman, 29 March 1958, 415-16.
- 'Chartist romantic', review of A. R. Schoyen, The Chartist challenge, New Statesman, 26 April 1958, 542-3.
- 'Time and the TUC', review of B. C. Roberts, The Trades Union Congress, 1868-1921, Manchester Guardian, 13 May 1958, 6.
- Review of W. D. Handcock and G. M. Young (eds.), English historical documents, vol. XII. i, 1833-1874, English Historical Review, 73(289), (1958), 734-5.
- Review of C. A. R. Crosland, The future of socialism, American Political Science Review, 52(3), (1958), 852-4.
- Review of J. T. Fain, Ruskin and the economists, Economic Journal, 68(270) (1958), 391-2.
- 'The Lords', review of A. S. Turbeville, The House of Lords in the age of reform, History Today, 8(10), (1958), 728-9.
- 'Child of danger, review of F. Bealey and H, Pelling, Labour and politics, 1900-1906, Philip T. Poirier, The advent of the Labour party, New Statesman, 16 August 1958, 197-8.
- 'The context of commitment' [assessment of the intellectual climate of the 'cultural left', prompted by the publication of the Universities and Left Review], New Statesman, 4 October 1958, 453-4.
- 'In Tawney territory', review of R. H. Tawney, Business and politics under James I: Lionel Cranfield as merchant and minister, New Statesman, 11 October 1958, 496.

- 'The shade of revolution', review of G. D. H. Cole, Communism and social democracy, Edgar
- Hoover, Masters of deceit: communism in America, and Henry Pelling, The British Communist party: a historical perspective, New Statesman, 1 November 1958, 602-3.
- 'Machines and history', review of Charles Slinger et al (eds.), A history of technology, vol. IV: the industrial revolution, c. 1750-1850, New Statesman, 20 December 1958, 885-6.

1959년

- The age of improvement (London: Longmans, Green 1959; rev. edn., Longmans, 2000; translated into Italian (1993), Spanish (1994)).
- (ed.) Chartist studies (London: Macmillan, 1959), includes 'The local background to Chartism' 1-28 and 'National bearings', 288-303.
- 'The image and the voice', Twentieth Century, 166(993), (November, 1959), 325-91.
- 'Chartism reconsidered', Historical Studies, 2 (1959).
- Review of Charles Morazé, Les bourgeois conquérants, XIXe siècle, Political Studies, 7(1), (1959), 88.
- Review of George Orwell, The road to Wigan pier, Universities and Left Review, 7, (1959), 73-4.
- Review of W. E. Houghton, The Victorian frame of mind, 1830-1870, English Historical Review, 74(290), (Jan., 1959), 135-7.
- Review of R. F. Wearmouth, The social and political influence of Methodism in the twentieth century, English Historical Review, 74(290), (1959), 186-7.
- Review of Robert Peers, Adult education, British Journal of Sociology,

10(1), (1959), 83-5.
- 'Makers of modern industry: Jeddiah Strutt and Arkwright', review of R. S. Fitton and A. P. Wadsworth, The Strutts and the Arkwrights, 1788-1832, Manchester Guardian, 23 January 1959, 8.
- 'Faces in the crowd', review of George Rudé, 'The crowd in the French revolution', Listener, 61, (19 April 1959), 636-8.
- Review of E. J. Hobsbawm, Primitive rebels, Listener, 61,(14 May 1959), 854-6.
- Review of Gunnar Myrdal and Paul Streeten, Value in social theory, a selection of essays in methodology, Economic Journal, 69(274), (Jun., 1959), 365-7.
- 'The keen Lord Scope', University of Leeds Review, 6(3), (1959), 225-35.
- 'Strong beer', review of Peter Mathias, The brewing industry in England, 1700-1830, New Statesman, 4 July 1959, 25-6.
- 'Seventeen reasonable men', review of Morris Ginsberg (ed.), Law and opinion in England in the twentieth century, New Statesman, 11 July 1959, 52.
- 'Know your community', review of W. G. Hoskins, Local history in England, New Statesman, 15 August 1959, 198-9.
- 'The years of blockade', review of François Crouzet, L'economie britannique et le blocus continental, 1806-1813, Times Literary Supplement, 21 August 1959, p. 477.
- 'The shrimp became a whale [William Wilberforce]', Listener, 62, (27 August 1959), 313-14.
- Review of A. P. Thornton, The imperial idea and its enemies, Social and Economic Studies, 8(3), (1959), 313-17.

- Review of H. J. Hanham, Elections and party management in the age of Gladstone and Disraeli, Listener, 62, (29 October 1959), 744.
- Review of Eric Ashby, Technology and the academics, C. P Snow, The two cultures and the scientific revolution, Scientific American, (October 1959), 201.
- Review of S. Maccoby, English radicalism, 1762-1785 and English radicalism, 1786-1832, Irish Historical Studies, 11(43), (1959), 245-7.
- Robert Owen in retrospect Co-operative college papers, 6 (Loughborough: Co-operative Union, 1959).
- Review of Ludwig von Mises, Theory and history, Economic Journal, 69(276), (1959), 770-2.
- Review of Bessie Louise Pierce, A history of Chicago: the rise of a modern city, 1871-1893,
- American Journal of Sociology, 64(4), (1959), 420-1.

1960년

- (co-ed. with John Saville), Essays in labour history: in memory of G. D. H. Cole (London: Macmillan, 1960), 'Foreword' (co-written with John Saville), vii, and 'The language of class in early 19th century England', 43-73.
- (comp.), They saw it happen. An anthology of eye-witnesses' accounts of events in British history, 1897-1940 (Oxford: Basil Blackwell 1960).
- 'Open questions of labour history', Bulletin of the Society for the Study of Labour History, 1(1960), 2-3.
- 'History' in W. E. Williams (ed.), The reader's guide (Harmondsworth: Penguin, 1960), 167-82.
- Historians and the study of cities George Judah Cohen Memorial Lecture

(Sydney: University of Sydney, 1960).

- Mass entertainment: the origins of a modern industry, 29th Joseph Fisher Lecture in Commerce (Adelaide: Griffin Press, 1960).
- 'G. D. H. Cole', Listener, 64, (20 October 1960), 671-2.
- 'The dynamics of success', review of S. M. Lipset and R. Bendix, Social mobility and industrial society, Guardian, 8 January 1960, 6.
- 'Freedom and order', review of F. C. Mather, Public order in the age of the Chartists, New Statesman, 9 January 1960, 45.
- 'Bonham-Cartery', review of Victor Bonham-Carter, In a liberal tradition, New Statesman, 6 February 1960, 197.
- 'The two sides', review of E. H. Phelps-Brown, The growth of British industrial relations, Observer, 14 February 1960, 19.
- 'The century's good cause', review of K. J. Fielding (ed.), The speeches of Charles Dickens, New Statesman, 20 February 1960, 258-9.
- Review of Norman St. John-Stevas, Walter Bagehot: A study of his life and thought together with a selection from his political writings, Alastair Buchan, The spare chancellor: the life of Walter Bagehot, Victorian Studies, 4(1), (1960), 75-7.
- 'Pictorial propaganda', review of M. D. George, English political caricature, Listener, 63, (3 March 1960), 420.
- 'Bevin and the movement', review of Alan Bullock, The life and times of Ernest Bevin. Volume I, New Statesman, 19 March 1960, 419-20.
- 'Family forests', review of Anthony Richard Wager, English genealogy, New Statesman, 23 April 1960, 598-9.
- 'Reassessment: Tawney and the values of society', review of R. H. Tawney, Religion and the rise of capitalism, New Statesman, 30 April 1960, 634-6.

- 'Professional profile', review of Brian Abel-Smith, A history of the nursing profession, New Statesman, 2 July 1960, 536-7.
- Review of A. L. Rowse, The later Churchills, English Historical Review, 75 (295), (1960), 307-9.
- Review of Lucy Brown, The Board of Trade and the free-trade movement, 1830-1842, English Historical Review, 75(295), (1960), 361-2.
- Review of H. Kirk-Smith, William Thomson, Archbishop of York, his life and times English Historical Review, 75(296), (Jul., 1960), 547-8.
- Review of Alastair Buchan, The spare chancellor. The life of Walter Bagehot, Economic Journal, 70(279), (1960), 606-7.
- Review of D. E. C. Eversley, Social theories of fertility and the Malthusian debate, Population Studies, 13(3), (1960), 286-7.

1961년

- Social thought and action: a study of the work of Seebohm Rowntree, 1871-1954 (London: Longmans Green, 1961).
- The history of broadcasting in the United Kingdom. Volume 1: the birth of broadcasting (London: Oxford University Press, 1961; new edn., 1995).
- 'The history of retailing', Business Archives and History, 1, (1961), 1-10.
- 'European studies in a new university', Progress, 48 (May 1961), 121-6.
- 'The welfare state in historical perspective', Archives Européennes de Sociologie, 2(2), (1961), 221-58.
- 'The building of Leeds Town Hall', Thoresby Society Miscellany XIII, Transactions of the Thoresby Society, 46(3), (1961), 275-302.
- 'The sociology of Australian cities', Outlook, (August 1961).

- 'Chartists in Tasmania: a note', Bulletin of the Society for the Study of Labour History, 3, (1961), 4-8.
- 'Cholera and society in the nineteenth century', Past & Present, 19, (1961), 76-96.
- The map of learning: the first annual lecture of the Research Students' Association delivered at Canberra on 2nd November, 1960 (Canberra: Australian National University, 1961).
- Review of S. Pollard, A history of labour in Sheffield, Economic Journal, 71(281), (1961), 160-2.
- 'Maps of learning', New Statesman, 3 March 1961, 338-9.
- 'Creative definitions', review of Raymond Williams, The long revolution, New Statesman, 10 March 1961, 386-90.
- 'Our man from Borneo', review of Tom Harrisson, Britain revisited, Observer, 26 March 1961, 28.
- ' "Cultchaw" and society', review of Alison Adburgham, A Punch history of manners and modes, 1841-1900, New Statesman, 31 March 1961, 513-14.
- 'Lion of freedom', review of Donald Read and Eric Glasgow, Feargus O'Connor, Irishman and Chartist, New Statesman, 5 May 1961, 710-11.
- 'The endless frontier', review of W. H. G. Armytage, A social history of engineering, Financial Times, 8 May 1961, 16.
- 'Blood and politics', review of Alison Olson, The radical Duke, Marquess of Anglesey, One-leg, New Statesman, 6 June 1961, 920.
- 'The escape hatch', review of Paul Bloomfield, Edward Gibbon Wakefield, New Statesman, 14 July 1961, 60.
- 'A 1960 view of labour history', review of Henry Pelling, Short history of the Labour party, Guardian, 16 June 1961, 6.

- 'Cotton and categories', review of Neil J. Smelser, Social change in the industrial revolution, an application of theory to the British cotton industry, 1770-1840, Economic Development and Cultural Change, 9(2), (1961), 191-6.
- 'The sea-green gallants', review of Christopher Hill, The Levellers and the English revolution, Guardian, 7 July 1961, 9.
- 'Can sociologists learn from biologists?', review of Michael Banton (ed.), Darwinism and the study of society, New Scientist, 27 July 1961, 237.
- 'Bargaining with the Commonwealth: the echoes of Ottawa', Observer, 23 July 1961, 4. 'His early life', review of Peter de Mendelssohn, The age of Churchill, Financial Times, 28 August 1961, 14
- 'Myth, might and muddle', review of Ronald Robinson and John Gallagher, Africa and the Victorians, New Statesman, 1 September 1961, 279-80.
- 'Libs, labs and rads', review of Simon Maccoby, English radicalism: the end, A. J. P. Taylor, Lloyd George: rise and fall, New Statesman, 15 September 1961, 347-8.
- 'R. H. Tawney: a sense of social purpose', Guardian, 22 September 1961, 8.
- Review of D. J. Greene, The politics of Samuel Johnson, Science & Society, 25(3), (1961), 285-7.
- Review of L. G. Johnson, The social evolution of industrial Britain, English Historical Review, 76(301), (Oct., 1961), 746-7.
- 'Gay colonies', review of Richard Koebner, Empire, New Statesman, 10 November 1961, 708.

1962년

- 'Rewriting the past', Twentieth Century, 171(1014), (1962), 144-56.
- (ed.), William Morris: selected writings and designs (Harmondsworth: Penguin, 1962), 'Introduction', 13-20.
- 'Sociology and history' in A. T. Welford et al (eds.), Society: problems and methods of study (London: Routledge and Kegan Paul, 1962), 94-101,
- 'Sussex European Studies', Journal of Common Market Studies, 1(1), (1962), 115-16.
- 'The study of cities', Australian Journal of Adult Education, 2(2), (1962).
- 'Mass-civilization and adult education' (letter), Universities Quarterly, 16(2), (1962), 190-2.
- 'Introduction' to G. Bernard Shaw et al, Fabian essays (London: George Allen & Unwin, 1962), 11-29.
- 'Foreword' to Benjamin Disraeli, Coningsby: or, the new generation (New York: New American Library, 1962).
- 'R. H. Tawney', Bulletin of the Society for the Study of Labour History, 4, (1962), 3.
- Review of J. Steven Watson, The reign of George III, History, 48, (1963), 80-2.
- 'R. H. Tawney: wounded by homage', Observer, 21 January 1962, 11.
- 'The big and the small', review of W. H. G Armytage, Heavens below, J. F. C. Harrison, Learning and living, and Ursula Henriques, Religious toleration in England, 1787-1833, Observer, 28 January 1962, 31.
- 'Grand old man', review of Agatha Ramm (ed.), The political correspondence of Mr Gladstone and Lord Granville, 1876-1886, New Statesman, 9 February 1962, 197.

- Review of L. S. Presnell (ed.), Studies in the industrial revolution: essays presented to T. S. Ashton, Economic Journal, 72(285) (Mar., 1962), 196-7.
- Review of R. K. Webb, Harriet Martineau, a radical Victorian, English Historical Review, 77(303), (1962), 395-6.
- Review of J. P. T. Bury (ed.), The new Cambridge Modern History. Vol. X. The zenith of European power, 1830-70, Historical Journal, 5(2), (1962), 210-13.
- 'A new approach to university degrees', Listener, 67, (24 May 1962), 899-900.
- 'Searching the antipodes', review of Jeanne MacKenzie, Australian paradox, New Statesman, 1 June 1962, 800-1.
- Review of Philip Appleman, William A. Madden and Michael Wolff (eds.), 1859: entering an age of crisis, English Historical Review, 77(304) (Jul., 1962), 576-8.
- 'Victorianism', review of G. Kitson Clark, The making of Victorian England, New Statesman, 6 July 1962, 18.
- 'Speculations', review of Otto Wolff, Ouvrard, Frances Donaldson, The Marconi scandal, and Frederic Morton, The Rothschilds, New Statesman, 14 September 1962, 328.
- 'University social studies: the Sussex idea', New Society, 18 October 1962, 20-2.
- 'Smuts's trek', review of W. K. Hancock, Smuts: the sanguine years, 1870-1919, New Statesman, 9 November 1962, 672.
- 'Broadcasting retrospect', 15 November 1962, New Society, 16-17.
- 'Broadcasting and society: the social and historical perspective', Listener, 68, (22 November 1962), 860-3.

- 'BBC programmes and their audiences: broadcasting and society', Listener, 68, (29 November 1962), 903-5.
- 'Little wars', review of Edgar Holt, The strangest war, New Statesman, 14 December 1962, 875.

1963년

- Victorian Cities (London: Odhams Press, 1963; Pelican pbk. edn., Harmondsworth, 1968; translated into Italian (1978), Japanese (1988)).
- (with David Daiches), 'Interdisciplinary Studies at the University of Sussex', Victorian Studies, 7(1), (1963), 98-9.
- 'University of Sussex, retrospect and prospect', Bias, 1(2), (1963), 18-21.
- 'Foreword' to Association of Scientific Workers, Science and adult education: a report (London: Twentieth Century Press, 1963), 3.
- 'Foreword' to Keith Middlemas, The master builders: Thomas Brassey, Sir John Aird, Lord Cowdray, Sir John Norton-Griffiths (London: Hutchinson, 1963), 13-18.
- 'Plenty of talent in schools – so let's use it says Asa Briggs' [interview], The Teacher, 11 January 1963, 10.
- 'Freeing the middle class', review of E. J. Hobsbawm, The age of revolution: Europe, 1789-1848,
- Times Literary Supplement, 11 January 1963, 22.
- 'Fact, fortune and necessity', review of K. B. Smellie, Great Britain since 1688, Drew Middleton, The supreme choice Britain, New Statesman, 1 March 1963, 309-10.
- Review of George Elder Davie, The democratic intellect: Scotland and her universities in the nineteenth century, English Historical Review, 78(308)

(1963), 568-9.

- Review of Lewis Mumford, The city in history: its origins, its transformations, and its prospects, History and Theory, 2(3), 296-301.
- 'My Australia', review of Alan Bissenden and Charles Higham (eds.), They came to Australia, Alan Birch and David Macmillan (eds.), The Sydney scene, and Margaret Kiddle, Men of yesterday, New Statesman, 14 June 1963, 907-8.
- 'War fever', review of Kingsley Martin, The triumph of Lord Palmerston, New Statesman, 2 August 1963, 145-6.
- 'Eleven pillars', review of Sidney and Beatrice Webb, English local government, New Statesman, 16 August 1963, 200.
- 'Technology and economic development', Scientific American, (September 1963), 52-61.
- 'Bachelor boy', review of J. G. Lockhart and C. M. Woodhouse, Rhodes, New Statesman, 20 September 1963, 362-3.
- 'Keeping with it historically', review of Harry Hopkins, The new look, New Society, 10 October 1963, 29.
- 'A meeting of minds', review of A. C. Crombie (ed.), Scientific Change, Times Literary Supplement, 25 October 1963, 848.
- 'Ancient city', review of Henry Pelling, A history of British trade unionism, New Statesman, 1 November 1963, 6620.
- 'A la recherche', review of Michael Sisson and Philip French (eds.), The age of austerity, 1945-1951, New Society, 28 November 1963, 25-6.

1964년

- 'Social history since 1815', 'Political history from 1832', and the 'Introduction' to the section on public education: W. B. Stephens (ed.),

A history of the county of Warwick, volume VII: the city of Birmingham (London: Oxford University Press, 1964), 223-45, 298-317, 486-500.

- 'Drawing a new map of learning' in David Daiches (ed.), The idea of a new university: an experiment in Sussex (London: Deutsch, 1964), 60-80.
- 'The political scene' in S. Nowell-Smith (ed.), Edwardian England, 1901-1914 (Oxford: Oxford University Press, 1964), 43-101.
- 'Foreword' to Autobiography of John Stuart Mill (New York: New American Library, 1964).
- 'Government in 1984. Unconditional surrender to facts ?', New Scientist 5 March 1964, 602-3.
- 'Religion and capitalism in nineteenth-century England', Listener, 71, (27 February 1964), 339-41.
- Review of M. E. Ogburn, Equitable Assurances, Economic Journal, 74(294), (1964), 484-6.
- Review of Phillip D. Curtin, The image of Africa: British ideas and action, 1780-1850, Journal of Modern African Studies, 2(4), (1964), 591-4.
- 'There wasn't going to be no war', review of Brigitte Granzow, A mirror of Nazism, New Society, 16 April 1964, 31-2.
- 'Not much help', review of Frank Tannbaum, The true society, New Society, 24 December 1964, 24.
- 'Efficiency and justice', review of Gerda Cohen, What's wrong with hospitals, Andrew Hill and Anthony Whichelow, What's wrong with Parliament, Rex Malik, What's wrong with industry, Jim Northcott, Why Labour, Timothy Raison, Why Conservative, Traffic in towns [shortened edition of the Buchanan report), and Peter Hall (ed.), Labour's new frontiers, New Statesman, 1 May 1964, 686-7.

- 'Random empire', review of Klaus Knorr, British colonial theories, 1570-1850, C. Hartley Grattan, The south-west Pacific to 1900, New Statesman, 7 February 1964, 218-19.
- 'RPM 1852', review of James Barnes, Free trade in books, New Statesman, 28 February 1964, 336-7.
- 'Labour history', review of H. A. Clegg, Alan Fox and A. F. Thompson, A history of British trade unionism since 1889, volume I, New Statesman, 7 August 1964, 187.
- 'Students of empire', review of R. Koebner and H. D. Schmidt, Imperialism: the story and significance of a political word, Eric Williams, Capitalism and slavery, Eric Williams, History of the people of Trinidad and Tobago, and Geoffrey Serle, The golden age, New Statesman, 10 July 1964, 56-7.
- 'Workhouse and hospital', review of Brian Abel-Smith, The hospitals, New Statesman, 2 November 1964, 792.

1965년

- The history of broadcasting in the United Kingdom. Volume 2: the golden age of wireless (London: Oxford University Press, 1965; new edn., 1995).
- 'Work and leisure in industrial society', contribution to the 7th Past & Present conference (9 July 1964), Past & Present, 30(1), (1964), 96-8.
- 'Disillusion the danger', Twentieth Century, 174, (September 1965), 56-7.
- 'Introduction', to G. D. H. Cole, Chartist Portraits (London: Macmillan, 1965), vii-xv.
- Review of E. P. Thompson, The making of the English working class,

Labor History, 6(1), (1965), 84-91.

- Review of E. P. Thompson, The making of the English working class, Scientific American, (January 1965), 125.
- 'Pillar of society', review of Roy Jenkins, Asquith: portrait of a man and an era, Encounter, 24(1), (January, 1965), 76-9.
- Review of J. T. Ward, The factory movement, 1830-1855, Economic Journal, 75(297), (Mar., 1965), 229-31.
- 'One world, two disciplines', review of Werner J. Cahnman and Alvin Boskoff, Sociology and history, New Society, 11 March 1965, 26-7.
- Review of F. M. L. Thompson, English landed society in the nineteenth century, English Historical Review, 80(315), (Apr., 1965), 428-9.
- 'The welfare state', review of David Owen, English philanthropy, 1660-1960, Guardian, 9 April 1965, 13.
- 'Sampson's anatomy', review of Anthony Sampson, Anatomy of Britain today, New Statesman, 16 April 1965, 616-17.
- 'Imbros, mudros and chaos', review of Robert Rhodes James, Gallipoli, New Statesman, 23 April 1965, 651.
- 'The master caricaturist', review of Draper Hill, Mr Gillray, the caricaturist, Guardian, 14 May 1965, 10.
- 'Barchesterology and its uses', review of H. P. R. Finberg (ed.), Approaches to history, New Society, 20 May 1965, 29-30.
- 'The previous explosion of education', review of Kenneth Charlton, Education in renaissance England, New Society, 24 June 1965, 29-30.
- 'Why back a loser?', review of Richard Whelan, The founding father, New Statesman, 25 June 1965, 1014-15.
- 'The century before steam came: Britain 1688-1815'. New Society, 8 July 1965, 24-5.

- 'Working on the railroad', review of Terry Coleman, The railway navvies, Guardian, 27 August 1965, 7.
- Review of Thomas Perry Thornton (ed.), The Third World in Soviet perspective, I. R. Sinai, The challenge of modernization, New York Review of Books, 20 May 1965, 18-20.
- Review of Adna Ferrini Weber, The growth of cities in the nineteenth century, Economic History Review, n.s., 17(3), (1965), 611.
- Review of Hugh Seton-Watson, Nationalism and communism: essays, 1946-63, Comparative Education, 1(3), (1965), 215-17.
- Review of David Owen, English philanthropy, 1660-1960, American Historical Review, 71(1), (Oct., 1965), 175-6.
- 'Reason and war', review of The memoirs of Captain Liddell Hart, volume II, Michael Howard (ed.), The theory and practice of war: essays presented to Captain B. H. Liddell Hart, New Statesman, 5 November 1965, 702-3.
- 'Blood and steel', review of Leon Wolff, Lockout, New Statesman, 8 October 1965, 526-7.
- 'How to bridge disciplines: books for the universities', New Society, 14 October 1965, 28-30.
- Review of Trevor H. Hall, The Spiritualists: The Story of Florence Cook and William Crookes, Arthur H. Nethercot, The First Five Lives of Annie Besant and The Last Four Lives of Annie Besant, Victorian Studies, 8(4), (1965), 361-3.
- 'He was only a gardener's boy', New Society, 16 December 1965, 23-4.
- Review of Henry Pelling, A history of British trade unionism, Economic Journal, 75(300), (Dec., 1965), 851-2.

1966년

- Saxons, Normans and Victorians (London: Historical Association, 1966).
- The communications revolution, Mansbridge memorial lecture, 1965 (Leeds: University of Leeds, 1966).
- Victorians and Victorianism (Saskatoon: University of Saskatchewan, 1966).
- 'Themes in northern history', Northern History 1(1), (1966), 1-6.
- 'Trade union history and business history', Business History, 8(1), (1966), 39-47.
- 'On being an historian in a new university', Sussex [n. d., c. 1966] no pagination, 3 pp.
- 'History and society' in Norman Mackenzie (ed.), A guide to the social sciences (London: Weidenfeld & Nicolson 1966), 33-53.
- 'Introduction' to William Cobbett, Rural rides 2 vols., (London: J. M. Dent, 1966).
- 'Introduction' to Marion Miliband (ed.), The Observer of the nineteenth century, 1791-1901: a selection (London: Longmans, Green and Co., 1966), vii-x.
- 'Preface' to John and Barbara Hammond, The town labourer 1760-1832: the new civilization (London: Longmans, 1966).
- 'Fergus O'Connor and J. Bronterre O'Brien' in J. W. Boyle (ed.), Leaders and workers, Thomas Davis lectures, 1961 (Cork: Mercier Press, 1966).
- Review of Ruth Knight, Robert Lowe in New South Wales, 1842-50, Australian Journal of Politics and History, 12(3), (1966), 488-9.
- Review of L. Wilkes and Gordon Dodds, Tyneside classical: the Newcastle of Grainger, Dobson and Clayton, Northern History, 1(1), (1966), 165-6.

- Review of W. L. Burn, The age of equipoise, English Historical Review, 81 (318), (Jan., 1966), pp. 192-3.
- 'Taylor's own times', review of A. J. P. Taylor, English History, 1914-1945, Encounter, 26(2), (February, 1966), 65-7.
- 'Time and number', review of E. A. Wrigley, An introduction to English demography, Guardian, 11 February 1966, 9.
- 'Waiting for Gladstone', review of John Vincent, The formation of the British Liberal party, 1857-68, Guardian, 22 April 1966, 9.
- 'Strange defeat', review of Cyril Falls, Caparetto, New Statesman, 10 June 1966, 848.
- Review of John L. Bradley (ed.), Selections from London labour and the London poor by Henry Mayhew, Scientific American, (July 1966), 123.
- Review of E. R. Pike, Human documents of the industrial revolution in Britain, Economic Journal, 76(303), (1966), 612-14.
- Review of D. Read, The English Provinces, c. 1760-1960. A Study in Influence, Economic History Review, n.s., 19(3), (1966), 667-9.
- Review of Thomas J. Assad, Three Victorian travellers: Burton, Blunt, Doughty, Dorothy Middleton, Victorian Lady Travellers, Victorian Studies, 9(3), (1966), 273-4.
- 'Grace and fervor', review of Bertrand and Pamela Russell, The Amberley papers, Guardian, 7 October 1966, 11.
- 'Filial and objective', review of Randolph S. Churchill, Winston S. Churchill: youth, 1874-1900, Guardian, 28 October 1966, 8.
- 'Captain and king', review of Brian Inglis, Abdication, New York Times 30 October 1966, 30. 1967 William Cobbett (London: Oxford University Press, 1967).
- Review of Herman Ausubel John Bright: Victorian reformer, Political

Science Quarterly, 82(1), (1967), 96-7.

- 'The Victorian pornotopia', review of Steven Marcus, The other Victorians, Spectator, 20 January 1967, p. 76.
- 'Old histories', review of J. R. Hale, The evolution of British historiography, New Statesman, 31 March 1967, 440-1.
- Review of I. F. Clarke Voices Prophesying War 1763-1984, Victorian Studies, 11(2), (1967), 246-7.
- Review of John B. Rae and Daniel Boorstin, The American automobile: a brief history, English Historical Review, 82(324), (1967), 636-7.
- Review of P. James (ed.), The travel diaries of Thomas Robert Malthus, T. R. Malthus, First essay on population 1798, Economic Journal, 77(306), (1967), 400-2.
- Review of Robert Robson (ed.), Ideas and institutions of Victorian Britain, New Society, 3 August 1967, 168.
- 'The virtues of scepticism' review of H. Trevor-Roper, Religion, the reformation and social change, New Society, 17 August 1967, 235.
- 'J. K. Galbraith v Corporations, Inc.', review of J. K. Galbraith, The new industrial state, Guardian, 4 September 1967, 6.
- Review of P. M. Handover, A history of the London Gazette, 1665-1965, English Historical Review, 82(325), (1967), 838-9.
- Review of Royden Harrison, Before the socialists: studies in labour and politics, 1861 – 1881, Henry Collins and Chimen Abramsky, Karl Marx and the British labour movement: Years of the First International; R. Palme Dutt, The Internationale, E. J. Hobsbawm, Labouring Men: Studies in the History of Labour, Science & Society, 31(3), (1967), 355-9.
- Review of Norman St. John Stevas (ed.), The collected works of Walter Bagehot. Vols. I and II: The literary essays, Economic Journal, 77 (307)

(Sep., 1967), 642-5.

- Review of E. L. Edmonds and O. P. Edmonds, I was there. The memoirs of H. S. Tremenheere, English Historical Review, 82(325), (Oct., 1967), 858.
- 'Towards the computerised campus', review of Francis E. Rourke and Glenn E. Brooks, The managerial revolution in higher education, New Society, 5 October 1967, 492-3.
- 'In the firing line', review of Randolph S. Churchill, Winston S. Churchill, young statesman, 1901-14, Guardian, 27 October 1967, 5.
- 'Before the deluge', review of Henry Pelling, Social geography of British elections, 1885-1910, Paul Thompson, Socialists, liberals and labour: the struggle for London, 1885-1914, Guardian, 3 November 1967, 6.
- 'Urban perspectives', review of Oscar Handlin and John Burchard (eds.), The historian and the city, Philip M. Hauser and Leo F. Schnore (eds.), The study of urbanisation, Urban Studies, 4(2), (1967), 165-9.
- Review of Bentley B. Gilbert, The Evolution of National Insurance in Great Britain: The Origins of the Welfare State, Political Science Quarterly, 82(4), (1967), 657-9.
- 'Political union', review of Donald Read, Cobden and Bright, New Society, 28 December 1967, 936-7.

1967년

- William Cobbett (London: Oxford University Press, 1967).
- Review of Herman Ausubel John Bright: Victorian reformer, Political Science Quarterly, 82(1), (1967), 96-7.
- 'The Victorian pornotopia', review of Steven Marcus, The other Victorians, Spectator, 20 January 1967, p. 76.

- 'Old histories', review of J. R. Hale, The evolution of British historiography, New Statesman, 31 March 1967, 440-1.
- Review of I. F. Clarke Voices Prophesying War 1763-1984, Victorian Studies, 11(2), (1967), 246-7.
- Review of John B. Rae and Daniel Boorstin, The American automobile: a brief history, English Historical Review, 82(324), (1967), 636-7.
- Review of P. James (ed.), The travel diaries of Thomas Robert Malthus, T. R. Malthus, First essay on population 1798, Economic Journal, 77(306), (1967), 400-2.
- Review of Robert Robson (ed.), Ideas and institutions of Victorian Britain, New Society, 3 August 1967, 168.
- 'The virtues of scepticism' review of H. Trevor-Roper, Religion, the reformation and social change, New Society, 17 August 1967, 235.
- 'J. K. Galbraith v Corporations, Inc.', review of J. K. Galbraith, The new industrial state, Guardian, 4 September 1967, 6.
- Review of P. M. Handover, A history of the London Gazette, 1665-1965, English Historical Review, 82(325), (1967), 838-9.
- Review of Royden Harrison, Before the socialists: studies in labour and politics, 1861 – 1881, Henry Collins and Chimen Abramsky, Karl Marx and the British labour movement: Years of the First International; R. Palme Dutt, The Internationale, E. J. Hobsbawm, Labouring Men: Studies in the History of Labour, Science & Society, 31(3), (1967), 355-9.
- Review of Norman St. John Stevas (ed.), The collected works of Walter Bagehot. Vols. I and II: The literary essays, Economic Journal, 77(307) (Sep., 1967), 642-5.
- Review of E. L. Edmonds and O. P. Edmonds, I was there. The memoirs of H. S. Tremenheere, English Historical Review, 82(325), (Oct., 1967),

858.

- 'Towards the computerised campus', review of Francis E. Rourke and Glenn E. Brooks, The managerial revolution in higher education, New Society, 5 October 1967, 492-3.
- 'In the firing line', review of Randolph S. Churchill, Winston S. Churchill, young statesman, 1901-14, Guardian, 27 October 1967, 5.
- 'Before the deluge', review of Henry Pelling, Social geography of British elections, 1885-1910, Paul Thompson, Socialists, liberals and labour: the struggle for London, 1885-1914, Guardian, 3 November 1967, 6.
- 'Urban perspectives', review of Oscar Handlin and John Burchard (eds.), The historian and the city, Philip M. Hauser and Leo F. Schnore (eds.), The study of urbanisation, Urban Studies, 4(2), (1967), 165-9.
- Review of Bentley B. Gilbert, The Evolution of National Insurance in Great Britain: The Origins of the Welfare State, Political Science Quarterly, 82(4), (1967), 657-9.
- 'Political union', review of Donald Read, Cobden and Bright, New Society, 28 December 1967, 936-7.

1968년

- 'Perspectives de recherches pour l'étude de l'histoire du travail en Angleterre', Le Mouvement Social, 65, (1968), 9-20.
- 'Public health: the "sanitary idea"', New Society 15 February 1968, 229-31.
- 'Public health: the health of the nation' New Society, 22 February 1968, 267-70.
- 'The sense of place', Smithsonian Annual, 2, (1968), 79-97.
- 'The Victorian city: quantity and quality', Victorian Studies, 11,

Supplement on the Victorian City (2), (1968), 711-30.

- 'World economy: interdependence and planning' in C. L. Mowat (ed.), The new Cambridge modern history. Vol.12: The shifting balance of world forces, 1898-1945 (Cambridge: Cambridge University Press, 1968), 37-86.
- 'The urban poor: an "arithmetic of woe"', review of Albert Fried and Richard Elman (eds.), Charles Booth's London, Chicago Tribune, 21 January 1968, 4.
- Review of G. Kitson Clark, An expanding society, New Society, 7 March 1968, 355.
- 'Communicator extraordinary', review of Edward Bliss (ed.), In search of light: the broadcasts of Ed Murrow, 1938-61, New Society, 14 March 1968, 388-9.
- Review of Yehezhel Dror, Public policymaking re-examined, Futures, 1(2), (1968), 179-80.
- Review of H. Ipgor Ansoff, Corporate strategy, Futures, 1(2), (1968), 180.
- Review of Markets of the seventies: the unwinding US economy by the editors of Fortune, Futures, 1(2), (1968), 180.
- Review of Stephen Mayor, The churches and the labour movement, Journal of Ecclesiastical History, 19(1), (1968), 135-6.
- Review of Charles Hadfield, Atmospheric railways, Victorian Studies, 12(2), (1968), 253-4.
- Review of Robert Blake, Disraeli, Political Science Quarterly, 83(2), (1968), 285-6.
- 'Political games', review of Douglas Rae, The political consequences of electoral laws, L. M. Belmore, Corrupt and illegal practices, and Trevor

Lloyd, The general election of 1880, New Statesman, 12 April 1968, 487-8.

- 'Today and tomorrow', review of W. H. G. Armytage, Yesterday's tomorrows, Edmund Leach, A runaway world, New Society, 9 May 1968, 686-7.
- 'Minds at the end of a very long tether', review of Gertrude Himmelfarb, Victorian minds, Chicago Tribune, 7 July 1968, 9.
- 'Mad dogs and the scent of revolution . . .', review of Hedva Ben-Israel, English historians and the French revolution, Guardian, 26 July 1968, 5.
- 'Dethroning Bacchus', review of Norman Longmate, Water drinkers, New Society, 26 September 1968, 458-9.
- 'New campus for old ?', review of John Lawlor (ed.), The new university, New Society, 24 October 1968, 611-12.
- Review of G. S. R. Kitson Clark, An expanding society: Britain 1830-1900, Roy A. Church, Economic and social change in a Midland town: Victorian Nottingham, 1815-1900, American Historical Review, 74(2), (1968), 607-8.
- 'History from below', review of E. P. Thompson, The making of the English working class, Financial Times, 26 September 1968, 24.
- 'Introduction' to Patrick McGeown, Heat the furnace seven times more (London: Readers Union, 1968).
- 'What was, what is', review of E. J. Hobsbawm, Industry and empire, Christopher Hill, Reformation to industrial revolution, New York Times 3 November 1968, 441.
- 'Working-class attitudes', review of Roy Gregory, The miners and British politics, 1904-14, Henry Pelling, Popular politics and society in late Victorian Britain, Guardian, 29 November 1968, 8.

- 'Redeeming the time', review of M. R. D. Foot (ed.), The Gladstone diaries, volumes I-II, Guardian, 13 December 1968, 10.
- Review of J. M. Robson (ed.), Collected works of John Stuart Mill. Volumes IV and V: essays on economics and society, Economic Journal, 78(312), (1968), 912-14.

1969년

- 'Developments in higher education in the UK' in W. R. Niblett (ed.), Higher education: demand and response (London: Tavistock, 1969), 95-116.
- Contribution to a discussion on 'Higher education in industrial societies', Daedalus, 98(4), (1969), 1157-1223.
- 'Introduction' to John Collins and William Lovett, Chartism. A new organization of the people (Leicester: Leicester Univesrity Press, 1969), 7-22.
- 'Introduction' to Thos. T. Harman (comp.), Showell's dictionary of Birmingham County history reprints (Wakefield: S. R. Publishers, 1969), no pagination (3 pp.).
- 'Foreword' to Ronald Hope, In cabined ships at sea: fifty years of the seafarer's education service (London: Harrap, 1969), unpaginated [2 pp.].
- 'Marks and Sparks', review of Goronwy Rees, St Michael: a history of Marks and Spencer, New Society, 23 January 1969, 138.
- 'London observed', review of Albert Fried and Richard M. Elman (eds.), Charles Booth's London, New Society, 20 February 1969, 294.
- 'Looking backwards', review of W. K. V. Vale, Iron and steel, L. T. C. Rolt, Navigable waterways, and Anthony Bird, Roads and vehicles, New

Society, 27 February 1969, 335.

- 'Old society', review of Andrew Sinclair, The last of the best: the aristocracy of Europe in the twentieth century, New Society, 27 March 1969, 494-5.
- 'England's rustic revolutionaries of 1830', review of E. J. Hobsbawm and George Rudé, Captain Swing, Chicago Tribune, 4 May 1969, 10. (also: Washington Post, 4 May 1969, 334).
- 'Getting and spending', review of John Burnett, A history of the cost of living, New Society, 15 May 1969, 766.
- Review of J. J. Tobias, Crime and industrial society in the 19th century, American Sociological Review, 34(1), (1969), 130-1.
- Review of Sheldon Rothblatt, The revolution of the dons: Cambridge and society in Victorian England, British Journal of Sociology, 20(1), (1969), 104-5.
- Review of T. L. S. Sprigge (ed.), The correspondence of Jeremy Bentham. Volume 1: 1752-76. Volume 2: 1777-80, Economic Journal, 79(314), (1969), 389-91.
- 'Close quarters', review of Thomas Jones, Whitehall Diary, ed. Keith Middlemas, Guardian, 19 June 1969, 9.
- 'Regency journey', review of J. B. Priestley, The prince of pleasure and his regency, Guardian, 25 September 1969, 9.
- 'Second beginning', review of David S. Landes, The unbound Prometheus, Encounter, 33(4), (October, 1969), 70-2.
- 'Old statesmanship', review of Randolph S. Churchill, Winston S. Churchill, Guardian, 2 October 1969, 9.
- '1980: Organisation of leisure', Times, 11 October 1969, p. 7.
- 'History as drama', review of Thomas Pakenham, Year of liberty: the

great Irish rebellion of 1798, Raymond Postgate, Story of a year: 1798, Guardian, 27 November 1969, 11.

- 'Muddling through', review of Thomas Jones, Whitehall diary volume II, ed. Keith Middlemas, Guardian, 6 November 1969, 7.
- Review of Trevor Lloyd, The general election of 1880, E. A. Nordlinger, The working-class Tories, and Henry Pelling, Social geography of British elections, 1885-1910, Journal of Social History, 3(2), (1969-70), 180-3.
- 'African attitudes', review of John Hatch, The history of Britain in Africa, L. H. Gann and Peter Duignan (eds.), Colonialism in Africa volume I: the history and politics of colonialism, 1870-1914, New Statesman, 5 December 1969, 820-1.

1970년

- The history of broadcasting in the United Kingdom. Volume 3: the war of words (London: Oxford University Press, 1970; new edn., 1995).
- (ed.), The nineteenth century: the contradictions of progress (London: Thames and Hudson, 1970; translated into French (1970), Spanish (1973)), includes 'The shape of the century: changing values in art and society', 7-50.
- 'Foreword' to Bernard Jennings (ed.), A history of Harrogate and Knaresborough (Huddersfield: Advertiser Press, 1970), 11-12.
- 'Preface' to Charles Fenby, The other Oxford: the life and times of Frank Gray and his father(London: Lund Humphries, 1970).
- 'Foreword' to Richard B. Prosser, Birmingham inventors and inventions: being a contribution to the industrial history of Birmingham County history reprints (Wakefield: S. R. Publishers, 1970), v-vii.
- 'Foreword' to Fred Singleton, Industrial revolution in Yorkshire

(Lancaster: Dalesman, 1970), 13.

- Review of J. R. Harris (ed.), Liverpool and Merseyside, essays in the economic history of the port and its hinterland, Business History, 12(2), (1970), 149-51.
- 'Father and son', review of Paul Clements, Marc Isambard Brunel, New Society, 29 January 1970, 188.
- 'Rebels and exiles', review of James Hulse, Revolutionists in London: A study of five unorthodox socialists, New Society, 12 March 1970, 448.
- Review of Elizabeth Aslin, The aesthetic movement: prelude to Art Nouveau, Victorian Studies, 15(1), (1971), 108-9.
- 'Moving through time', review of Arthur Marwick, The nature of history, Guardian, 26 March 1970, 11.
- 'The city paves the way', review of Jane Jacobs, The economy of cities, Observer, 3 May 1970, 33.
- Review of Trevor Lloyd, The general election of 1880, E. A. Nordlinger, The working class Tories and Henry Pelling, Social geography of British elections 1885-1910, Journal of Social History, 3(2), (1969-1970), 180-3.
- Review of Anselm L. Strauss, The American city: a sourcebook of urban imagery, Urban Studies, 7(2), (1970), 219-20.
- 'Dignity and demagoguery', review of Alice Hadfield, The Chartist land company, R. G. Gammage, History of the chartist movement 1837-1854, New Society, 4 June 1970, 971.
- 'Back to Mayhew', review of Kellow Chesney, Victorian underworld, New Society, 11 June 1970, 1010-11.
- 'Cards of identity', review of Simeon Shaw, History of the Staffordshire Potteries, H. A. Wedgwood, The people of the Potteries, and C. Shaw,

When I was a child, New Society, 13 August 1970, 296-7.

- 'Party games', review of Alan Beattie (ed.), English party politics, volumes I-II, Guardian, 20 August 1970, 7.
- 'University dynamics', review of H. J. Perkin, Innovation in higher education: new universities in the United Kingdom, New Society, 16 October 1969, 605-6.
- 'Organisation men', review of W. J. Reader, Imperial Chemical Industries: a history volume I: the forerunners, Stephen Koss, Sir John Brunner: radical plutocrat, Guardian, 22 October 1970, 9.
- 'High noon & sunset', review of C. J. Bartlett, Britain pre-eminent, Encounter, 35(5), (November, 1970), 87-91.
- 'University perspectives', review of V. H. H. Green, The universities, New Society, 6 November 1969, 741.
- Review of Sally Alexander, St Giles's Fair, 1880-1914, New Society, 3 December 1970, 16, 1012.
- Review of Frank Foden, Philip Magnus: Victorian educational pioneer, New Society, 10 December 1970, 1058.

1971년

- (co-ed. with John Saville), Essays in Labour History, 1886-1923 (London: Macmillan, 1971),
- 'Foreword' (with John Saville), vii, and 'Introduction', 1-16.
- 'Modern Britain' in Norman F. Cantor (ed.), Perspectives on the European past. Conversations with historians (New York: Macmillan, 1971).
- 'Manuscripts' in John Wolfenden et al, Treasures of the British Museum (London: Collins, 1971), 168-89.

- 'Introductory note' to Charles Wilson, England's apprenticeship, 1603-1763 (London: Longman, 1971).
- Review of Stephen Thernstrom and Richard Sennett (eds.), Nineteenth-century cities, Bulletin of the Society for the Study of Labour History, 23, (1971), 55-7.
- Review of Anthony Sutcliffe, The autumn of central Paris, Official Architecture and Planning, 34(5), (1971), 372.
- 'Towards metropolis', review of George Rudé, Hanoverian London, 1714-1808, Guardian, 8 April 1971, 9.
- 'Campus gloom in Australia', review of Graham Little, The university experience, an Australian study, New Scientist 13 May 1971, 414.
- 'Seventy generations', review of Sir George Clark, English history: a survey, Guardian, 20 May 1971, 9.
- 'The BBC's historian Asa Briggs, remembers Lord Reith', Listener, 85, (24 June 1971), 805-6.
- 'Academic flux ', review of Christopher Driver, The exploding university, Guardian, 29 July 1971, 12.
- Review of Margaret George, One woman's situation, a study of Mary Wollstonecraft, Science & Society, 35(3), (1971), 370-2.
- Review of Tamara K. Mareven (ed.), Anonymous Americans, New Society, 9 September 1971, 478.
- 'Prometheus bound', review of Alan Bullock (ed.), The twentieth century, Guardian, 21 October 1971, 15.
- 'Churchill waiting for history', review of Martin Gilbert, Winston Churchill, volume III, 1914-16, Guardian, 28 October 1971, 9.
- 'Fighting words', review of R. M. Hartwell, The industrial revolution and economic growth, New Society, 25 November 1971, 1052.

- 'From Cobbett to Morris', review of Francis Sheppard, London, 1808-70: the infernal wen, Gareth Stedman Jones, Outcast London, Guardian, 25 November 1971, 15.
- Review of A. Gutnov and R. N. Watkins, The ideal communist city, Technology and Culture, 12(4), (1971), 676-7.

1972년

- (collected and edited with Susan Briggs), Cap and bell: Punch's chronicle of English history in the making, 1841-61 (London: Macdonald and Co., 1972).
- 'The study of the history of education', History of Education, 1(1), (1972), 5-22.
- 'Writers and cities in the nineteenth century' in D. Daiches and A. Thorlby (eds.), Literature and western civilization: the modern world, vol. 4, part II: realities (London: Aldus Books, 1972), 11-43.
- 'London proclaimed' [introduction]' to The grand panorama of London (London: Sidgwick & Jackson, 1972), 1-8.
- (ed.), Francis Adams, History of the elementary school contest in England. John Morley, The struggle for national education, (Brighton: Harvester Press 1972), includes 'Introduction'.
- 'Introduction' to George Tomkyns Chesney, The battle of Dorking controversy: a collection of pamphlets (London: Cornmarkets Reprints, 1972), 1-5.
- Review of Urbanization in Australia (special number of the Australian Economic History Review), 10 (2), Historical Studies (Melbourne), 15 (58), (1972), 295-6.
- Review of Peter Clarke, Lancashire and the new liberalism, Midland

History, 1(3), (1972), 64-6.

- 1972 Review of A. E. J. Morris, History of urban form, Built Environment, 1(9), (1972), 623.
- Review of Michael Hughes (ed.), The letters of Lewis Mumford and Frederic J. Osborn, Official Architecture and Planning, 35 (3), (1972), 166.
- Review of Walter Bor, The making of cities, Built Environment, 1 (3), (1972), 181.
- Review of S. Pollard and J. Salt, Robert Owen, Prophet of the Poor. Essays in Honour of the Two Hundredth Anniversary of his Birth, Economic History Review n.s., 25(1), (1972), 165-6.
- 'Just William', review of Philip Ziegler, King William IV, Guardian, 6 January 1972, 9.
- 'Horror and hope', review of Terry Coleman, Passage to America, Guardian, 13 April 1972, 17.
- 'Scribal cultures', review of James Bowen, A history of western education, volume I: the ancient world, New Society, 18 May 1972, 371.
- 'Lofty regions', review of Frederick Meinecke, Historism: the rise of a new historical outlook, New Society, 25 May 1972, 422-3.
- 'Phoenix city', review of Kenneth Richardson, Twentieth-century Coventry, Guardian, 8 June 1972, 16.
- 'Whig politics', review of John Prest, Lord John Russell, Guardian, 6 July 1972, 15.
- 'Totting up the facts', review of A. H. Halsey (eds.), Trends in British society since 1900, New Statesman, 28 July 1972, 130.
- Review of A. J. Meddows, Science and controversy, New Society, 3 August 1972, 255.

- Review of A. H. Halsey and Martin Trow, The British academics, International Review of Education/ Internationale Zeitschrift für Erziehungswissenschaft / Revue Internationale de l'Education , 18 (3), (1972), 404-5.
- 'The Grand Duke', review of Elizabeth Longford, Wellington: pillar of state, Antony Brett-James, Life in Wellington's army, Guardian, 9 November 1972, 14.
- 'Without piety', review of Andrew Boyle, Only the wind will listen: Reith of the BBC, New Statesman, 17 November 1972, 727-8.
- 'BBC's 50-year cultural revolution', Observer, 19 November 1972, p. 10.
- 'Towards the light', review of Frances Yates, The Rosicrucian enlightenment, New Scientist, 23 November 1972, 473
- 'Beyond reason', review of George Rudé, Europe in the eighteenth century: aristocracy and the bourgeois challenge, Guardian, 30 November 1972, 19.
- 'New light on the BBC's beginnings', Listener 88, (2 November 1972), 572-4.
- Review of Frank W. Peers, The Politics of Canadian Broadcasting, 1920-51, International Journal, 27(2), (1972), 328-30.
- Review of S. G. Checkland, The Gladstones: A Family Biography, 1764-1851, Business History Review, 46(4), (1972), 486-7.

1973년

- 'The human aggregate' in H. J. Dyos and Michael Wolff (eds.), The Victorian city. Images and realities, 2 vols., (London: Routledge and Kegan Paul, 1973), i, 83-104.
- 'Professor Asa Briggs' [untitled contribution to a seminar] in Brian

Baumfield (ed.), Do Books Matter? (Leeds: Morley Books, 1973), 42-62.

- 'Foreword' to Alasdair Clayre, The Impact of Broadcasting; or, Mrs Buckle's wall is singing (Salisbury: Compton Russell, 1973), 7-8.
- 'International cultural network exists but is not fully effective', Times, 2 January 1973, p. 8.
- 'Human chemistry', review of R. M. Hartwell et al, The long debate on poverty, Financial Times, 11 January 1973, 10.
- Review of John Wilson Lewis, The city in communist China, Technology and Culture, 14(1), (1973), 95-6.
- 'Decade of disenchantment', Guardian, 6 February 1973, 15.
- 'After Gladstone', review of H. V. Emy, Liberals, radicals and social politics, H. C. G. Matthew, The Liberal imperialists, Guardian, 12 April 1973, 14.
- 'When the out-of-work became unemployed', review of Jose Harris, Unemployment and politics: a study in English social policy, 1886-1914, Times Literary Supplement, 9 March 1973, 26.
- 'Social protest', review of J. Butt and I. F. Clarke (eds.), The Victorians and social protest, New Society, 15 March 1973, 602-3.
- 'Cheering up', review of Denys Forrest, Tea for the British, New Society, 12 April 1973, 90.
- 'Industrial revolution', review of Carlo M. Cipolla (ed.), The Fontana economic history of Europe, volumes 3-4, Guardian, 26 April 1973, 15.
- 'Only connect', review of Jeffrey Kieve, The electric telegraph, W. P. Jolly, Marconi, Marconi, New Statesman, 27 April 1973, 621-2.
- 'Whose England', review of Dorothy Marshall, Industrial England, 1776-1851, Janet Roebuck, The making of modern English society from 1850,

New Society, 3 May 1973, 258-9.

- 'Old wine in new bottles', review of Francis Bacon, The advancement of learning, T. R. Malthus, An essay on the principle of population, Jean-Jacques Rousseau, The social contract and discourses, New Scientist 3 May 1973, 298.
- 'Booming social history', Guardian, 31 May 1973, 15.
- 'Learn and live', review of John Lawson and Harold Silver, A social history of education, New Society, 5 July 1973, 30.
- Review of Stanley Baker, Milk to market, New Society, 19 July 1973, 162.
- 'Top and bottom', review of Frank Dawes, Not in front of the servants, New Society, 26 July 1973, 228.
- Review of B. W. E. Alford, W. D. and H. O. Wills and the development of the UK tobacco industry, 1786-1965, New Society, 2 August 1973, 294.
- 'The soul of Tom Paine', review of Audrey Williamson, Thomas Paine: his life, work and times, Guardian, 2 August 1973, 7.
- 'Doing the new history', review of Robert F. Berkhofer, A Behavioral Approach to Historical
- Analysis, Don Karl Rowney and James Q. Graham, Quantitative History: Selected Readings in the Quantitative Analysis of Historical Data and David S. Landes and Charles Tilly, History as Social Science, Journal of Interdisciplinary History, 3(3), (1973), 555-8.
- Review of R. D. Collison Black and Rosamond Könekamp (eds.), Papers and correspondence of William Stanley Jevons, Vol. I. Biography and personal journal, R. D. Collison Black (ed.), Papers and correspondence of William Stanley Jevons, Vol. II. Correspondence 1850-1862, Economic Journal, 83(331), (1973), 1010-12.
- Review of Bentley B. Gilbert British social policy, 1914-1939, Economic

History Review, n.s., 26(3), (1973), p. 539.

- Review of Bernard Semmel (ed.), E. Halévy, The birth of methodism in England, Economic History Review, n.s., 26(3), (1973), 531-2.
- 'Englishness?', review of J. B. Priestley, The English, Guardian, 16 September 1973, 16.
- 'Are your 'A' levels really necessary ?', Sunday Times Magazine, 7 October 1973, 83.
- 'Royal pantomime', review of Christopher Hibbert, George IV, regent and king, Wendy Hinde,
- George Canning, Guardian, 18 October 1973, 14.
- 'Baldwin in bulk', review of H. Montgomery Hyde, Baldwin, the unexpected Prime Minister, Guardian, 22 November 1973,18.
- 'A most cultivated chartist', review of F. B. Smith, Radical artisan, Times Literary Supplement, 23 November 1973, 1420.
- 'Hyacinthe and Narcissus', review of Iris Butler, The eldest brother: the Marquess Wellesley, 1760-1842, Guardian, 29 November 1973, 15.

1974년

- 'The nature of Victorianism' in George Perry and Nicholas Mason (eds.), Rule Britannia: the Victorian world (London: Times Books, 1974).
- '1874: The Social and Political Scene', Connoisseur, 185, (1974), 2-16.
- 'The 1870s', University of Leeds Review, 17(2), (1974), 215-31.
- (ed.), Essays in the history of publishing in celebration of the 250th anniversary of the house of Longman, 1724-1974 (London: Longmans, 1974), includes 'At the sign of the ship' 1-28, and 'The view from Badminton' 187-218.
- 'Sir Robert Peel' in Herbert van Thal, The Prime Ministers. Volume 1.

From Sir Robert Walpole to Sir Robert Peel (London: Allen & Unwin, 1974) 371-85.

- Review of Utz Haltern, Die Londoner weltausstellung von 1851, English Historical Review, 89(350), (1974), 217-18.
- 'Sixty years on', review of Gordon Cherry, The evolution of British town planning, Built Environment, 3(12), (1974), 625.
- 'Health and education', Royal Society of Health Journal, 94(4), (1974).
- 'How Lord Reith's brainwave matured into a full-scale educational service', Times, 5 December 1974, 18.
- 'Venetian tristesse', review of James Morris, Venice, Built Environment, 3(6), (1974), 300-1.
- Review of Jack Simmons, St. Pancras Station, English Historical Review, 89(350), (1974), 217.
- 'Movement into service', review of Thomas Kelly, History of public libraries in Great Britain, 1845-1965, Guardian, 10 January 1974, 9.
- 'William Cobbett: an extremist all round', review of Pierce Welch Gaines, William Cobbett and the United States, 1792-1835, Times Literary Supplement, 18 January 1974, 41.
- 'Stem of Jesse', review of Stanley Chapman, Jesse Boot of Boots the Chemists, New Society, 31 January 1974, 273.
- 'Frozen history', review of George Scott, The rise and fall of the League of Nations, Guardian, 27 February 1974, 8.
- 'Rich soil', review of P. J. Perry, British farming in the great depression, New Society, 21 March 1974, 723.
- 'Northern man', review of S. Peter Bell (ed.), Victorian Lancashire, New Society, 25 April 1974, 205.
- Review of Steven Marcus, Engels, Manchester, and the working class,

New York Times, 28 April 1974, 420.

- 'Rio Tinto', review of David Avery, Not on Queen Victoria's birthday: the story of the Rio Tinto mines, New Society, 30 May 1974, 525-6.
- 'Britain's Bastilles', review of Norman Longmate, The workhouse, New Society, 14 June 1974, 648-9.
- Review of Margaret Drabble, Arnold Bennett, New Society, 11 July 1974, 95-6.
- Review of F. O. Shyllon, Black slaves in Britain, New Society, 29 August 1974, 563.
- 'The weak & the strong', review of J. A. Banks, Trade unionism, Ben Hooterman, An introduction to British trade unions, and Tony Lowe, The union makes us strong, Guardian, 26 September 1974, 11.
- 'Before chocolate', review of Alan Armstrong, Stability and change in an English county town: a social study of York, 1801-1881, New Society, 10 October 1974, 98-9.
- 'Minority message', review of Norman St. John Stevas (ed.), The collected works of Walter Bagehot, Observer, 20 October 1974, 32
- 'For & against', Kenneth D. Brown, Essays in anti-labour history, Edward Royle, Victorian infidels and A. J. A. Morris (ed.), Edwardian radicalism, 1900-14, Guardian, 28 November 1974, 15.
- 'Bomb for Britain', review of Margaret Gowing, Independence and deterrence, volumes I-II, Guardian, 19 December 1974, 9.
- Review of Donald Grist, A Victorian charity: the infant orphan asylum at Wanstead, New Society, 19 December 1974, 771.
- 'History goes to town', review of H. J. Dyos (ed.), Urban History Yearbook, 1974, Times Literary Supplement, 27 December 1974, 1456.

1975년

- 'The philosophy of conservation', Journal of the Royal Society of Arts, 123(5231), (1975), 685-95.
- Communications and culture, 1823-1973: a tale of two centuries. An oration delivered at Birkbeck College, London, 4th December 1973 in celebration of the 150th anniversary of the foundation of the college and the commencement of the 151st session (London: Birkbeck College, 1975).
- 'The people's war and peace' in Theo Barker (ed.), The long march of everyman (London: Deutsch, 1975), 247-72.
- 'Foreword' to Frank Eyck, The Prince Consort. A political biography (Bath: Chivers, 1975), 5-8.
- 'Preface' to Alan Peacock and Ronald Weir, The composer in the marketplace (London: Faber, 1975), 5-6.
- 'Nine days', review of Patrick Renshaw, The general strike, New Society, 13 March 1975, 665.
- 'Conflicts still secret', review of M. R. D. Foot and H. C. G. Matthew (eds.), The Gladstone diaries, volumes 3-4, Guardian, 13 March 1975, 14.
- 'Foie gras' review of Kinley Roby, The King, the press and the people: a study of Edward VII, New Society, 3 April1975, 30-1.
- 'Back to work', review of Peter Stearns, Lives of labor, New Society, 8 May 1975, 356-7.
- 'Lord Leverhulme, still making students' dreams come true', Times, 10 May 1975, 14.
- 'End of an era', review of James Bowen, History of western education. Volume 2: civilization of Europe, sixth to sixteenth century, New Society,

15 May 1975, 429.

- 'Local and regional in northern sound broadcasting', Northern History, 10 (1), (1975), 165-87.
- Review of Anthony Sutcliffe and Roger Smith, Birmingham, 1939-70, Local Government Studies, 1 (2), (1975).
- 'Middle-aged Winston', review of Martin Gilbert, Winston S. Churchill, volume IV, Guardian, 5 June 1975, 9.
- 'Picture gallery', review of Kenneth Rose, The later Cecils, Guardian, 3 July 1975, 9.
- 'The most abused politician', review of Kenneth O. Morgan, Keir Hardie, Times Literary Supplement, 1 August 1975, 875.
- 'Man of letters', review of C. P. Snow, Trollope, Financial Times, 17 October 1975, 12.
- 'The ground of academe' , review of Everett C. Ladd and Seymour M. Lipset, The divided academy: professors and politics, Seymour M. Lipset and David Riesman, Education and politics at Harvard, New Society, 23 October 1975, 226-7.
- Review of Geoffrey Best, Mid-Victorian Britain, 1851-75, Journal of Modern History, 47(3), (1975), 556.
- Review of W. Roy Niblett, Universities between Two Worlds, Higher Education, 4(3), (1975), 385-6.
- 'A tribute from England' in John L. Robson and Jack Shallcrass (eds.), Spirit of an age: New Zealand in the seventies: essays in honour of W. B. Sutch (Wellington: A.H. and A.W. Reed, 1975), 12-13.

1976년

- Review of Martha Vicinus, The industrial muse. A study of nineteenth-century working-class literature, Economic History Review, n.s., 29(1), (1976), 163.

- Review of Christopher Brooke and Gillian Keir, London, 800-1216: the shaping of a city, Technology and Culture, 17(1), (1976), 123-5.
- 'Moulds of understanding', review of Joseph Needham, A pattern of natural philosophy, New Scientist, 15 April 1976, 143
- 'High risibility', review of A is for Architect, The best of Hellman, Built Environment Quarterly, 2(2), (1976), 128.
- 'Second fiddle ?', review of W. O. Henderson, The life of Friedrich Engels, Guardian, 10 June 1976, 12.
- 'The Sussex imprint', Times Literary Supplement, 25 June 1976, 774.
- 'How the world rang the changes with Mr. Bell's "electric toy"', Times, 10 March 1976, 14.
- 'Looking backwards', review of E. P. Thompson, Whigs and hunters: the origins of the Black Act, Douglas Hay, Peter Linebaugh and E.P. Thompson, Albion's fatal tree: crime and society in eighteenth-century England, Bulletin of the Society for the Study of Labour History, 33, (1976), 47-51.
- 'Review of reviews', review of A. J. P. Taylor, Essays in English history, Guardian, 29 July 1976, 14.
- Review of Frank J. Coppa and Philip C. Dolce, Cities in transition: from the ancient world to urban America, Technology and Culture, 17(3), (1976), 548-9.
- 'Last of the Romans', review of Stephen Koss, Asquith, Guardian, 9 September 1976, 12.
- Review of Charles Morazé, History of mankind: cultural and scientific development, the nineteenth century, New Scientist 14 October 1976,

110-12.

- 'That's entertainment', review of John Sutherland, Victorian novelists and publishers, 22 October 1976, 24.
- 'Alarm bells ringing', review of Martin Gilbert, Winston S. Churchill, volume 5: 1922-39, Guardian, 28 October 1976, 14.
- 'East Side story', review of Irving Howe, The immigrant Jews of New York, Guardian, 2 December 1976, 14.

1977년

- English musical culture, 1776-1876-1976 (Cincinnati, Ohio: University of Cincinnati, 1977).
- (co-ed. with John Saville) Essays in labour history, 1918-1939 (London: Croom Helm, 1977),
- 'Foreword' (with John Saville), unpaginated.
- 'A calvacade of tastes', Architectural Review, 169, (1977), 227-34.
- 'The BBC in world perspective' in BBC lunch-time lectures, 11th ser., October 1976-March 1977, (London: BBC, 1977).
- 'The Victorian city' in Robert Runcie (ed.), Cathedral and city: St Albans ancient and modern (London: Martyn Associates, 1977), 101-15.
- 'The tube of plenty: towards an age of television', Futures, 9 (6), (1977), 521-5.
- 'Foreword' to Charles Dickens, Hard times for these times (St. Albans: Panther Books, 1977).
- Review of Ivanka Kovačević, Fact into fiction: English literature and the industrial scene, 1750-1850, Steven Marcus, Representations: essays on literature and society, Nineteenth-Century Fiction, 32(1), (1977), 118-21.

- 'Man out of myth', review of David Marquand, Ramsay Macdonald, Guardian, 3 March 1977, 7.
- 'The culture trail', review of Janet Minihan, The nationalisation of culture, Spectator, 5 March 1977, 20.
- Review of 'History workshop: a journal of socialist historians', New Statesman, 11 March 1977, 324-5.
- 'Grace abounding', review of Grace Wyndham Goldie, Facing the nation, Observer, 30 March 1977, 28.
- Review of David V. Jones, Chartism and the chartists, English Historical Review, 92(363), (Apr., 1977), 453-4.
- 'Ups and downs', review of Robert Rhodes James, The British revolution, volume II: from Asquith to Chamberlain, 1914-39 and Denis Judd, Radical Joe: a life of Joseph Chamberlain, Guardian, 12 May 1977, 14.
- 'Publish and be praised', review of Joyce Marlowe, Mr and Mrs Gladstone, Guardian, 14 July 1977, 9.
- 'Big is beautiful', review of C. Northcote Parkinson, The rise of big business from the 18th century to the present day, New Society, 18 July 1977, 193.
- 'People, plagues, and history', review of Alfred W. Crosby, Epidemic and peace, 1918, Geoffrey Marks and William K. Beatty, Epidemics and William H. McNeill, Plagues and peoples, Hastings Center Report, 7(3), (1977), 11-12.
- Review of Malcolm I. Thomis, The town labourer and the industrial revolution, John Foster, Class struggle and the industrial revolution: early industrial capitalism in three English towns, Journal of Modern History, 49 (3), (1977), 500-2.
- 'Into the temple', review of Charles Richard Sanders (ed.), The collected

letters of Thomas and Jane Carlyle and John Clubbe (ed.), Carlyle and his contemporaries: essays in honour of Charles Richard Sanders, Guardian, 1 September 1977, 7.

- 'Politicians' history', review of Harold Wilson, A prime minister on prime ministers, Enoch Powell, Joseph Chamberlain, Lord Butler, The Conservatives: a history of their origins to 1965 and Edward David (ed.), Inside Asquith's cabinet, Guardian, 10 November 1977, 9.
- 'Killing giants', review of José Harris, William Beveridge. A biography, Financial Times, 10 November 1977, 28.
- 'Doctor of revolution', review of Desmond King-Hele, The life and genius of Erasmus Darwin, New Scientist, 1 December 1977, 578.

1978년

- History and literature, the Bowra Memorial Lecture, Cheltenham College, October 7th, 1978, (Cheltenham: Cheltenham College, 1978).
- 'History after school' in A. K. Dickinson and P. J. Lee (eds.), History teaching and historical understanding (London: Heinemann Educational, 1978), 156-69.
- 'Introduction' to Prafulla Mohanti: my village, my life Catalogue of an exhibition held at Towner Art Gallery, Eastbourne, 1 July-30 July 1978.
- 'Endurance', review of Norman Longmate, The hungry mills: the story of the Lancashire cotton famine, 1861-5, New Society, 20 April 1978, 147.
- 'Pilgrims' progress', review of Norman Mackenzie (ed.), The letters of Sidney and Beatrice Webb, Guardian, 11 May 1978, 9.
- Review of Robert Gittings, Thomas Hardy's later years, John Bayley, An essay on Hardy, New Republic, 27 May 1978, 27-9.
- Review of John Money, Experience and identity: Birmingham and the

west Midlands, 1760-1800, Midland History, 4(3), 1978, 261-4.

- 'The historian and the future', Futures, 10(6), (178), 445-51.
- 'Paradise and purgatory', review of Jamie Camplin, The rise of the plutocrats, Roy Jenkins, Asquith, Guardian, 20 July 1978, 14.
- 'Wine, perfume and sweat', review of Simon Schama, The Rothschilds and the land of Israel, New Society, 19 October 1978, 148-9.
- 'Master web spinner', review of John Grigg, Lloyd George: the people's champion, Guardian, 26 October 1978, 10.
- 'The mark of the tiger', review of Roger Howard, Mao Tse-tung and the Chinese people, Dick Wilson (ed.), Mao Tse-tung in the scale of history Lucian W. Pye, Mao Tse-tung, Times Literary Supplement, 10 November 1978, 1308.
- 'The growth of the social services. Making health every citizen's birthright: the road to 1946', New Society, 16 November 1978, 383-6.
- 'The growth of the social services: the achievements, failures and aspirations of the NHS', New Society, 23 November 1978, 448-51.
- 'Old comrades', review of Gary Werskey, The visible college, New Society, 7 December 1978, 593-4.

1979년

- Governing the BBC (London: BBC Books, 1979).
- Iron Bridge to Crystal Palace: impact and images of the Industrial Revolution (London: Thames and Hudson, 1979).
- The history of broadcasting in the United Kingdom. Volume 4: sound and vision (Oxford: Oxford University Press, 1979; new edn. 1995).
- Environment and heritage: an educational challenge (London: Goldsmiths' College, 1979).

- 'The Open University: the first ten years', Education Broadcasting International, 12(3), (1979), 109-13.
- 'The language of mass and masses in 19th century England' in D. E. Martin and David Rubinstein (eds.), Ideology and the labour movement: essays presented to John Saville (London: Croom Helm, 1979), 62-83.
- 'Still listening', Listener 101 (18 January 1979), pp. 67-9.
- 'Foreword' to Margaret Bryant, The unexpected revolution: a study in the history of the education of women and girls in the nineteenth century (London: University of London, Institute of Education, 1979), 9-10.
- Review of I. F. Clarke, The pattern of expectation, 1644 – 2001, Futures, 11(5), (1979), 426-7.
- Review of U. C. Knoepflmacher and G. B. Tennyson, Nature and the Victorian imagination,
- Nineteenth-Century Fiction, 34 (1), (1979), 104-7.
- 'The history chase', review of Peter Clarke, Liberals and social democrats, J. M. Winter, (ed.), History and society, essays by R. H. Tawney, Guardian, 8 February 1979, 16.
- 'Man of the people', review of Keith Robbins, John Bright, New Society, 22 February 1979, 433.
- 'The hope, the fear and the rage', review of Albert Goodwin, The friends of liberty, New Society, 22 March 1979, 689-90.
- 'Moral amusements: Victorian England', review of The Londonderry album (introduction by the Marquess of Londonderry), U. C. Knoepflmacher and G. B. Tennyson, Nature and the Victorian imagination, John Lowerson and John Myerscough, Time to spare in Victorian England and Peter Bailey, Leisure and class in Victorian England, Encounter, 52(4), (April, 1979), 70-6.

- 'Word and image: changing patterns of communications', Daedalus, 108 (2), (1979), 133-49.
- 'Today's delight in machines', Guardian, 2 July 1979, 16.
- 'Bicentenary of the Iron Bridge', Illustrated London News, 25 August 1979, 30-1.

1980년

- Introduction to 'Oxford entrants', [the five schemes submitted for Worcester College], Architects' Journal, 171(22), 28 May 1980, 1051-2.
- 'Problems and possibilities in the history of broadcasting', Media, Culture and Society, 2(1), (1980), 513.
- 'Foreword' to Frank Gloversmith (ed.), Class, culture and social change: a new view of the 1930s (Brighton: Harvester, 1980), 11-14.
- 'Foreword' to Arthur Marsh and Victoria Ryan, Historical directory of trade unions. Volume 1: nonmanual unions (Aldershot , Gower 1980).
- Review of Thomas Laqueur, Religion and respectability: Sunday schools and working class culture, 1780-1850, Journal of Ecclesiastical History, 31(1), (1980), 125-6.
- Review of Michael Balfour, Propaganda in war 1939-1945: organisations, policies and public in Britain and Germany, European Studies Review, 10 (1), (1980), 134-5.
- Review of Malcolm Andrews, Dickens on England and the English, History, 65(213), (1980), 136.
- Review of R. H. Kargon, Science in Victorian Manchester, Bulletin of the Atomic Scientists, 36(6), (1980), 52.
- 'The prospects of the age', review of Ian C. Bradley, The Optimists, Encounter, 54(5), (May, 1980), 46-53.

- Review of Éva H. Haraszti , Chartism, American Historical Review, 85 (3), (Jun., 1980), 630.
- 'Social history, old and new', review of J. L and Barbara Hammond, The skilled labourer, John Stevenson, Popular disturbances in England, 1700-1870, History Today, 30(6), (1980), 54.
- 'Dukes and peers in their proper places', review of David Cannadine, Lords and landlords: the aristocracy and the towns, 1774-1967, New Society, 21 August 1980, 370-1.
- 'Stansky's GOM', review of Peter Stansky, Gladstone, a progress in politics, Guardian, 27 November 1980, 10.

1981년

- 'Social history, 1900-1945', in R. Floud & D. McCloskey, The economic history of Britain since 1700, vol. 1 (Cambridge: Cambridge University Press, 1981), 347-69.
- 'Prince Albert and the arts and sciences' in John A. S. Phillips (ed.), Prince Albert and the Victorian age (Cambridge: Cambridge University Press, 1981), 51-78.
- 'The role of the university in regional development: a perspective and a prospective', CREInformation, 54, (1981), 12-30.
- 'The appeal of William Morris' in Leonard Stopponi et al, William Morris and Kelmscott (London: Design Council, 1981), 17-23.
- 'Innovation and adaptation: the eighteenth-century setting' in John Ferguson (ed.), Christianity, society and education: Robert Raikes, past, present and future (London: SPCK, 1981), 15-24.
- 'The Salvation Army in Sussex' in M. J. Kitch (ed.), Studies in Sussex church history (London: Leopard's Head Press, 1981), 189-208.

- 'Introduction' to David Driver, comp., The art of the Radio Times: the first sixty years Catalogue of an exhibition held at the Victoria and Albert Museum, London, 21 October, 1981-10 January, 1982 (London: BBC Publications, 1981), 6-9.
- 'Introduction' to Anthony Trollope, The three clerks (New York: Arno Press, 1981).
- 'Introduction' to Anthony Trollope, Travelling sketches (New York: Arno Press, 1981).
- 'Foreword' to Harold Smith (comp.), The British labour movement to 1970: a bibliography (London: Mansell, 1981).
- 'Foreword' to Gordon Peter McGregor, Bishop Otter College, and policy for teacher education, 1839-1980 (London: Pembridge Press, 1981), 5-7.
- Review of Joseph J. Kockelmans (ed.), Interdisciplinarity and higher education, Journal of Higher Education, 52(6), (1981), 654-6.
- Review of Derek Baker (ed.), The church in town and countryside, Journal of Ecclesiastical History, 32(4), (1981), 513-14.
- Review of Brian Harrison and Patricia Hollis (eds.), Robert Lowery, radical and chartist, Urban History Yearbook, 8, (1981), 233-4.
- Review of Herman Kahn, World economic development, 1979 out beyond, Futures, 13(6), (1981), 526-8.
- 'Past imperfect', review of E. D. Hunt, British labour history, Guardian, 5 February 1981, 16.
- 'By design', review of Mark Swenarton, Homes fit for heroes, Guardian, 26 February 1981, 16.
- 'Darkest Yorkshire', review of Derek Fraser (ed.), A history of modern Leeds, Times Literary Supplement, 10 April 1981, 397.

- 'Pictures at an exhibition', New Scientist, 7 May 1981, 366-8.
- 'Old news', review of Stephen Koss, The rise and fall of the political press in Britain, volume 1, the nineteenth century, Guardian, 28 May 1981, 7.
- 'The mongrel of Merseyside', review of P. J. Waller, Democracy and Sectarianism, Times Literary Supplement, 21 August 1981, 959.
- Review of Mary Moorman, George Macaulay Trevelyan, History and Theory, 20(3), (1981), 344-51.
- Review of John D. Wirth et al (eds.), Manchester and Sao Paulo: problems of urban growth, Canadian Journal of History, 16 (2), (1981), 325-6.
- Review of Joseph J. Kockelmans, Interdisciplinarity and higher education, Journal of Higher Education, 52(6), (1981), 654-6.
- 'A family's fortune', review of Anne Acland, A Devon family: the story of the Aclands, Guardian, 24 December 1981, 18.

1982년

- The power of steam: an illustrated history of the world's steam age (London: Michael Joseph, 1982).
- Cities and countrysides: the British and American experience, 1860-1914, H. J. Dyos Memorial Lecture, 12 May 1981, (Leicester: University of Leicester, 1982).
- 'Asa Briggs' [untitled contribution to a symposium] in Richard Hoggart and Janet Morgan (ed.), The future of broadcasting: essays on authority, style and choice (London: Macmillan, 1982), 20-41.
- 'Trollope the traveller' in John Halperin (ed.), Trollope centenary essays (London: Macmillan, 1982), 24-52.

- 'The environment of the city', Encounter, 59(6), (December, 1982), 25-34.
- 'Foreword' to L. C. B. Seaman, A new history of England, 410-1975 (Brighton: Harvester, 1982), xvxvi.
- 'Introduction' to John Howkins, Mass communication in China (London: Longman, 1982), i-iii.
- 'Back to the Whigs', review of J. W. Burrow, A liberal descent, Guardian, 14 January 1982, 16.
- 'The fantasy of steam', Illustrated London News, 27 February 1982, 25.
- 'Karl Marx in London', Listener, 107, (24 June 1982), 9-10.
- 'Peopling history', review of Roy Porter, English society in the 18th century, Arthur Marwick, British society since 1945, Guardian, 13 May 1982, 14.
- Review of Colin Cunningham, Victorian and Edwardian town halls, Town Planning Review, 53(3), (1982), 346-7.
- 'Young man in a hurry', review of J. A. W Gunn, J. Matthews and D. M. Schurman (eds.), Benjamin Disraeli letters, Guardian, 15 July 1982, 6.
- Review of Colin Cunningham, Victorian and Edwardian town halls, Town Planning Review, 53(3), (1982), 346-7.
- 'Gladstone's secret soul page', review of H. C. G. Matthew (ed.), The Gladstone diaries, volumes 7 and 8, Guardian, 23 September 1982, 12.
- 'Family or firm?', review of Dennis Judd, King George VI, Stephen Birmingham, Duchess, the story of Willis Warfield Simpson, Guardian, 9 December 1982, 16.

1983년

- A social history of England (London: Weidenfeld & Nicolson, 1983;

Penguin pbk. edn. 1985; 3rd edn. 1999; translated into Chinese (1991), Italian (1993), Japanese (2004), Spanish (1994)).

- (with John Dekker and John Mair), Marx in London: An Illustrated Guide (London: BBC, 1983; translated in Chinese (1986), Italian (1983), Japanese (1983)).
- 'The higher education scene in Britain today', Journal of Higher Education, 9 (1), (1983), 47-63.
- 'Tradition and innovation in British universities, 1860-1960' in N. Phillipson (ed.), Universities, society, and the future: a conference held on the 400th anniversary of the University of Edinburgh (Edinburgh: Edinburgh University Press, 1983), 186-203.
- 'England, whose England ?', review of Brian Harrison, Peaceable kingdom: stability and change in modern Britain, John Scott, The upper classes: property and privilege in Britain and Ralf Dahrendorf, On Britain, Guardian, 3 February 1983, 3.
- 'Karl Marx: the legacy', Listener, 109, (17 March 1983), 6-8.
- 'Getting things into perspective', Times Higher Educational Supplement, 20 May 1983, 11.
- 'Among the images', review of Benedict Read, Victorian sculpture, Felix Barker and Ralph Hyde, London as it might have been and John Merriman (ed.), French cities in the nineteenth century, History Today, 33(4), (1983), 48.
- Review of Paula Burton, Television and radio in the United Kingdom, Journal of Communication, 33(4), (1983).
- Review of Derek Fraser and Anthony Sutcliffe (eds.), The pursuit of urban history, Cities, 1(2), (1983), 200-1.
- 'The First Lord at prayer', review of Martin Gilbert, Finest hour: Winston

S. Churchill, volume VI, 1939-41, William Manchester, The last lion: Winston Churchill, visions of glory, 1874-1932 and Ted Morgan, Churchill, 1874-1915, Guardian, 30 June 1983, 8.

- 'Man's long battle for the light', review of Colin Ronan, The Cambridge illustrated history of the world's science New Scientist, 18 August 1983, 488.
- 'Romantic surprises in Chinese science', review of Joseph Needham (with Lu Gwei-Djen), Science and civilisation in China, volume V, part 5, New Scientist, 29 September 1983, 946.
- 'Forbidden images', review of Hermione Hobhouse, Prince Albert. His life and work, Elizabeth Danby and Nicola Smith, The cult of the Prince Consort and Lou Taylor, Mourning dress, a costume and social history, Guardian, 17 November 1983, 17.

1984년

- Marks & Spencer, 1884-1984: A Centenary History of Marks & Spencer: the Originators of Penny Bazaars (London: Octopus 1984).
- (with Anne Macartney), Toynbee Hall: the First Hundred Years (London: Routledge and Kegan Paul, 1984; translated into Japanese (1987)).
- (ed.), William Morris, News from nowhere and selected writings and designs (Harmondsworth: Penguin, 1984).
- (ed.), Lionel A. Tollemache, Gladstone's Boswell: late Victorian conversations (Brighton: Harvester, 1984), ix-xxv.
- 'Foreword to Guy Neave, The EEC and education (Trentham: Trentham Books, 1984), unpaginated (2pp.).
- 'Foreword' to Arthur Marsh and Victoria Ryan, Historical directory of trade unions. Vol. 2. Including unions in engineering, shipbuilding and

minor metal trades, coal mining and iron and steel, agriculture, fishing and chemicals (Aldershot: Gower, 1984).

- 'Foreword' to Kenneth M. Wolfe, The churches and the British Broadcasting Corporation, 1922-56: the politics of broadcast religion (London: SCM, 1984), xiii.
- 'Foreword' to Arthur Ivor Marsh, Victoria Ryan, John B. Smethurst, Historical directory of trade unions. Vol. 4 Cotton, wool and worsted, linen and jute (Aldershot: Scolar Press, 1994),
- 'The annals of the poor', review of Gertude Himmelfarb, The idea of poverty, Washington Post, 22 January 1984, 9.
- 'Only collect', [about the Pitt-Rivers Museum, University of Oxford], New Society, 9 February 1984, 211.
- 'Discontent grown fierce and mad', review of Dorothy Thompson, The chartists, Guardian, 23 February 1984, 21.
- 'The underground infrastructure', review of David Owen, The government of Victorian London, 1855-1889: The Metropolitan Board of Works, the vestries and the City Corporation, Jack Reynolds, The great paternalist: Titus Salt and the growth of 19th century Bradford, Times Literary Supplement, 9 March 1984, 255.
- 'Roaring fellow', review of John Hall (ed.), The letters of Anthony Trollope, Spectator, 10 March 1984, 22.
- 'Power games', review of Stephen Koss, The rise and fall of the political press in Britain, volume 2, the twentieth century, New Society, 5 April 1984, 20-1.
- 'Balancing the account', review of John Stevenson, British society, 1914-1945, Spectator, 21 April 1984, 23.
- 'William Morris' London', Illustrated London News, 28 April 1984, 61-3.

- 'Corn law crusade', review of Norman Longmate, The breadwinners, Guardian, 17 May 1984, 18.
- 'The history line', review of Eric Evans, The forging of the modern state, History Today, 34 (8), (1984), 51.
- 'Liverpool restored', review of Norman Gash, Lord Liverpool, Guardian, 16 August 1984, 16.
- 'Paperback history', review of Melanie Tebbutt, Making ends meet, José Harris, Unemployment and politics, Anthony S. Wohl, Endangered lives, Deirdre Terrins and Phillip Whitehead, 100 years of Fabian socialism, Joseph Melling, Rent strikes: people's struggle for housing in west Scotland, and Alice B. Gomme, The traditional games of England, Scotland and Ireland, History Today, 34(10), (1984), 59.
- 'Luxury line', review of Shirley Sherwood, Venice-Simplon Orient Express, History Today, 34(11), (1984), 54.
- Review of Brian Hook, The Cambridge encyclopedia of China, China Quarterly, 99, (1984), 645.
- 'Son of Brum', review of David Dilks, Neville Chamberlain, volume 1, 1869-1929, Financial Times, 8 December 1984, 16.

1985년

- The BBC: the first fifty years (Oxford: Oxford University Press, 1985).
- Wine for sale: Victoria Wine and the liquor trade, 1860-1984 (London: Batsford, 1985).
- (with Barbara Burn), Study abroad: a European and an American perspective (Paris: European Institute of Education and Social Policy, 1985).
- (co-ed. with Alan Isaacs and Elizabeth Martin), Longman dictionary of

20th century biography (London: Longman, 1985).

- The collected essays of Asa Briggs. Volume 1: words, numbers, places, people; Volume 2: images, problems, standpoints, forecasts (NB: volume 2 contains three unpublished essays: 'G. M. Trevelyan, the Whig inheritance', 'G. M. Young: the age of the portrait', and 'Gilberto Freyre and the study of social history' (Brighton: Harvester, 1985).
- (ed.), The nineteenth century: the contradictions of progress (London: Thames and Hudson, 1985).
- 'The mood of Britain, 1945', UNESCO Courier, 38 (10), (1985), 14-19.
- 'Prince Albert and the Constitution' in Adolf M. Birke and Kurt Kluxen (eds.), Deutscher und britischer Parlamentarismus (München: Saur, 1985), 45-56.
- Contribution to 'What is the history of popular culture', History Today, 35 (12), (1985), 39-40.
- 'Foreword' to M. J. Daunton, Royal mail: the Post Office since 1840 (London: Athlone Press, 1985), ix.
- 'Introduction' to John Moore, The Brensham trilogy: portrait of Elmbury, Brensham village, The blue field (Oxford: Oxford University Press 1985), vii-xvi.
- 'Preface' to James Munson (ed.), Echoes of the Great War: the diary of the Reverend Andrew Clark, 1914-1919 (Oxford: Oxford University Press, 1985), v-vi.
- 'History as communication', review of John Tosh, The pursuit of history, Encounter, 64(1), (January, 1985), 51-3.
- Review of Richard Davenport-Hines, Dudley docker: the life and times of a trade warrior, Midland History, 10(1), (1985), 137-8.
- Review of K. S. Inglis, This is the ABC: the Australian Broadcasting

Commission 1922-1983, Journal of Imperial and Commonwealth History, 14(1), (1985), 134-8.

- 'Rather more than a wizard', review of John Grigg, Lloyd George: from peace to war, 1912-16, Guardian, 7 February 1985, 10.
- Review of Robert R. Dozier, For king, constitution and country, Edward Royle and James Walvin, Radicalism and reform, 1776-1848, International History Review, 7(2), (1985), 341-3.
- Review of Richard Dennis, English industrial cities in the nineteenth century, Journal of Historical Geography, 11(2), (1985), 210-11.
- 'Urban perspectives', review of P. J. Waller, Town, city and nation, History Today, 35(6), (1985), 524.
- 'The right to know is of crucial importance', Financial Times, 10 August 1985, 6.
- 'Unsolved Chinese puzzles', review of Tsien Tsuen-Hsuin, Science and civilization in China, volume V, Part 1 and Wen-yuan Qian, The great inertia: scientific stagnation in traditional China, New Scientist, 29 August 1985, 46.
- Review of Nicholas Kenyon, The BBC Symphony Orchestra: the first fifty years 1930-1980, Music & Letters, 66(3), (1985), 256-9.
- 'From memory to history', review of Max Beloff, War and welfare, Britain, 1914-1945, History Today, 35(9) (1985), 56.
- 'The world's workshop', review of John G. Archer, Art and architecture in Victorian Manchester, History Today, 35(12), (1985), 54.

1986년

- (with Joanna Spicer), The franchise affair: creating fortunes and failures in Independent Television (London: Century, 1986).

- (co-ed. with Julian H. Shelley), Science, medicine and the community: the last hundred years.
- Proceedings of the Fifth Boehringer Ingelheim Symposium held at Kronberg, Taunus, 8th-11th May 1985 (Oxford: Excerpta Medica, 1986), includes 'Introduction' to M. Black, 'Technological innovation in medicine and health care', 36-9.
- 'The role of the Open University' Media in Education and Development, 19(1), 1-6.
- 'The years of plenty, 1961-76' in Roger Blin-Stoyle and Geoff Ivey (eds.), The Sussex opportunity: a new university and the future (Brighton: Harvester Press, 1986), 1-21
- 'TV advertising and the social revolution' in Brian Henry (ed.), British television advertising: the first 30 years (London: Century Benham, 1986), 343-58.
- 'Introduction' to John Canning (ed.), The illustrated Mayhew's London: the classic account of London street life and characters in the time of Charles Dickens and Queen Victoria (London: Weidenfeld & Nicolson, 1986), 8-11
- 'Introduction' to Sussex and the Grand Tour: a loan exhibition of paintings and other works of art from collections in Sussex and neighbouring counties Catalogue of an exhibition held at Sotheby's (Billingshurst, Sussex), 22 September-18 October 1986.
- 'Introduction' to Barbara Smith (ed.), Truth, liberty, religion; essays celebrating two hundred years of Manchester College (Oxford: Manchester College, 1986), xiii-xvii.
- 'Foreword: the age of the image' to Jonathan Grimwood, Photo history of the twentieth century (Poole: Blandford, 1996), 6-8.

- 'Overviews', review of Bernard Stonehouse, Britain from the air, Kenneth Hudson, Industrial history from the air, History Today, 36 (1), (1986), 58-9.
- 'Before Wapping', review of Lucy Brown, Victorian news and newspapers, London Review of Books, 22 May 1986, 21-2.
- 'The most popular man in Britain', review of Robert Stewart, Henry Brougham: 1778-1868, his public career, Spectator, 1 February 1986, 25.
- Review of Stephanie Jones, Two centuries of overseas trading: the origins and growth of the Inchcape group, Listener, 116, (3 July 1986), 31.
- Review of Margaret Dickinson and Sarah Street, Cinema and the state: The film industry and the British government, 1927-84, Historical Journal of Film, Radio and Television, 6(1), (1986), 115-16.
- 'The first TV critics', Listener, 116 (30 October 1986), 12, 17.
- Review of Benjamin G. Rader, In its own image: How television has transformed sports, International Journal of the History of Sport, 3 (3), (1986), 354-6.
- Review of Paul Adelman, Victorian radicalism, Parliamentary History, 5 (1986), 167-8.
- Review of Peter Pagnamenta and Richard Overy (eds.), All our working lives, Business History, 28(3), (1986), 169-71.
- 'Cost of academe', review of John Carswell, Government and the universities in Britain, Financial Times, 22 February 1986, 16.
- 'Dream remembered on waking', review of Corelli Barnett, The audit of war: the illusion and reality of Britain as a great nation, Financial Times, 22 March 1986, 16.
- 'Making labour history', review of Betty D. Vernon, Margaret Cole, 1893-

1980: a political biography, New Society, 4 April 1986, 24.

- 'Language and social History: a review essay', review of Dick Leith, A social history of English, K. C. Phillips, Language and class in Victorian England, R. B. Burchfield, The English language and P. N. Furbank, Unholy pleasure, the idea of social class, History Workshop, 22, (1986), 181-4.
- 'Sage who sparkled', review of Norman St. John Stevas (ed.), The collected works of Walter Bagehot, volumes XII-XV, Financial Times, 17 May 1986, 18.
- 'Why the West will remain wealthy', review of John. A. Hall, Powers and liberties, Nathan Rosenberg and L. E. Birdzell, How the west grew rich, Guardian, 11 July 1986, 10.
- Review of Jeffrey Paul von Arx, Progress and pessimism: religion, politics and history in late nineteenth century Britain, International History Review, 8(3), (1986), 469-71.
- Review of Chinese Education, vol. XIV, China Quarterly, 105 (1986), 158-9.
- Review of Jan de Vries, European urbanization 1500-1800, Population and Development Review, 12(4), (1986), 799-800.
- 'The old and the new', review of G. C. Baugh, The Victoria County History of Shropshire: vol. XI Telford, History Today, 36(9), (1986), 51-2.
- 'Gladstone's progress', review of H.C.G. Matthew, Gladstone, 1809-74, H. C. G. Mathew (ed.), The Gladstone diaries, volume 9, J. P. Parry, Democracy and religion: Gladstone and the Liberal party, 1867-75, Guardian, 28 November 1986, 17.
- 'The first Luddites', review of Robert Reid, The land of lost content,

History Today, 36(12), (1986), 52.

1987년

- Towards a commonwealth of learning: a proposal to create the University of the Commonwealth for Cooperation in Distance Education Report of the Expert Group on Commonwealth Co-operation in Distance Education and Open Learning (London: Commonwealth Secretariat, 1987).
- 'Samuel Smiles: the gospel of self-help', History Today 37(5), (1987), 37-43.
- 'Sixty-four years of the WEA', Workers' Education, 1 (1987).
- 'Introduction' to Elie Halévy, A history of the English people in 1815 (London: Ark, 1987) vii-xxvii.
- 'Foreword' to Norman Stone (ed.), The makers of English history (London: Weidenfeld & Nicolson, 1987), 6-7.
- 'Foreword' to Arthur Marsh and Victoria Ryan, Historical directory of trade unions. Vol. 3. Building and allied trades, transport, woodworkers and allied trades, leatherworkers, enginemen and tobacco workers (Farnborough: Gower, 1987).
- 'Foreword' to P. C. Chatterji, Broadcasting in India (New Delhi: Sage, 1987), 9-12.
- 'Some twentieth century diarists', in Frances Vivian (ed.), Letts keep a diary: an exhibition of the history of diary keeping in Great Britain from 16th-20th century in commemoration of 175 years of diary publishing by Letts Catalogue for an exhibition in commemoration of 175 years of diary publishing by Letts, held at the Mall Galleries, London, 28 September-25 October 1987 (London: Charles Letts, 1987), 23-5.

- 'Foreword' to Mervyn T. Jones, Going public (Cowbridge: D. Brown & Sons, 1987), 9.
- 'Foreword' to Nora Stettner and Bert Oram, Changes in China: the role of co-operatives in the new socialism (Manchester: Holyoake, 1987), vii-viii.
- Review of Graeme Davison, David Dunstan and Chris McConville, The outcasts of Melbourne.
- Essays in social history, Historical Studies, 22(88), (1987), 458-9.
- Review of Andrew Lees, Cities perceived: urban society in European and American thought, 1820-1940, Journal of Historical Geography, 13(1), 105-6.
- Review of Malcolm Hardman, Ruskin and Bradford. An experiment in Victorian cultural history, Planning Perspectives, 2(2), (1987), 219-20.
- 'The most eminent Victorian', review of Stanley Weintraub, Victoria: an intimate biography, Washington Post, 29 March 1987, 5.
- 'Thrones and royals behind Great War', review of Gordon Brook-Shepherd, Royal sunset: the dynasties of Europe and the Great War, Financial Times, 21 March 1987, 20.
- 'The good and the true', review of James Walvin, Victorian Values, Richard D. Altick, Evil encounters, two Victorian sensations and Zuzanna Shonfield, The precociously privileged, a professional family in Victorian London, Guardian, 24 April 1987, 16.
- 'The epic of gunpowder', review of Joseph Needham, Science and civilization in China, volume V, Part 7, New Scientist 28 May 1987, 57.
- 'Dear Alan, dear diary', review of Eva Haraszti Taylor, A life with Alan: the diary of A. J. P. Taylor's wife Eva, Guardian, 26 June 1987, 14.
- Review of Cyril Ehrlich, The music profession in Britain since the

eighteenth century: a social history, Albion, 19(3), (1987), 444-6.

- 'Red patches on map, red flag unfurled', review of Eric Hobsbawm, The age of empire, 1875-1914, Financial Times, 19 December 1987, 14.

1988년

- Victorian Things (London: B. T. Batsford, 1988; pbk. edn., Harmondsworth: Penguin, 1990).
- 'Victorian values', in Eric M. Sigsworth (ed.), In search of Victorian values (Manchester: Manchester University Press, 1988), 10-26.
- 'The future of education: innovation, continuation and harnessing technology' in Miriam Hederman (ed.), The clash of ideas: essays in honour of Patrick Lynch (Dublin: Gill and Macmillan, 1988), 7-44.
- 'Foreword' to Juliet Barker, Sixty treasures (Keighley: The Brontë Society, 1988).
- Marie B. Rowlands, A regional history of England. The west Midlands from A.D. 1000, Midland History, 13 (1), 116-17.
- '100 Years Old', review of David Kynaston, The Financial Times: a centenary history, Financial Times, 13 February 1988, 13.
- 'The final Churchill', review of Martin Gilbert, Never despair: Winston S. Churchill, 1949-65, Guardian, 3 June 1988, 28.
- 'On show', review of Paul Greenhalgh, Ephemeral Vistas: the expositions universelles, great exhibitions and world's fairs, 1851-39, Perilla Kinchin and Juliet Kinchin, Glasgow's great exhibitions, 1888, 1911, 1938, 1988, History Today, 38(12), (1988), 54.

1989년

- (with Archie Miles), A Victorian Portrait: Victorian Life and Values as Seen

Through the Work of Studio Photographers (London: Cassell, 1989).

- 'The later Victorian age' in Boris Ford (ed.), The Cambridge cultural history of Britain. Volume 7: Victorian Britain (Cambridge: Cambridge University Press, 1989), 3-38.
- 'Manningham Mills, Bradford', History Today, 39(10), (1989), 62-3.
- 'Foreword' to Leslie Gardiner, The changing face of Britain: from the air (London: Michael Joseph, 1989), 7.
- 'How many cultures ?', Higher Education in Europe, 14 (1), (1989), 25-8.
- Review of Edward Royle, Modern Britain: a social history, 1750-1985, History, 74(240), (1989), 137.
- Review of Harriet Ritvo, The animal estate: the English and other creatures in the Victorian age, Journal of the History of the Behavioral Sciences, 25(2), (1989), 178-9.
- Review of H. J. Graff, The legacies of literacy, Economic History Review, n.s., 42(2), (1989), 285-6.
- 'Experts and attitudes - a sequel', review of Harold Perkin, The rise of professional society. England since 1880, Financial Times, 24 June 1989, 18.
- '2,194 days of evil', review of Martin Gilbert, The second world war, Guardian, 4 August 1989, 24.
- Review of G. E. Mingay, The transformation of Britain 1830-1939, Technology and Culture, 30(3), (1989), 677-8.
- Review of Keith Robbins, Nineteenth century Britain, History, 74 (242), 546-7.
- 'Water, water', review of Jean-Pierre Goubert, The conquest of water, London Review of Books, 9 November 1989, 16.

1990년

- 'Doctors and historians', Journal of the Royal College of Physicians of London, 24(4), (1990), 319-24.
- 'Asa Briggs' [untitled contribution], in Juliet Gardiner (ed.), The history debate (London: Collins, 1990), 61-7.
- The fool: with a short biography of Henry Mayhew accompanies the film directed by Christine Edzard, (London: Broadcasting Support Services and Sands Films, 1990).
- 'Foreword' to Gordon Marsden (ed.), Victorian values: personalities and perspectives in nineteenthcentury society (London: Longman, 1990), ix-x (NB: the volume also reprints 'Samuel Smiles: the gospel of self-help').
- 'Foreword' to Michael Fethney, The absurd and the brave: CORB the true account of the British government's World War II evacuation of children overseas (Lewes: Book Guild, 1990), 11.
- 'Foreword' to Robert Perks (comp.), Oral history: an annotated bibliography (London: British Library, 1990).
- Review of Eric Hopkins, Birmingham, the first manufacturing town in the world, 1760-1840, Midland History, 15(1), (1990), 153-5.
- Review of Christopher Lloyd, Explanation in social history, History and Theory, 29(1), (1990), 95-9.
- 'From O'Brien to Haut-Brion', Illustrated London News, 278, 4 June 1990, 83-5.
- Review of Patrick Brantlinger, Energy and entropy: science and culture in Victorian Britain, Economic History Review, n.s., 43 (3), (1990), 497-8.
- 'The C-in-C of the BBC', (obituary of Lord Swann), Guardian, 24 September 1990, 37.

1991년

- The story of the Leverhulme Trust: for purposes of research and education (London: Leverhulme Trust, 1991).
- The collected essays of Asa Briggs. Volume 3: serious pursuits: communications and education (London: Harvester Wheatsheaf, 1991), NB: includes three unpublished essays: 'The pleasure telephone: a chapter in the pre-history of the media', 'The final edit: selecting and rejecting the broadcast record', and 'Plus ça change: back to Keighley: the largely forgotten story of Sir Swire Smith'.
- 'A founding father reflects', Higher Education Quarterly, 45 (4), (1991), 311-32.
- 'The imaginative response of the Victorians to new technology: the case of the railways' in Christopher Wrigley and John Shepherd (eds.), On the move: essays in labour and transport history presented to Philip Bagwell (London: Hambledon, 1991), 58-75.
- Education through part-time study: George Birkbeck's vision in the light of 21st-century needs and opportunities IBM Continuing Education Lecture (London: Birkbeck College, 1991).
- 'Looking backwards and forwards' in Michael D. Stephens (ed.), The Ashby report (1954) (Nottingham: Department of Adult Education, University of Nottingham, 1991), 3-5.
- 'Introduction' to Anthony Trollope The Prime Minister (London: The Folio Society, 1991).
- 'Introduction' to Stig Ramel et al, The Nobel century. A chronicle of genius (London: Chapmans, 1991), 13-39.
- 'Foreword' to Heart of a London village: the Highgate Literary and Scientific Institution, 1839-1990 by members of the Archives Committee

(London: Historical Publications, 1991).

- 'Celebrating the Open University', Illustrated London News, 279, 9 December 1991, 22-5.
- Review of Paul Johnson, Intellectuals, History, 76(246), (1991), 86-7.'The point of it all', review of Henry Petroski, The pencil: a history, London Review of Books, 25 April 1991, 10.
- 'Music as message', review of Nicholas Thistlethwaite, The making of the Victorian organ, Kurt Pahlen, The world of the oratorio, London Review of Books, 23 May 1991, 19-20.
- 'Worstedopolis', review of Theodore Koditschek, Class formation and industrial society: Bradford, 1750-1850, History Today, 41(9), (1991), 60.
- 'Victorian moralists, reformers and social scientists', review of Gertrude Himmelfarb, Poverty and compassion: the moral imagination of the late Victorians, Washington Post, 20 October 1991, 4.

1992년

- Comment on Walter Rüegg, 'The traditions of the university in the face of the demands of the twentyfirst century', Minerva, 30(2), (1992), 210-13.
- 'A look at Roger Fry' in Hugh Lee (ed.), A Cézanne in the hedge: and other memories of Charleston and Bloomsbury (Chicago: University of Chicago Press, 1992), 47-50.
- 'Foreword' to W. H. McDowell, The history of BBC broadcasting in Scotland, 1923-1983 (Edinburgh: Edinburgh University Press, 1992), xi.
- Review of Peter J. Bowler, The invention of progress: the Victorians and the past, Technology and Culture, 33(1), (1992), 163-4.

- 'Looking big', Adrian Vaughan, review of Isambard Kingdom Brunel, London Review of Books, 12 March 1992, 21.
- Review of Peter Fritzsche, Reading Berlin 1900, Literature and History, 6 (2), (Fall, 1992), 114-15.

1993년

- 'Christ and the media: secularization, rationalism, and sectarianism in the history of British broadcasting, 1922-1976' in Eileen Barker, James A. Beckford and Karel Dobbelaere (eds.), 33 Secularization, rationalism, and sectarianism: essays in honour of Bryan R. Wilson (Oxford: Clarendon Press, 1993), 267-86.
- Review of S. G. Roley (ed.), Consumer magazines of the British Isles, Analytical and Enumerative Bibliography, 7(4), 229-32.

1994년

- Haut-Brion: An illustrious lineage (London: Faber and Faber, 1994).
- 'Foreword' to Rex Winsbury and Shehina Fazal (eds.), Vision and hindsight: first 25 years of the International Institute of Communications (London: John Libbey, 1994), 1-2.
- 'Foreword' to Arthur Marsh, Victoria Ryan and John B. Smethurst, Historical directory of trade unions. Vol. 4. Including unions in cotton, wool and worsted, linen and jute, silk, elastic web, lace and net, hosiery and knitwear, textile finishing, tailors and garment workers, hat and cap, carpets and textile engineering (Aldershot: Scolar, 1994).
- 'History sends a postcard home', Times Higher Education Supplement, 10 July 1994, p. 18.
- 'The foundation and subsequent role of the Society' in John Philipson

(ed.), The Literary and Philosophical Society of Newcastle upon Tyne bicentenary lectures 1993 (Newcastle upon Tyne: Literary and Philosophical Society of Newcastle upon Tyne, 1994) , 5-26.

- Review of Rosemary O'Day and David Englander, Mr. Charles Booth's inquiry. Life and labour of the people in London reconsidered, Journal of Ecclesiastical History, 45(4), (1994), 715-16.

1995년

- The history of broadcasting in the United Kingdom. Volume 5: competition (Oxford: Oxford University Press, 1995).
- The Channel Islands: Occupation and Liberation, 1940-1945 (London: Batsford, 1995).
- 'Mahler and the BBC' in Philip Reed (ed.), On Mahler and Britten: essays in honour of Donald Mitchell on his seventieth birthday (Woodbridge: Boydell Press, 1995), 32-43.
- 'Parties and parliament in 19th century Britain' in Adolf M. Birke and Magnus Brechtken (eds.), Politikverdrossenheit: der Parteienstaat in der historischen und gegenwärtigen Diskussion: ein deutsch-britischer Vergleich (München: K.G. Saur 1995), 19-27.
- 'Foreword' to David James, Class and politics in a northern industrial town: Keighley, 1880-1914 (Keele: Keele University Press, 1995), 7.
- 'Radical thoughts of a misjudged man', review of David Nicholls, The lost Prime Minister: A life of Sir Charles Dilke, Financial Times, 4 February 1995, 12.
- 'Physic and philanthropy, review of Robert Rhodes James, Henry Wellcome, Royal Society of Arts Journal, 143(5460), (1995), pp. 70-1.
- Review of Tom O'Malley, Closedown?: the BBC and government

broadcasting policy, 1972-92, Contemporary Record, 9(3), (1995), 687-9.

1996년

- (co-ed. with Daniel Snowman) Fins de siècle: how centuries end, 1400-2000 (London: Yale University Press, 1996), includes (with Daniel Snowman) 'How centuries end' 1-6, 'The 1890s: past, present and future in headlines' 157-96, and 'The 1990s: the final chapter' 197-234.
- 'The march of time', History Today 46(1), (1996) 5-7.
- 'Foreword' to Cathy Courtney and Paul Thompson (eds.), City lives: the changing voices of British finance (London: Methuen, 1996), ix.
- 'Local, regional, national: the historical dimensions of public authority' in Adolf M. Birke and Magnus Brechtken (eds.), Kommunale Selbstverwatlung: Geschichte und Gegenwart im deutschbritischen Vergleich, Prinz-Albert-Studien 13 (Munich: K. G. Saur, 1996), 13-24.
- 'Foreword' to Charles Lemon (ed.), Early visitors to Haworth: from Ellen Nussey to Virginia Woolf, Brontë Society occasional publications (Haworth: Brontë Society, 1996), ix.
- 'Foreword' to A. J. Pollard (ed.), Middlesbrough: town and community 1830-1950 (Stroud: Sutton 1996), ix-x [also includes reprint of the chapter on Middlesborough from Victorian cities].
- 'Preface' to Victorian: the style of empire: selected proceedings of the Fourth Annual Decorative Arts Institute, April 28 to May 1, 1994 (Toronto: Decorative Arts Institute, 1996).
- Review of Gordon E. Cherry, Birmingham: a study in geography, history and planning, Journal of Historical Geography, 22(1), (1996), 102-3.
- Review of Felipe Fernandez-Armesto, Millennium: a history of our last

thousand years, Adrian Berry, The next 500 years: life in the coming millennium, Contemporary British History, 10(2), (1996), 229-33.

- 'Epigrams to guide a nation', (a reappraisal of Edward Bulwer's England and the English), Financial Times, 27 July 1996, 12.

1997년

- Memory and history: the case of the Channel Islands Fifth Joan Stevens Memorial Lecture, presented 26th April 1996 (St Helier: Société Jersiase, 1997).
- (with Patricia Clavin) Modern Europe, 1789-1989 (London: Longman, 1997; translated into Polish (2010), Russian (2006), Spanish (1997).
- (with Jonathan Andrews et al), The history of Bethlem (London: Routledge, 1997).
- 'Oxford and its critics' in M. G. Brock and Mark Curthoys (eds.), The history of the University of Oxford, vol. 6: nineteenth-century Oxford (Oxford: Clarendon Press, 1997), 134-45.
- 'Learning about Penguins and Pelicans' in Russell Edwards and Steve Hare (eds.), Pelican books: a sixtieth anniversary celebration (Edinburgh: Penguin Collectors Society, 1997).
- 'Die Stellung der Monarchie im viktorianischen Großbritannien' ('The place of the monarchy in Victorian Britain') in Wilfried Rogasch (ed.),Victoria and Albert, Vicky and the Kaiser: ein Kapitel deutsch-englischer Familiengeschichte (Ostfildern-Ruit: G. Hatje, 1997), 23-33.
- 'Victorian England', Encarta (Microsoft).
- 'The influence of broadcasting on attitudes towards Britain', QWERTY, 7 (1997), 241-8.
- 'Foreword' to Brian Simon, In search of a grandfather: Henry Simon of

Manchester, 1835-1899 (Pendene Press, 1997), 3.

- (ed.), The collected works of Samuel Smiles (London: Routledge, 1997).
- 'Labour night and day', review of A. H. Halsey, No discouragement, Times Literary Supplement, 24 January 1997, 12.
- 'Of saints and fallen angels', review of Adrian Jarvis, Samuel Smiles and the reconstruction of Victorian values, Times Higher Education Supplement, 18 April 1997, 26.
- 'The very titles deeds', review of Peter Mandler, The fall and rise of the stately home, David Littlejohn, The fate of the English country house, Times Higher Education Supplement, 23 May 1997, 20.
- Review of Gary D. Rawnsley, Radio diplomacy and propaganda: the BBC and VOA in international politics, 1956-64, International History Review, 19 (2), (1997), 461-2.
- 'A tang of real life', review of E. Allison Peers, Redbrick university revisited, Times Literary Supplement, 11 July 1997, 12.
- 'Sensible story of Victorian folk', review of David Newsome, The Victorian world picture: perceptions and introspections in an age of change, Times Higher Education Supplement, 19 September 1997, 28.
- 'A bugle of the left lost to fate's caprice', review of Huw Richards, The bloody circus: the Daily Herald and the left, Times Higher Education Supplement, 24 October 1997, 31.

1998년

- Chartism (Stroud: Sutton, 1998).
- 'Victorian images of Gladstone' in P. J. Jagger (ed.), Gladstone (London: Hambledon, 1998), 33-50.
- 'Foreword' to Eric Hopkins, The rise of the manufacturing town:

Birmingham and the industrial revolution (Stroud: Sutton, 1998), xi-xii.

- 'Foreword' to Craufurd D. Goodwin, Art and the market: Roger Fry on commerce in art (Ann Arbor: University of Michigan Press, 1998), ix.
- 'Foreword' to Fred Gray, Walking on water: the West Pier story (Brighton: West Pier Trust, 1998), 7.
- 'Foreword' to Malcolm Pratt, Winchelsea: a port of stranded pride: principally telling the story of the ancient town during the 19th and 20th centuries (Bexhill-on-Sea: Malcom Pratt, 1998), vii.
- 'Foreword' to Myles Eckersley, Prospero's wireless: a biography of Peter Pendleton Eckersley, pioneer of radio and the art of broadcasting (Romsey: Myles Books, 1998), xvi-xvii.
- 'Part of history' review of Christine Sutherland, Enchantress. Martha Bibesco and her world, History Today, 48 (1), (1998), 53.
- Review of Dianne Sachko MacLeod, Art and the Victorian middle class: money and the making of cultural identity, Albion, 30 (1), (1998), 145-6.
- 'Seeing things too big to see', review of Paul Shepheard, The cultivated wilderness, or what is landscape, Times Higher Education Supplement, 13 February 1998, 26.
- 'Labour lives', review of Kenneth O. Morgan, Callaghan, a life, Patricia Hollis, Jennie Lee, a life, History Today, 48 (3), (1998), 53.
- 'Welfare's great worker', review of José Harris, William Beveridge: a biography, Times Higher Education Supplement, 17 April 1998, 24.
- 'Lives without theory', review of Roger Ellis, Who's who in Victorian Britain, Times Higher Education Supplement, 1 May 1998, 28.
- 'Victorian nosology deciphered', review of Robert Woods and Nicola Shelton, An atlas of Victorian mortality, Times Higher Education

Supplement, 18 September 1998.

- Review of Christopher Hibbert, George III. A personal history, History Today, 48(12), (1998), 50-1.
- Review of Brian Maidment, Reading popular prints, 1790-1870, Literature and History, 7(2), (Fall, 1998), 109-10.

1999년

- 'Poverty and plenty: the Victorian contrast' in Jacqueline Hill and Colm Lennon (eds.), Luxury and austerity 23rd Irish Conference of Historians (Dublin: University College, 1999), 198-212.
- 'The culture of the BBC' in Liliane Kerjan and Renée Dickason La consommation culturelle dans le monde Anglophone (Rennes: Presses universitaires de Rennes, 1999), 357-73.
- 'Faces of the century: a personal choice', History Today, 49(11), 3-4.
- 'Foreword' to By the Linn Rocks: The story of East Linton, and the parish of Preston Kirk (East Linton Local History Society, 1999), 7-10.
- 'Foreword' to Carolyn Djanogly, Centurions: a photographic tribute to 100 men and women who have changed the face of 20th century Britain (London: André Deutsch, 1999), 10-11.
- 'Foreword' to Owen Ashton et al (eds.), The chartist legacy (Rendlesham: Merlin Press, 1999), xixvi.
- 'Turning points in the British millennium', British Heritage, 20(5), (1999), 26-32.
- Review of David Newsome, The Victorian world picture. Perceptions and introspections in an age of change, English Historical Review, 114(457), (1999), 757-8.
- 'A swell disease for swell people', review of Roy Porter and G.

S, Rousseau, Gout: the patrician malady, Times Higher Education Supplement, 19 February 1999, 30.

- 'Mapping out the middle', review of T. Hoppen, The mid-Victorian generation, 1846-86, Times Higher Education Supplement, 16 April 1999, 26.
- Review of Jay Winter and Jean-Louis Robert, Capital cities at war, 1914-1919, Literature and History, 8(1), (Spring 1999), 88-9.
- 'Home wanted – money no object', review of J. Mordaunt Crook, The rise of the nouveaux riches, Times Higher Education Supplement, 17 September 1999, 31.

2000년

- Go for it: working for victory on the home front (London: Mitchell Beazley, 2000).
- 'Exhibiting the nation', History Today, 50(1), (2000), 16-25.
- 'Britain in 1900', History Today, 50(12), (2000), 31-7.
- 'Britain and Europe after 1945' in Adolf M. Birke et al (eds.), An Anglo-German dialogue: the Munich lectures on the history of international relations, Prinz-Albert-Studien 17 (Munich: K. G. Saur, 2000), 243-55.
- 'Seebohm Rowntree's Poverty: a study of town life in historical perspective' in Jonathan Bradshaw and Roy Sainsbury (eds.), Getting the measure of poverty: the early legacy of Seebohm Rowntree (Aldershot: Ashgate, 2000), 5-22.
- 'Foreword' to Hilary Perraton, Open and distance learning in the developing world (London: Routledge, 2000), x-xi.
- 'Politics and reform: the British universities' in Franz Bosbach, William Filmer-Sankey and Hermann Hiery (eds.), Prinz Albert und die

Entwicklung der Bildung in England und Deutschland im 19.

- Jahrhundert (Munich: K. G. Saur, 2000), 119-27.
- 'The disease that won't die' review of Thomas Dormanby, The white death: a history of tuberculosis, Times Higher Education Supplement, 14 January 2000, 32.
- 'Benefactor to the human race', review of Robert Hewison, Ian Warrell and Stephen Wildman, Ruskin, Turner and the pre-Raphaelites, Michael Wheeler, Ruskin's God and Tim Hilton, John Ruskin: the later years, Times Higher Education Supplement, 6 February 2000, 26-7.
- 'Trains of thought for artists and poets', review of Michael Freeman, Railways and the Victorian imagination, Times Higher Education Supplement, 3 March 2000, 28.
- 'Small prize for man, a giant leap for mankind', [about the Nobel prize] Times Higher Education Supplement, 29 September 2000, 20.

2001년

- Michael Young: Social Entrepreneur (Basingstoke: Palgrave, 2001).
- (with Peter Burke), A social history of the media: from Gutenberg to the internet (Oxford: Polity, 2001; 3rd edn. 2009; translated into Arabic (2005), Chinese (2004), Italian (2002), Polish (2010), Portuguese (2004), Romanian (2005), Spanish (2002), Turkish (2004)).
- 'Life through a plate glass window', Times Higher Education Supplement, 10 August 2001, 22.
- 'Foreword' to John M. MacKenzie (ed.), The Victorian vision: inventing new Britain (London: V&A Publications, 2001), 7.
- Review of Peter Hall, Cities in civilization: culture, innovation, and urban order, English Historical Review, 116(465) (Feb., 2001), 155-6

- 'Foreword' to Ada B. Nisbet, British comment on the United States: a chronological bibliography, 1832-1899 (Berkeley: University of California Press, 2001).
- 'Albert, the reluctant exhibit', review of Christopher Brooks (ed.), The Albert memorial: the Prince Consort national memorial, its history, contexts and conservation, Times Higher Education Supplement, 26 January 2001, 26.
- 'Hunt for the erotic Walter goes on', review of Ian Gibson, The erotomaniac: the secret life of Henry Spencer Ashbee, Times Higher Education Supplement, 15 June 2001, 28.
- 'Victorian visions imagined and real', review of Kate Flint, The Victorians and the visual imagination, Times Higher Education Supplement, 13 July 2001, 26.
- 'Change that shrinks a planet', review of Jacques Barzun, From dawn to decadence, 1500 to the present: 500 years of western cultural life, Clive Ponting, World history: a new perspective, Times Higher Education Supplement, 7 December 2001, 26.

2002년

- 'Foreword' to Neil Parkinson (comp.), Poets and polymaths: special collections at the University of Sussex (Brighton: University of Sussex, 2002), 7.
- 'Talking early retirement' review of Robin Myers (ed.), The Stationers' Company: a history of the later years, 1800-2000, Times Literrary Supplement, 15 March 2002, 32.
- 'Port not claret in plastic age', Times Higher Education Supplement, 31 May 2002, 26.

- Review of Owen Ashton and Stephen Roberts, The Victorian working-class writer, Ian Haywood (ed.), Chartist fiction, Literature and History, 11(2), (Autumn 2002), 116-20.
- Review of Colin Trodd, Paul Barlow and David Amigoni (eds.), Victorian culture and the idea of the grotesque, Literature and History, 11 (2), (Autumn 2002), 121.
- 'House of M&Co', review of Elizabeth James (ed.), Macmillan: a publishing tradition, Times Literary Supplement, 22 November 2002, 3.

2003년

- Review of Stephen Aris, Building the Northern Rock, English Historical Review, 118(475), (2003), 276-7.
- Review of D. F. McKenzie, Making meaning. 'Printers of the mind' and other essays, Times Literary Supplement, 21 March 2003, 29.
- 'Old King Cole's reign - from the sewers to symphonies', review of Elizabeth Bonython and Anthony Burton, The great exhibitor: the life and work of Henry Cole, Times Higher Education Supplement, 14 November 2003, 26.

2004년

- 'Man-made futures, man-made pasts' in Marita Sturken, Douglas Thomas, and Sandra J. Ball-Rokeach (eds.), Technological visions: the hopes and fears that shape new technologies (Philadelphia: Temple University Press, 2004), 92-109.
- 'History and the social sciences' in Walter Rüegg (ed.), A history of the university in Europe volume 3. Universities in the nineteenth and early twentieth centuries (1800 – 1945) (Cambridge: Cambridge University

Press, 2004), 459-92.

- 'Bletchley', in Andrew Adonis and Keith Thomas (ed.), Roy Jenkins: a retrospective (Oxford: Oxford University Press, 2004), 19-29.
- Review of Peter Hoffenberg, An empire on display: English, Indian and Australian exhibitions from the Crystal Palace to the Great War, English Historical Review, 119(480), 250-1.
- 'Kaleidoscopic view of our common past', review of C. A. Bayly, The birth of the modern world, Times Higher Education Supplement, 10 September 2004, 30.
- Lillian Nayder, Unequal partners: Charles Dickens, Wilkie Collins and Victorian authorship, Literature and History, 13 (2), (Autumn 2004), 113-14.

2005년

- A history of the Royal College of Physicians of London. Volume 4, 1948-83 (Oxford: Oxford University Press, 2005).
- 'Foreword' to Dudley Green (ed.), The letters of the Reverend Patrick Brontë (Stroud: Nonsuch, 2005), 9-10.
- 'Foreword' to Malcolm Pratt, Winchelsea the tale of a medieval town: principally telling the story of the ancient town from the earliest times until 1800 (Bexhill-on-sea: Malcolm Pratt, 2005).
- Review of Kelly Boyd, Manliness and the boy's story paper in Britain: a cultural history, 1855 – 1940, Literature and History, 14 (1), (Spring 2005), 99-100.
- 'A few words, patient reader, on the object of your affection', review of William St. Clair, The reading nation in the romantic period, Times Higher Education Supplement, 24 June 2005, 24.

- Review of Gail Marshall and Adrian Poole (eds.), Victorian Shakespeare. Vol. 1, Theatre, drama and performance; Vol. 2, Literature and culture, Literature and History, 14(2), (Autumn 2005), 90-1.
- Review of Miles Taylor and Michael Wolff (eds.), The Victorians since 1901: histories, representations and revisions, English Historical Review, 120(485), (2005), 175-7.
- Review of J. R. Piggott, Palace of the people: the Crystal Palace at Sydenham, 1854-1936, English Historical Review, 120 (485), (2005), 253-4.

2006년

- 'The Labour Party as crucible' in Geoff Dench (ed.), The rise and rise of meritocracy (Oxford: Blackwell, 2006), 17-26.
- 'Introduction' to Samuel Smiles, Lives of the engineers (London: Folio Society, 2006).
- 'Foreword' to Arthur Marsh and John B. Smethurst, Historical directory of trade unions. Vol. 5.
- Including unions in printing and publishing, local government, retail and distribution, domestic services, general employment, financial services, agriculture (Aldershot: Ashgate, 2006), vii-viii.
- Review of Inga Bryden, Reinventing King Arthur. The Arthurian legends in Victorian culture, Literature and History, 15(2), (Autumn 2006), 79.
- Review of R. Dellamora, Friendship's bonds. Democracy and the novel in Victorian England, Literature and History, 15(2), (Autumn 2006), 81.

2007년

- 'Foreword' to Michael Nelson, Queen Victoria and the discovery of the

Riviera (London: Tauris, 2007), xi-xii.

2008년

- A History of Longmans and their books, 1724-1990: longevity in publishing (London: British Library, 2008).

2009년

- 'The Longmans and the book trade, c.1730 – 1830' in Michael F. Suarez and Michael L. Turner (eds.), The Cambridge history of the book in Britain, volume 5: 1695 – 1830 (Cambridge University Press, 2009), 397-412.
- 'Foreword' to How it all started: the history behind the way our world works today (London: Reader's Digest, 2009; translated into Spanish (2009)), 7.
- 'Foreword' to David G. C. Allan and Susan Bennett (eds.), The 'Albertine Legacy': proceedings of a symposium held to commemorate the obtaining of royal patronage and title by the Royal Society of Arts (n. p.: William Shipley Group, 2009), 10.
- 'Foreword' to Arthur Marsh and Victoria Ryan, Historical directory of trade unions. Vol. 6. Including unions in: building and construction, agriculture, fishing, chemicals, wood and woodworking, transport, engineering and metal working, government, civil and public service, shipbuilding, energy and extraction in the United Kingdom and Ireland (Farnborough: Gower, 2009).
- Review of Felix Driver and David Gilbert (eds.), Imperial cities: landscape, display and identity, Literature and History, 9 (1), (Spring 2000), 113-14.

2011

- Secret days: code-breaking in Bletchley Park (Barnsley: Frontline Books, 2011).

2012

- Special relationships: people and places (Barnsley: Frontline Books, 2012).
- Review of Keith Jeffrey, MI6. The history of the secret intelligence service, Neil Webster, Cribs for victory: the untold story of Bletchley Park's secret room, History Today, 62(5), 58-9.

2013년

- 'Introduction' to James Dixon, Out of Birmingham: George Dixon (1820-98), 'father of free education' (Studley: Brewin Books, 2013).
- 'Foreword' to Gwen Watkins, Cracking the Luftwaffe codes: the secrets of Bletchley Park (Barnsley: Frontline, 2013, orig. pub. Greenhill Books, 2008), 15-18.

2014년

- Loose ends and extras (Barnsley: Frontline Books, 2014).

색인

(ㅅ)

(ㅊ)

(ㅋ)

미디어 사회문화사의 두 거장 이야기

: 아사 브릭스 대 레이먼드 윌리엄스

지은이 정용준
펴낸이 양오봉
펴낸곳 전북대학교출판문화원

초판 1쇄 인쇄 2024. 7. 25.
초판 1쇄 발행 2024. 7. 30.

전북대학교출판문화원 전북특별자치도 전주시 완산구 어진길 32 (풍남동2가)
전화 (063) 219-5319~5322
FAX (063) 219-5323
출판등록 2012년 8월 20일 제465-2012-000021호

값 22,000원

ISBN 979-11-6372-229-8 93320